〈개정판〉

Visual Basic 6.0

비주얼베이직 프로그래밍

정희택, 조혁현 共著

21세기사

머리말

컴퓨터 시스템의 급속한 발전은 개인용 컴퓨터의 운영체제와 프로그램 개발 방식의 변화를 가져왔다. 과거의 DOS(Disk Operation System) 운영체제는 윈도우즈(Windows) 운영체제로 발전하였으며, 프로그래밍 환경은 문자 사용자 인터페이스(CUI : Character User Interface)환경에서 사용자에게 친숙한 그래픽 사용자 인터페이스(GUI : Graphical User Interface)를 지원하는 환경으로 변화되었다. 또한 프로그램 언어도 기존의 고급 언어와는 달리 사용자에게 보다 편리한 프로그래밍 환경을 제공하는 언어들이 새롭게 등장하게 되었는데 그 중 하나가 비주얼베이직 언어이다.

비주얼베이직은 부분적인 객체지향 프로그램(OOP : Object Oriented Program) 방식을 지원하는 이벤트 중심 프로그램(event driven program)으로, 기존의 C 언어와 같은 절차적 프로그램(procedural program)과는 많은 차이가 있다. 비주얼베이직은 기존 베이직 언어에 윈도우즈 환경과 결합된 여러 종류의 문, 예약어, 함수 등이 추가되었고, 다양한 그래픽 사용자 인터페이스, 코드 자동생성 기능, 데이터베이스 지원 기능, 마법사 기능 등을 포함하는 강력하고 빠른 윈도우즈용 응용프로그램 개발 도구이다. 또한 마이크로 소프트사의 다른 제품인 MS Word, Excel, Access 등의 응용프로그램과 인터넷 웹 프로그램에서도 활용 가능하다.

이 책은 비주얼베이직 버전 6.0을 기준으로 기술하였으며, 다양한 예제와 자세한 설명을 통해 처음 접하는 초보자도 쉽게 배울 수 있고 독자 스스로 학습할 수 있도록 노력하였다. 특히, 예제 프로그램의 논리적 구조는 프로그램을 기능 단위로 분해하여 프로시저를 호출하는 순차구조 형식의 프로그래밍 기법을 도입하였다. 이러한 방법은 프로그램의 논리적 구조를 단순 명료하게 표현함으로써 읽기 쉽고, 이해하기 쉬운, 그리고 오류가 발생할 경우 쉽게 발견하고 수정하는 유지보수 노력을 줄이는 장점을 갖는다.

본 교재의 구성은 다음과 같다. 1장은 비주얼베이직 언어 개요와 통합 개발환경 및 관련 주요 개념에 대해 설명하였고, 2장은 프로그램 기초로 프로그램 작성 방법, 변수, 자료형, 상수에 대해 설명하였으며, 3장은 비주얼베이직에서 사용하는 객체, 즉 폼과 컨트롤의 종류와 속성, 그리고 이벤트와 메소드에 관해 설명하였다. 4장은 연산자, 선택문, 반복문의 형식과 사용 방법에 관해 기술하였으며, 5장은 배열 개념과 배열을 활용한 프로그래밍에 대해 설명하였으며, 6장에서는 프로시저와 내장 함수에 대해 설명하였다. 7장은 대화상자, 메뉴, 다중문서 인터페이스에 대해 설명하였으며, 8장은 자료처리의 기본인 파일 처리에 관해 기술하였다. 9장은 윈도우즈용 응용 프로그램에서 자주 사용되어지는 멀티미디어 컨트롤과 공용 컨트롤에 대해 설명하였고, 마지막 10장은 데이터베이스와 데이터베이스 활용에 대해 기술하였다.

끝으로, 이 책을 통해 비주얼베이직에 대한 기본적인 지식 습득과 함께 윈도우즈용 응용 프로그램 개발에 유용하게 활용되기를 기대하며, 본 교재가 출판될 수 있도록 많은 도움을 주신 21세기사 이 범만 사장님을 비롯한 직원 여러분께 감사의 말씀드린다.

2010년 2월

저자 씀

Contents

Chapter
01 | 비주얼베이직 개요

1.1 프로그래밍 언어 개요

사람과 사람 사이에 의사소통을 하기 위해서는 문법적 체계를 갖는 대화 수단 또는 매개체인 자연언어(natural language)가 필요하다. 사람과 컴퓨터 사이에 정보를 전달하기 위해서는 자연언어와 같은 매개체로 프로그래밍 언어(PL : Programming Language)가 필요하다. 사람들 간에 사용되는 언어가 한글, 영어, 중국어, 일본어 등과 같이 무수히 많듯이 컴퓨터와 사람 간에 사용되는 프로그래밍 언어 또한 무수히 많다. 사람의 의사소통과 컴퓨터와 사람간의 의사소통을 비교하면 다음과 같다.

(a) 사람간의 정보 교환   (b) 컴퓨터와 사람간의 정보 교환

컴퓨터와 사람 간의 정보 교환을 위한 수단으로써, 프로그래밍 언어는 다음과 같은 특성이 있어야 한다.

1 높은 표현 능력

자연언어에 의한 표현을 충분히 표현할 수 있어야 한다.

2 사용의 용이성

사용자가 쉽게 프로그램을 코딩할 수 있고, 쉽게 오류(error)를 발견하여 잘못된 부분을 찾아서 수정하는, 즉 디버깅(debugging)이 용이해야 한다.

3 이식 가능성

여러 컴퓨터 시스템 상에서 부가적인 수정 없이 실행 가능해야 한다.

4 신뢰성

작성된 프로그램의 오류를 배제할 수 있어야 한다.

5 효율성

컴퓨터상에서 고속 실행이 가능해야 한다.

컴퓨터와 사람간의 정보교환을 위한 수단으로써 프로그래밍 언어는 사람이 쉽게 이해하고 작성할 수 있는 특성이 있어야 한다. 컴퓨터 또한 사람이 작성한 명령들을 이해할 수 있어야 한다. 그러나 사람이 이해할 수 있는 언어와 컴퓨터가 이해할 수 있는 언어가 다르다. 전자를 사람이 이해할 수 있다는 관점에서 고급 언어라 하고 후자를 저급 언어라 한다.

프로그래밍을 위한 언어를 자세히 구분하면 고급언어(High Level Language), 저급 언어(Low Level Language)와 그 중간에 존재하는 기호어(Symbolic Language)로 크게 구분할 수 있다. 또한 명령어들을 어떻게 표현하게 하고 구체화하느냐에 따라 순차적 언어나 객체지향 언어 등으로 구분하기도 한다.

1 고급언어

FORTRAN, COBOL, BASIC, PASCAL, PROLOG, LISP, Ada, C, Java, C++, C#, Visual C, Visual C++, 비주얼베이직(Visual BASIC) 등과 같이 사람이 이해하기 쉽고 프로그래밍하기 적합한 언어로, 컴퓨터에서 수행하기 위해 컴파일러(compiler)와 같은 언어 번역 프로그램(language translator program)에 의해 저급 언어로 번역되어야 한다.

2 기호어

어셈블리어(Assembly Language)와 같이 기계어와 1:1로 대응되는 기호들로 구성되어 있으며 어셈블러(assembler)와 같은 언어 번역 프로그램이 필요하다. 컴퓨터마다 독자적인 어셈블리어가 존재한다.

3 저급언어

기계어(Machine Language)로 0과 1로 구성된 컴퓨터 처리에 가장 적합한 형태를 갖는다. 사람에 의해 작성하기에 부적합하다.

1.1.2 언어 번역 프로그램

프로그램이란 컴퓨터가 이해할 수 있는 문법적 체계를 갖는 언어 즉, 프로그래밍 언어를 사용하여 처리하려는 일의 방법이나 절차를 기술한 명령문들의 집합이라 정의하며, 이러한 행위 과정을 프로그래밍(programming) 또는 코딩(coding)이라 한다.

사람이 고급 언어를 이용해서 작성한 프로그램을 컴퓨터는 이해(실행)하지 못한다. 따라서 컴퓨터가 이해할 수 있는 저급언어로 변환이 이루어져야 한다. 이러한 변환은 언어 번역 프로그램에 의해 이루어진다. 언어 번역 프로그램의 기능은 다음 그림과 같이 서로 다른 언어를 사용하는 사람들 간에 통역관이 하는 역할과 동일하다. 물론, 사람들 간에 통역관이 따로 존재해야 하지만, 컴퓨터 시스템에서는 컴퓨터 내부에 프로그램으로 존재한다.

언어 번역 프로그램은 사용자가 임의의 프로그래밍 언어로 작성한 프로그램을 컴퓨터가 수행할 수 있는 기계어 프로그램(machine program)으로 번역하는 프로그램이다. 사용자가 작성한 프로그램을 원시 프로그램(source program 또는 source code)이라 하고 언어 번역 프로그램에 의해 번역된 프로그램을 목적 프로그램(object program 또는 object code)이라 한다. 번역하는 과정은 다음 그림과 같다. 원시 프로그램을 번역한 것이 목적 프로그램, 목적 프로그램을 부수적인 프로그램들과 묶는 연결(linking) 작업, 프로그램의 실행을 위해 주 기억 장치에 적재하는 로더(loader) 작업을 수행하여 실행 가능한 프로그램(executable program)이 된다.

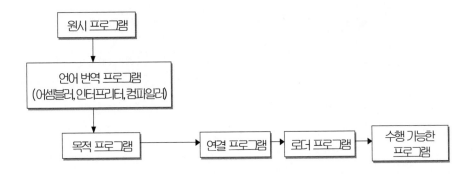

일반적으로 사용하는 언어 번역 프로그램에는 어셈블러(assembler), 그리고 인터프리터 (interpreter)와 컴파일러(compiler)가 있다.

1 어셈블러

초기에 기계어로 프로그램을 작성할 때에는 번역의 의미가 없었으나, 기호 언어인 어 셈블리 언어를 사용함으로써, 기호에 대한 번역 작업을 어셈블러가 수행하게 되었다. 어셈블리 언어는 고급 언어를 사용하는 경우보다 프로그래밍하기 까다로우나 번역하 는 시간은 훨씬 빠르고 하드웨어를 직접 조작 가능하기 때문에 시스템 프로그램을 작 성할 때 쓰이고 있다.

2 인터프리터

인터프리터는 프로그램이 입력되면 라인 단위로 번역하고 실행 한다. 컴파일러와 달리 목적 코드를 생성하지 않는다. 대표적인 예로 BASIC언어를 들 수 있다. 다음 그림은 인터프리터의 구조이다.

3 컴파일러

고급 언어로 작성된 프로그램을 수행할 컴퓨터의 기계 명령어로 변환함으로써, 목적 프로그램을 생성하는 언어 번역 프로그램이다. 대표적으로 C언어를 위한 번역 프로그 램인 C컴파일러(리눅스에서는 gcc, 볼랜드 c 등)를 사용해야 한다. 다음 그림은 컴파 일러 과정을 표현한 것이다. 어휘 분석은 문법적 단위로 프로그램내의 명령어들을 분 리한다. 구문분석은 올바른 명령어인지 검사하고 구문 구조를 만든다. 중간코드 생성 은 명령어에 대한 의미 분석을 수행하여 중간 코드를 생성한다. 코드 최적화는 기억 공간이나 수행시간의 최적화를 위해 코드를 최적화한다. 다음 그림은 컴파일러의 구조 이다.

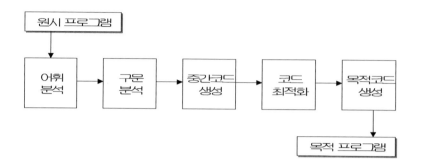

목적 프로그램에서 원시 프로그램으로의 변환을 역 컴파일이라 한다. 인터프리터는 목적 프로그램을 생성하지 않기 때문에 역 인터프리터가 있을 수 없다. 컴파일을 기본으로 작성된 프로그램은 원래 원시 코드로 변환할 수는 없지만 어셈블리 언어로 작성된 코드까지는 역 컴파일 할 수 있다. 어셈블리 언어로 작성된 코드를 고급 언어의 원시 코드로 변환할 수 없다. 그러나 최근 사용되고 있는 Java 언어는 중간 코드(바이트 코드)까지 컴파일하기 때문에 원시 코드로 역 컴파일 할 수 있다.

다음 표는 인터프리터와 컴파일러를 비교한 것이다. 한 줄씩 번역하는 인터프리터는 기억공간이 추가적으로 필요하지 않지만 컴파일러는 많은 기억 공간을 요구한다. 한편, 반복 처리를 포함한 경우에는 해당 코드를 한번만 번역하여 여러 번 수행이 가능한 컴파일러가 적합하다. 인터프리터는 수행할 때마다 동일한 코드를 번역해야 한다.

기준 \ 번역프로그램	인터프리터	컴파일러
목적코드 생성	생성하지 않음	생성함
번역시 필요한 기억 공간	추가적인 기억공간이 필요치 않음	많은 공간이 필요
반복처리를 포함한 로그램	부적합	적합
적합한 언어	실행시간의 효율을 중시하는 언어	사용자의 융통성을 중시하는 언어

Visual Basic Programming

컴퓨터 시스템의 급속한 발전은 개인용 컴퓨터의 운영체제(OS : Operating System)와 프로그램 개발의 변화를 가져왔다. 과거의 도스(DOS : Disk Operating System) 운영체제는 윈도우즈(Windows) 운영체제로 발전하였으며, 프로그래밍 개발 환경은 문자 사용자 인터페이스(CUI : Character User Interface)환경에서 그래픽 사용자 인터페이스(GUI : Graphical User Interface)를 지원하는 환경으로 변화되었다.

비주얼베이직은 '비주얼(Visual)'과 '베이직(BASIC : Beginners All-purpose Symbolic Instruction Code)'의 합성어라 할 수 있다. 먼저 '비주얼' 이란 단어에서 내포하는 것처럼 윈도우즈 환경에서 제공되는 인터페이스 구성 요소를 마우스로 끌어다 디자인 한 후 필요 부분만 프로그램 코드를 넣거나, 자동으로 생성된 프로그램 코드를 수정하는 것을 통해 간단히 응용프로그램을 만들 수 있다. 다음으로 '베이직'이란 단어가 뜻하는 바와 같이 초보자도 쉽게 배울 수 있고 사용할 수 있다. 따라서 비주얼베이직은 기존의 베이직 언어에 윈도우즈 환경과 결합된 함수, 여러 종류의 문(statement), 예약어(keyword) 등이 추가되었고 , 또한 다양한 그래픽 사용자 인터페이스, 코드 자동 생성 기능, 데이터베이스 지원 기능, 마법사 기능, 인터넷 프로그램 지원 기능 등을 포함하는 강력하고 빠른 윈도우즈용 응용프로그램 개발 도구이다.

비주얼베이직은 1991년 버전1.0이 발표된 이래 2.0, 3.0, 5.0 버전을 통해 대대적인 업그레이드가 이루어졌다. 그리고 사용자 인터페이스가 편해진 6.0을 거쳐 현재 .NET 버전이 출시된 상황이다. 이 책은 비주얼베이직 6.0을 기본으로 한다.

비주얼베이직은 인터프리터와 컴파일러 사용이 모두 가능하며, 응용프로그램 개발시 대화식 접근 방법을 지원함으로써 코드를 입력할 때 줄 단위로 코드를 해석하여 즉시 대부분의 구문 또는 철자 오류를 잡아 반전시켜준다. 비주얼베이직은 마이크로 소프트사의 다른 제품인 워드 프로세서, 엑셀, 액세스 등의 응용프로그램과 인터넷 웹 프로그램에서도 활용 가능하다.

1.2.1 비주얼베이직의 특징

1 시각적 통합개발환경 제공

사용자에게 친근한 시각적인 프로그래밍 환경(GUI 환경)을 제공하며, 프로그램 작성에 필요한 대부분의 기능이 하나의 작업 공간인 통합개발환경(IDE : Integrated Development Environment)으로 제공된다.

2 이벤트 중심의 프로그래밍

비주얼베이직은 부분적인 객체지향 프로그램(OOP : Object Oriented Program) 방식을 지원하는 이벤트 중심 프로그램(event driven program)으로, 기존의 C 언어와 같은 절차적 프로그램(procedural program)과는 다르다. 즉, 특정 이벤트가 발생하면, 그에 해당하는 조치로써 그 이벤트에 대응하는 이벤트 프로시저(event procedure)가 호출되어 실행된다. 따라서 이벤트의 발생순서는 프로그램이 실행되는 순서를 결정한다. 이벤트(event)란 객체에 행해지는 어떤 행위(자극 또는 사건)를 말하는 것으로 사용자가 마우스를 클릭하거나 키보드를 누르거나 메뉴를 선택하는 등의 모든 행위를 말한다.

3 대화식 접근

비주얼베이직은 전통적인 응용프로그램 개발 과정인 코드 작성, 컴파일과 테스트, 그리고 실행의 세 단계로 구분되는 전통적인 컴파일러 언어의 특징을 가지고 있다. 또한 인터프리터 방식을 지원하고 있기 때문에 프로그램 코드를 입력할 때, 줄 단위로 코드를 해석하여 대부분의 구문 또는 철자 오류를 즉시 찾아 반전시켜 준다.

4 자동 코드 생성

비주얼베이직은 사용자가 직접 프로그램을 작성하지 않아도 자동으로 프로그램을 코딩해 주는 자동 코드 생성 기능을 제공한다.

비주얼베이직 6.0 버전은 5.0 버전에 비해 외관상 크게 달라진 점은 없지만, 데이터베이스 지원기능과 인터넷 프로그램을 지원하는 기능이 크게 향상되었다.

5 다양한 컨트롤들의 추가 기능 및 기능 개선

이전 버전 보다는 더 다양한 컨트롤들이 추가 되었고 미흡한 기능 들이 개선되었다.

6 ADO(ActiveX Data Objects) 데이터 처리

ADO라는 강력한 데이터 처리방식을 사용한다. ADO는 관계형 데이터베이스 원본 및 비관계형 데이터베이스 원본인 파일, 전자우편 등의 데이터에 접근하는 기본 방법이다. ADO 데이터 컨트롤은 ADO를 사용하여 관계형 및 비 관계형 데이터에 까지 쉽게 접근할 수 있다.

7 비주얼 데이터베이스 관리 도구

Data Environment 디자이너, DataView 창, 질의 디자이너와 같은 비주얼 데이터베이스 도구들을 지원한다. 이는 비주얼베이직을 가지고 마이크로소프트 액세스를 사용하는 것처럼 편리하게 자료를 가공 처리할 수 있다는 것이다. Data Environment 디자이너는 코딩으로 데이터 연결과 질의문을 작성해서 데이터 관리를 했던 작업을 대신해서 비주얼한 환경에서 SQL 질의문에 대한 문법을 모르더라도 화면의 버튼 클릭과 마우스 조작을 통해 손쉽게 편집할 수 있도록 도와주는 도구이다.

8 인터넷 프로그램(다이나믹 HTML 디자이너, 웹클래스 디자이너)

인터넷 홈페이지 개발을 위해 새롭게 태어난 방식으로 다이나믹 HTML디자이너로 DHTML 파일을 작성하게 하거나 수정 편집하게 한다. 그리고 웹클래스 디자이너는 IIS(Internet Information Server) 응용프로그램을 쉽게 만들 수 있게 한다. IIS 응용프로그램의 기능은 ASP(Active Server Page)와 거의 유사하나, 실제 내용은 dll로 배포되어 소스가 공개되지 않고 코드와 HTML이 분리되어 있다.

1.2.2 비주얼베이직의 종류

비주얼베이직 6.0은 학습용(Learning Edition), 전문가용(Professional Edition), 그리고 기업용(Enterprise Edition)의 3가지 버전으로 출시되어 있다.

1 학습용

가장 기본적인 기능을 제공하는 것으로 기본 컨트롤과 Grid, Tab 및 데이터 바운드 컨트롤 등이 제공된다. 초보자나 일반 프로그래머가 학습하는 용도로 사용하기 적합하며 가격이 저렴하다.

2 전문가용

전문 프로그래머가 다른 사람에게 배포할 수 있는 윈도우즈용 응용프로그램을 개발할 수 있도록 완벽한 기능의 도구들을 제공한다. 학습용의 모든 기능과 추가 ActiveX 컨트롤, Internet Information Server Application Designer, 통합 Visual Database Tools 및 Data Environment, Active Data Objects, Dynamic HTML Page Designer 등이 제공된다.

3 기업용

전문가들이 팀 단위로 견고한 분산 응용프로그램을 만들 수 있도록 기능들을 제공한다. 전문가 여러 명이 함께 작업하는 중대형 윈도우즈용 응용프로그램 개발에 유용하다. 전문가용의 모든 기능과 SQL Server, Microsoft Transaction Server, Internet Information Server, Visual SourceSafe, SNA Server 같은 Back Office 도구 등이 제공된다.

1.2.3 비주얼베이직의 설치

비주얼베이직 6.0은 2가지 형태의 CD로 배포되는데 하나는 비주얼베이직 6.0만을 위한 CD(2장)로 되어 있고, 또 다른 하나는 비주얼 스튜디오 6.0 CD(3장)에 통합되어 있다. 그리고 도움말을 얻기 위해서는 개발자의 리소스인 CD(2장)로 되어 있는 MSDN(MicroSoft Developer Network) 라이브러리를 따로 설치해야 한다. 비주얼베이직 설치를 위한 시스템 환경 및 설치 절차는 아래와 같다.

1 시스템 환경

① 운영체제 : Microsoft Windows 95 또는 Microsoft Windows NT 4.0 이상
② 마이크로 프로세서 : 486DX/66 MHz 또는 이상(펜티엄 Ⅱ 이상 권장)
③ RAM : 최소 16MB 이상(128MB 이상 권장)
④ CD-ROM 드라이브
⑤ VGA 또는 고해상도 모니터
⑥ 마우스나 기타 적절한 포인팅 장치

2 설치 절차

일반적인 윈도우즈 소프트웨어 설치 방법과 동일하게 첫 번째 CD를 CD-ROM 드라이브에 넣고 난 후 '설치마법사'의 지시에 따라 단계별로 설치를 완료한다. 구체적인 설치 과정은 생략하기로 한다.

1.3 비주얼베이직 실행과 종료

1.3.1 비주얼베이직 실행

비주얼베이직을 실행하는 방법은 윈도우즈의 [시작] 버튼을 누르거나 바탕화면에 VB6.0 바로가기 아이콘(icon)을 만들어 더블 클릭하여 수행할 수 있다.

① [시작]버튼을 눌러 [프로그램]을 선택하여 아래와 같이 해당 항목을 선택한다.

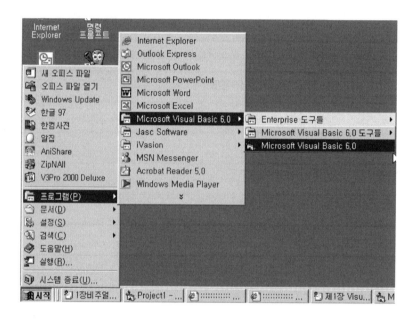

② [새 프로젝트] 대화 상자가 나타나면 [새파일] 탭의 [표준 EXE]를 선택한 후 [열기] 버튼을 선택한다.

[새 프로젝트] 대화 상자에는 [새파일], [기존파일], [최근파일] 과 같은 3개의 탭이 있다. [새파일] 탭은 새 프로그램을 시작시 프로그램의 목적에 맞는 작업을 시작할 수 있도록 하며, [기존파일] 탭은 전에 작성한 프로그램을 불러와서 작업할 수 있도록 하며, [최근파일] 탭은 최근에 작업했던 프로젝트의 이름이 시간 순으로 나열되어 작업을 쉽게 할 수 있도록 한다.

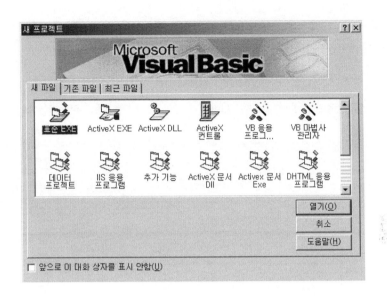

③ 비주얼베이직 통합개발환경 초기 화면이 나타나게 되고, 이제 비주얼베이직 응용프로그램을 작성할
준비가 되었다.

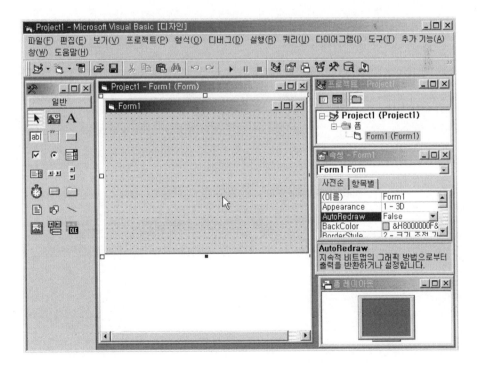

1.3.2 비주얼베이직 종료

① 비주얼베이직 통합개발 환경 창의 [파일]-[종료]를 선택하거나 종료버튼 ☒을 클릭한다.

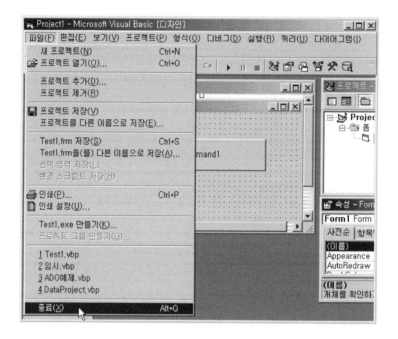

② 만약 내용을 작성 하거나 수정 하였으면 저장 여부를 묻는 대화 상자가 나타난다. 비주얼베이직에서
   프로그램을 저장하면 프로젝트파일(*.vbp)과 폼파일(*.frm)이 자동으로 생성된다.

1.4 비주얼베이직 통합개발환경

비주얼베이직 통합개발환경은 다음 그림과 같이 제목막대(title bar), 메뉴막대(menu bar), 도구막대(tool bar), 도구상자(toolbox), 폼 창(form window), 코드 창(code window), 프로젝트 탐색기 창(project explorer window), 속성 창(property window), 폼 배치 창(form layout window) 등으로 구성되어 있다.

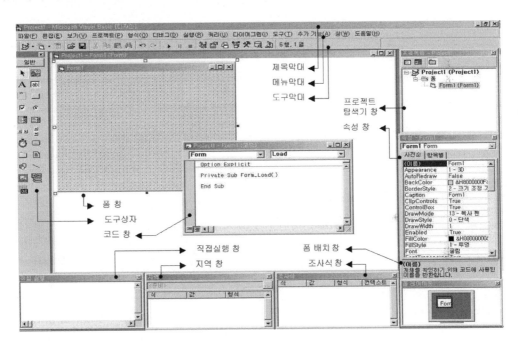

1.4.1 제목막대

비주얼베이직 통합개발환경 최상단에 위치하며, 프로젝트의 이름과 함께 프로젝트의 동작 모드 즉, 프로그램 작성 중에는 디자인, 실행 중에는 실행, 중단되었을 때는 중단이 표시된다. 다음 그림은 프로젝트 이름은 project1 이며 현재 프로그램 디자인 모드임을 나타낸다.

Project1 - Microsoft Visual Basic [디자인]

1.4.2 메뉴막대

메뉴막대는 비주얼베이직 프로그램을 작성하는데 필요한 통합개발환경의 여러 기능들을 서로 비슷한 기능끼리 묶은 메뉴 항목으로 하나 이상의 부 메뉴들로 구성되어 있다. 메뉴 항목을 선택하는 것은 메뉴 기능을 수행하는 프로그램(명령)을 실행시키는 것을 의미한다.

파일(F) 편집(E) 보기(V) 프로젝트(P) 형식(O) 디버그(D) 실행(R) 쿼리(U) 다이어그램(I) 도구(T) 추가 기능(A) 창(W) 도움말(H)

1 파일

비주얼베이직의 프로그램은 프로젝트 단위로 이루어지는데 이때 프로젝트 저장, 열기, 인쇄, 종료, 실행파일(.EXE)만들기 등을 지원하는 메뉴이다.

2 편집

프로그램의 편집 기능을 지원하는 메뉴이다.

3 보기

프로그램 작성시 필요한 여러 가지 창과 도구들의 보기 기능을 선택적으로 지원하는 메뉴이다.

4 프로젝트

프로그램 작성시 필요한 폼, 모듈, 클래스 추가 및 프로젝트 속성 등을 정의하는 기능을 지원하는 메뉴이다.

5 형식

폼창 위에 도구상자의 컨트롤 배치시 정렬 및 크기와 간격 조정 기능을 지원하는 메뉴이다.

6 디버그

프로그램 코드의 오류를 쉽게 발견하고 수정할 수 있는 기능을 지원하는 메뉴이다.

7 실행

비주얼베이직 프로그램 작성 중 프로그램을 실행하거나 중단 및 종료할 수 있는 기능을 지원하는 메뉴이다.

8 쿼리

비주얼베이직 6.0에서 추가된 메뉴로 데이터베이스 작성과 관련된 여러 역할을 수행하는 기능을 지원하는 메뉴이다.

9 다이어그램

쿼리 메뉴와 마찬가지로 비주얼베이직 6.0에서 추가되었고 데이터베이스 작성 기능을 지원하는 메뉴이다.

10 도구

프로시저를 추가 하거나 속성 정의를 가능하게 하며, 메뉴 작성 기능을 지원하는 메뉴이다.

11 추가기능

비주얼베이직에서 외부 프로그램을 불러들여 사용하는 각종 마법사와 몇 가지 기능에 대한 설정 기능을 지원하는 메뉴이다.

12 창

비주얼베이직 통합환경은 여러 개의 창들로 구성되는데 이런 창 관리 기능을 지원하는 메뉴이다.

13 도움말

비주얼베이직 사용시 도움말 및 여러 정보의 온라인 검색 기능을 지원하는 메뉴이다.

1.4.3 도구막대

Visual Basic Programming

도구막대는 프로그래밍 환경에서 자주 사용하는 명령 즉, 메뉴 중 자주 사용하는 메뉴 항목을 사용자가 쉽게 사용할 수 있도록 아이콘으로 만들어 모아 놓은 것이다. 도구 막대의 아이콘을 누르면 해당 작업이 바로 실행된다. [보기]-[도구 모음] 명령에서 디버그, 편집, 폼 편집기에 대하여 선택하여 표시하거나 표시하지 않을 수 있다. 비주얼베이직을 실행하면 기본 값으로 다음과 같은 표준 도구 모음이 표시된다. 그리고 도구 막대의 아이콘이 어떤 기능을 하는지 알고 싶을 경우, 해당 아이콘 위에 마우스 포인터를 잠시 올려놓으면 그림과 같이 해당 아이콘의 기능을 알 수 있는 풍선 도움말(help balloon)이 나타난다.

⊯ ・ 프로젝트 추가

추가할 수 있는 프로젝트 유형을 설정하고 새 프로젝트를 추가한다.

⊡ ・ 폼 추가

추가할 수 있는 폼 유형을 설정하고 현재의 프로젝트에 폼을 추가한다.

⊡ 메뉴편집기

메뉴형식 프로그램을 작성할 경우 편리하게 새로운 메뉴를 만들거나, 기존 메뉴에 새로운 명령을 추가, 변경 및 삭제할 수 있도록 도와주는 메뉴편집기를 호출한다.

⊡ 프로젝트 열기

저장되어 있는 기존에 작성된 프로젝트를 불러온다. 새로운 프로젝트를 불러오면 현재 프로젝트는 닫히게 된다.

⊡ 프로젝트 저장

현재 작업 중인 프로젝트를 저장한다.

⊡ 잘라내기

선택한 컨트롤 또는 텍스트를 클립보드에 오려낸다.

⊡ 복사

선택한 컨트롤 또는 텍스트를 클립보드에 복사한다.

⊡ 붙여넣기

클립보드 내용을 현재 커서 위치에 삽입한다.

⊡ 찾기

찾기 대화상자에서 지정한 찾고자 하는 내용을 조회할 수 있다.

⊡ 실행취소

마지막 편집 행위를 취소한다.

재실행

실행 취소했던 것을 재실행 하여 실행취소 이전 상태로 복원한다.

시작

현재 작성된 프로그램을 실행한다.

중단

현재 실행중인 프로그램을 일시적으로 중단한다.

종료

실행중인 프로그램을 강제로 종료시킨다.

프로젝트 탐색기

프로젝트 탐색기 창을 보여준다.

속성

속성 창을 보여준다.

폼 레이아웃

프로그램 실행시 실행된 폼의 위치를 지정할 수 있는 폼 레이아웃 창을 보여준다.

개체 찾아보기

프로젝트에 정의한 객체를 찾을 수 있게 한다.

도구상자

도구 상자 창을 보여준다.

Data View 창

데이터베이스 객체의 구성을 그림으로 표시한다.

비주얼 구성요소 관리자

구성요소를 비주얼 스튜디오 프로젝트에 삽입하고 구성하고 찾는 도구로써 관리자 작업을 빠르게 하며 검색시 유용하다.

1.4.4 도구상자

도구상자는 프로그램을 작성하는데 필요한 도구들, 즉 컨트롤들의 모임으로 이 컨트롤들을 이용하여 필요한 폼을 설계한다. 컨트롤에는 표준 컨트롤과 ActiveX 컨트롤이 있다. 비주얼베이직을 처음 실행하면 기본적으로 도구상자에는 표준 컨트롤만 표시된다. ActiveX 컨트롤은 필요시 도구상자에 추가하여 사용 할 수 있다.

1 표준 컨트롤

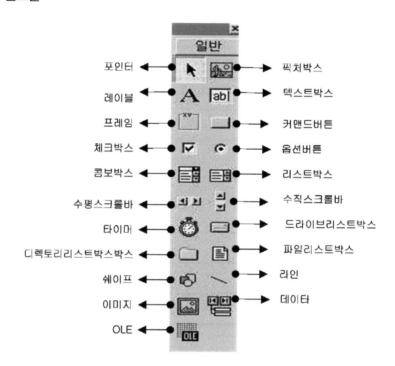

포인터

픽처박스

레이블

텍스트박스

프레임

커맨드버튼

체크박스

옵션버튼

콤보박스

리스트박스

수평스크롤바

수직스크롤바

타이머

드라이브리스트박스

디렉토리리스트박스박스

파일리스트박스

쉐이프

라인

이미지

데이터

OLE

포인터

폼과 컨드롤들을 선택하여 이동하거나 크기 조정에 사용한다.

픽처박스

비트맵, 아이콘 또는 윈도우즈 메타파일, JPEG, GIF 파일 등을 표시하는데 사용하며 컨테이너 기능을 제공한다.

A 레이블

사용자가 편집하거나 수정할 수 없는 텍스트를 단순히 표시하는데 사용한다.

텍스트박스

입력 영역을 제공하여 텍스트를 입력하거나 표시하는데 사용한다.

프레임

폼에 포함된 여러 컨트롤들을 기능별로 그룹화하기 위해 사용하며 컨테이너 기능을 제공한다.

명령버튼

사용자의 선택에 의한 명령 또는 동작을 수행하는데 사용한다.

체크박스

여러 가지의 선택조건을 표시하여 사용자가 원하는 항목 수만큼 선택이 필요한 경우 사용한다.

옵션버튼

여러 가지의 선택조건을 표시하여 사용자가 원하는 항목 하나만 선택이 필요한 경우 사한다.

콤보박스

텍스트박스와 리스트박스를 조합한 컨트롤로 사용자가 자료를 입력하거나 드롭다운 목록에서 항목을 선택할 경우에 사용한다.

리스트박스

사용자에게 선택사항 목록을 표시하여 사용자가 원하는 항목을 선택할 경우에 사용한다.

수평스크롤바

수평이동 막대를 표시하여 사용자가 값을 조정하는데 사용한다.

수직스크롤바

수직이동 막대를 표시하여 사용자가 값을 조정하는데 사용한다.

타이머

지정한 시간 간격마다 타이머 이벤트를 실행하는 경우 사용한다.

드라이브 리스트 박스

시스템에 설치되어 있는 드라이브를 표시하여 사용자가 선택하도록 한다.

디렉토리 리스트 박스

디렉토리와 경로를 표시하여 사용자가 선택하도록 한다.

파일 리스트 박스

파일목록을 표시하여 사용자가 선택하도록 한다.

쉐이프

직사각형, 정사각형, 타원, 원 등 간단한 도형을 폼이나 그림상자에 표시한다.

라인

직선을 폼에 표시한다.

이미지

비트맵, 아이콘 또는 윈도우즈 메타파일, JPEG, GIF 파일 등을 표시한다.

데이터

데이터베이스에 연결하여 데이터베이스를 쉽게 관리할 수 있다.

OLE

OLE(Object Linking Embedding)은 비주얼베이직 응용프로그램에 다른 윈도우즈 응용프로그램의 데이터를 연결하거나 포함시켜 공유할 경우에 사용한다.

2 ActiveX 컨트롤

ActiveX 컨트롤은 마이크로소프트사 또는 다른 업체가 만든 *.OCX 파일로 저장되어 있다. 따라서 ActiveX 컨트롤을 표준 컨트롤처럼 사용하려면 도구상자에 존재해야 한다. ActiveX 컨트롤을 도구상자에 추가하는 과정은 다음과 같다.

① 도구상자 창 위에 마우스 오른쪽 버튼을 누르면 아래와 같은 내용이 나타나는데 이 중 구성요소를 선택한다. 그러면 구성요소 대화상자가 나타난다. 이때 [프로젝트]-[구성요소] 메뉴를 선택하거나 단축키(CTRL+T)를 눌러도 된다.

② 추가하려는 컨트롤을 선택한 후 [확인]버튼을 누른다. 에로 Common Dialog 컨트롤을 추가해 보기로 하자.

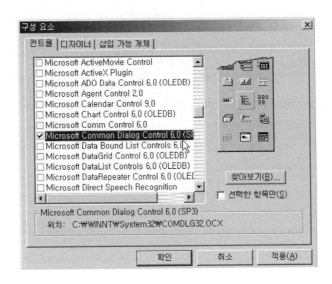

③ 도구상자에 추가한 컨트롤이 표시된다.

추가된 ActiveX 컨트롤

1.4.5 폼 창

　도구상자에 있는 각종 컨트롤을 사용하여 사용자 인터페이스를 설계하는 곳이다. 폼은 사용자와 프로그램을 연결시켜주는 역할을 하기 때문에 폼 설계는 아주 중요하다.

　폼을 잘 설계하기 위해서는 사전에 "어떤 컨트롤을 이용하여 어떤 모습의 폼을 설계할 것인가"에 대한 연구가 필요하다. 또한 비주얼베이직에서 사용하는 객체 즉, 폼과 컨트롤에 대한 속성, 메소드, 이벤트 등에 관한 충분한 지식 습득은 필수적이라 하겠다.

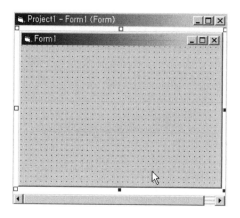

1.4.6 프로젝트 탐색기 창

프로젝트 탐색기 창은 프로젝트를 구성하는 요소들을 관리하는데 사용된다. 비주얼베이직은 프로그램을 프로젝트라는 단위로 묶어 관리한다. 프로젝트는 응용프로그램을 작성하는데 사용한 파일들의 모음이다. 프로젝트 탐색기 창에선 현재 프로젝트의 폼과 모듈을 나타낸다. 화면에 프로젝트 탐색기 창이 없을 때는 도구막대의 프로젝트 탐색기 를 클릭하거나 [보기]-[프로젝트 탐색기] 메뉴를 선택한다.

1 코드 보기

선택 된 폼에 대한 프로그램 코드를 볼 수 있다. 비주얼베이직 응용프로그램의 각 폼이나 코드 모듈마다 별도의 코드 편집기 창이 제공된다.

2 객체 보기

선택된 폼에 대해 객체보기 아이콘을 클릭하면 폼 창이 활성화되면서 해당 폼의 화면 설계 내역을 볼 수 있다.

3 폴더 설정/해제

프로젝트탐색기 창에서 폴더를 생성 또는 해제하는 기능을 수행한다.

1.4.7 속성 창

속성창은 객체의 이름과 종류를 나타내는 콤보박스, 속성 항목을 나타내는 리스트박스, 속성 항목을 설명해 주는 설명 부분으로 구성되어 있으며, 선택된 폼이나 컨트롤의 이름, 캡션, 크기, 색, 글꼴 등 객체의 고유한 속성을 지정하는데 사용된다. 화면에 속성창이 없을 때는 도구막대의 속성 창( )을 클릭하거나 [보기]-[속성 창] 메뉴를 선택한다. 다음 그림은 폼과 명령 버튼에 대한 속성 창의 예이다.

1.4.8 폼 배치 창

프로그램 실행될 때 화면에 나타날 폼의 위치를 지정하는 창으로, 폼 배치 창에서 마우스를 드래그 하여 폼을 원하는 위치로 이동 시킨다.

1.4.9 코드 창

통합개발환경 초기화면에는 나타나지 않지만 폼을 설계한 후, 비주얼베이직 명령문들을 입력하기 위해 사용한다. 이 창은 일반 편집기의 기능을 가지고 있다. 코드 창을 표시하는 방법은 다음과 같다.

① 해당 폼이나 컨트롤을 더블 선택한다.

② 폼 창에서 마우스 오른쪽 버튼을 눌러 코드 보기를 선택한다.

③ 프로젝트 탐색기 창에서 마우스 오른쪽 버튼을 눌러 코드 보기를 선택한다.

④ [보기]-[코드] 메뉴를 선택한다.

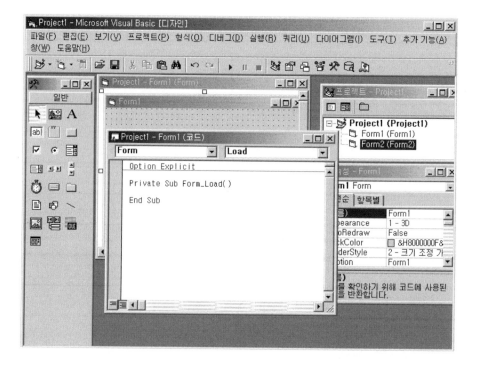

코드창의 상단에는 두 개의 콤보 박스가 있는데 왼쪽은 객체 선택을 위한 곳이고 오른쪽은 객체에 대한 이벤트를 선택하는 상자이다.

1 객체 리스트

폼을 포함하여 폼 위에 있는 객체들의 리스트를 보여준다.

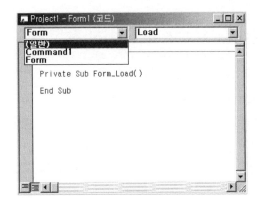

② 이벤트 리스트

객체 리스트에서 선택된 객체에 대한 이벤트 리스트를 보여준다.

③ 프로시저 보기

코드 창에서 프로시저 보기를 클릭하면 해당 객체의 프로시저만을 보여 준다.

④ 전체 모듈 보기

코드 창에서 전체 모듈보기를 클릭하면 폼 위에 배치된 모든 컨트롤 즉, 모든 객체에 대해 작성된 코드를 보여준다.

1.4.10 직접실행 창, 지역 창, 조사식 창

이 창들은 프로그램이 정상적으로 동작하지만 잘못된 결과를 출력하는 논리오류(logic error)가 발생하였을 경우에 오류처리(디버깅)에 사용된다. 직접실행 창은 변수나 객체의 속성을 출력하거나 직접 명령문을 입력하여 이들의 값을 출력하여 확인할 수 있다. 지역 창은 지역변수의 값을 출력하여 확인할 수 있다. 그리고 조사식 창은 [디버그]-[조사식 추가] 메뉴를 선택한 후 식 입력과 컨텍스트, 조사식 형식을 설정하여 출력되는 값을 확인할 수 있다.

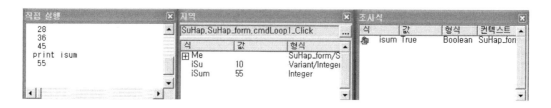

1.4.11 통합개발환경의 환경 설정

비주얼베이직의 개발환경을 총괄적으로 관리해 줄 옵션 대화상자에 대해 살펴보기로 한다. 통합개발환경의 환경 설정을 위해서 [도구]-[옵션] 메뉴를 선택한다.

[옵션] 대화 상자에 있는 [편집기], [편집기형식], [일반], [도킹], [환경], [고급] 탭을 선택하여 비주얼베이직 프로그래밍 환경의 특성을 설정할 수 있다.

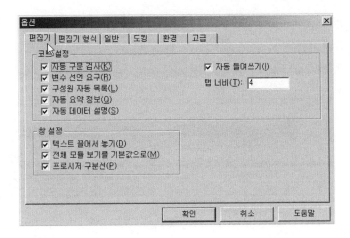

1 편집기 탭

코드 설정 및 창 설정 그리고 들여쓰기와 탭 너비 등을 지정할 수 있다. '변수선언 요구'가 체크되어 있으면 코드창의 선언부에 자동적으로 "Option Explicit"라는 문이 자동 삽입된다. 이는 코딩시 정의하지 않은 변수 사용 오류를 범하지 않도록 도와준다. '구성원 자동목록'이 선택된 경우는 코드 창에서 객체 이름 다음에 마침표(.) 사용과 동시에 자동으로 속성과 메소드 리스트 박스가 나타나게 된다.

2 편집기 형식 탭

코드창의 텍스트 형태에 따라 글꼴, 크기, 전경색, 배경색등을 지정할 수 있다.

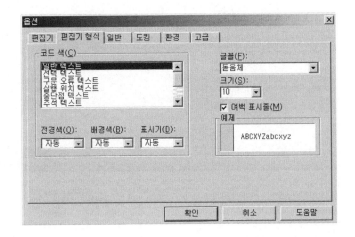

3 일반 탭

모눈의 너비와 높이를 지정하는 폼 모눈 설정과 오류잡기 형태 및 컴파일 방식을 설정할 수 있다. 모눈의 크기는 트윕(twip)이라는 고유한 단위를 사용한다. 참고로 1인치는 1440트윕과 동일하며, 1센티미터는 567트윕과 동일하다.

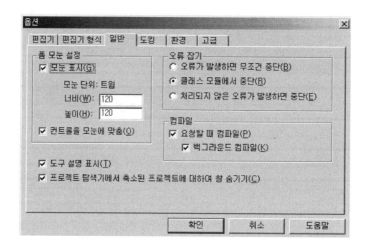

4 도킹 탭

도킹시킬 창을 선택할 수 있다. 도킹할 수 있는 창(다중문서 인터페이스(MDI : Multiple Document Interface) 모드에서는 기본 창)에 창이 붙거나 '정박'하면 그 창이 도킹된 것이다. 도킹 가능 창을 옮기면 그 위치에 달라붙는다. 도킹 할 수 없는 창은 화면 어느 곳으로나 옮길 수 있고 거기에 그대로 남게 된다. 도킹 가능 목록에 있는 모든 창을 선택하거나 몇 개만을 선택하거나 또는 전혀 선택하지 않아도 된다.

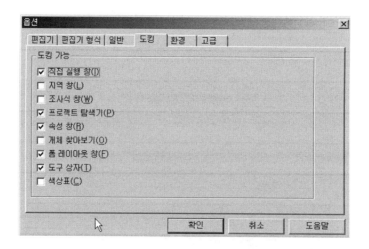

5 **환경 탭**

비주얼베이직을 시작할 때, 프로그램을 시작할 때 환경을 설정한다.

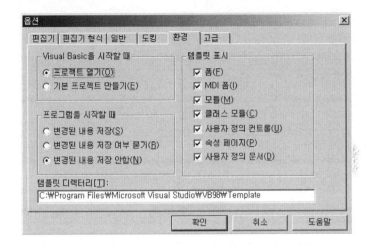

6 **고급 탭**

SDI 개발 환경을 선택하게 되면 단일문서 인터페이스(SDI : Single Document Interface)모드로 변한다. 해제하면 다시 다중문서 인터페이스 모드로 전환된다.

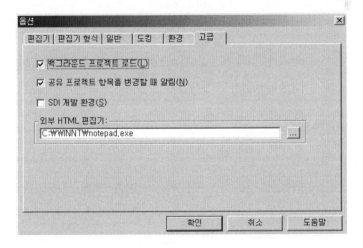

1.4.12 도움말 사용

비주얼베이직의 도움말 기능을 사용하기 위해선 MSDN(MicroSoft Development Network) 라이브러리가 설치되어 있어야 한다. 이 MSDN 라이브러리는 마이크로소프트의 개발 툴을 사용하여 응용프로그램을 개발하는 개발자에겐 가장 중요한 참조서이다.

MSDN 라이브러리에는 비주얼베이직 프로그래밍 내용 전반을 자세하게 설명하는 개발자 안내서, ActiveX 기반 구성 요소의 작성과 사용에 대한 안내서인 구성 요소 안내서, 비주얼베이직 데이터 액세스 프로그래밍에 대한 자세한 내용을 제공하는 데이터 액세스 안내서가 제공된다. 이를 잘 활용하면 비주얼베이직을 공부하는데 많은 도움이 될 것이다.

도움말을 사용하는 방법은 F1를 이용하거나 [도움말]-[목차] 메뉴를 선택하면 된다.

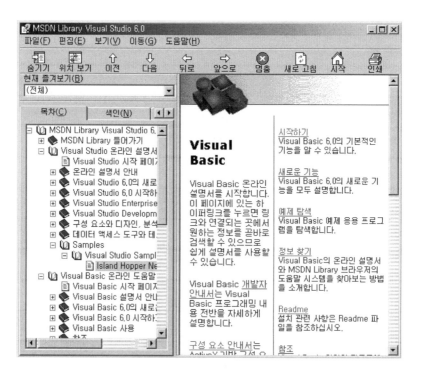

특히, [도움말]-[검색] 메뉴를 선택하면 조회하고자 하는 단어를 입력하여 원하는 정보를 쉽게 찾을 수 있다.

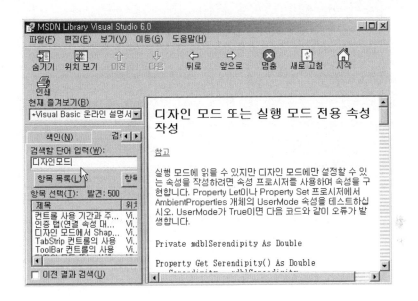

1.5 비주얼베이직의 주요 개념

1 객체(Object)

시스템 구성 요소로써 행위를 할 수 있는 단위 대상을 객체라 한다. 객체는 상태를 나타내는 속성과 어떤 동작을 수행 할 수 있는 메소드로 구성되며, 각 객체마다 고유한 속성과 메소드를 갖는다. 사람도 하나의 객체로 볼 수 있는데 가질 수 있는 속성으로는 키, 몸무게, 눈의 색, 좋아하는 음식, 국적 등이 있겠고, 메소드로는 '먹는다', '걷는다', '달린다' 등의 수행 가능한 동작을 예로 들 수 있다.

비주얼베이직에서 사용하는 객체에는 폼과 컨트롤이 있다. 폼과 컨트롤 객체는 사용자와 프로그램간의 인터페이스 역할을 하며, 이러한 객체들은 각각의 속성을 갖고 메소드에 의해 행동하며 이벤트에 의해 반응한다. 따라서 좋은 비주얼베이직 프로그램을 만들기 위해서는 폼과 컨트롤들의 속성과 메소드 그리고 이벤트들에 대해 자세히 알아둘 필요가 있다.

2 폼(Form)

사용자가 컨트롤을 시각적으로 배치하여 화면 설계를 할 수 있는 객체로 사용자 인터페이스를 구성하는 요소이다. 폼 객체는 그림을 그릴 때 도화지에 해당한다.

3 컨트롤(Control)

폼 위에 시각적 효과를 주는 도구상자에 있는 아이콘들을 배치하는데 이는 사용자가 응용프로그램에 접근하여 자료를 처리할 수 있도록 하는 객체이며 재사용이 가능하다. 도구상자에 있는 아이콘들을 컨트롤이라 하는데 이는 비주얼베이직에서 기본으로 제공되는 표준 컨트롤이다. 그리고 필요에 의해 별도로 제작된 ActiveX 컨트롤도 있다. 이러한 컨트롤들은 사용자 인터페이스를 구성하는 요소로 사용되어지며 그림을 그릴 때 붓과 물감에 해당된다.

4 속성/메소드/이벤트(Property/Method/Event)

① 속성 : 객체의 특성 즉, 다른 객체와 구분되는 특징 또는 정적인 특성을 말한다.

② 메소드 : 객체가 수행할 수 있는 행위 즉, 각 객체가 고유의 동작을 수행할 수 있도록 비주얼베이직에 내장된 프로시저를 말한다.

③ 이벤트 : 객체에 행해지는 어떤 행위(자극 또는 사건)를 말한다.

5 프로시저/이벤트 프로시저(Procedure/Event Procedure)

프로시저는 처리 방법이나 절차를 기술하는 일련의 명령문들의 집합을 말한다. 비주얼베이직 프로그램은 프로시저라는 작은 논리적 단위로 나누어져 있다. 따라서 반복되거나 공유할 수 있는 작업을 처리하는데 유용하다. 프로시저 유형에는 서브 프로시저(Sub Procedure), 함수 프로시저(Function Procedure), 프로퍼티 프로시저(Property Procedure)가 있다.

이벤트 프로시저는 이벤트 발생에 대한 처리 방법이나 절차를 기술하는 명령문들의 집합을 말하며, 특정 객체에 이벤트가 발생했을 때 이에 반응하는 이벤트 프로시저가 자동으로 호출되어 실행된다. 이벤트 프로시저는 서브 프로시저 유형에 속하며, 메소드와 유사하나 사용자가 이벤트에 대한 반응을 코딩해 주어야 한다는 점에서 메소드와 다르다.

6 모듈(Module)

여러 개의 컨트롤로 구성된 폼과 하나 또는 하나 이상의 프로시저들로 구성된 논리적 기능 단위(functional component)를 모듈이라 한다. 비주얼베이직에서 모듈은 하나의 파일로 구분되는 프로그램 코드의 작업 단위를 의미한다. 즉, 비주얼베이직의 코드는 모듈 안에 보관된다. 비주얼베이직에서 사용하는 모듈은 크게 세 가지 유형인 폼 모듈, 표준모듈, 클래스 모듈이 있다. 모듈에 포함되는 내용으로는 상수, 변수, 사용자 정의 자료형 선언 등과 이벤트 프로시저 등이 포함된 서브 프로시저, 함수 프로시저, 프로퍼티 프로시저 등이 있다.

① **폼 모듈(*.frm)** : 폼 및 폼 위에 작성된 컨트롤들의 이벤트 프로시저와 일반 프로시저 그리고 폼 레벨의 각종 변수, 상수, 사용자 정의 자료형, 외부 프로시저 등을 포함한다. 그리고 폼 모듈에 작성하는 코드는 그 폼이 속한 특정 응용 프로그램에 대해서 고유하다.

② **표준모듈(*.bas)** : 다른 모듈들이 공통으로 액세스할 수 있는 선언들과 프로시저들을 포함한다. 전역 또는 모듈 범위로 선언된 상수, 변수, 사용자 정의 자료형, 외부 프로시저에 대한 내용을 갖는다. 폼 모듈과는 달리 특정 응용 프로그램에 종속되지 않고 다른 응용 프로그램에 재사용이 가능하다.

③ 클래스 모듈(*.cls) : 클래스 모듈에 코드를 작성하여 새로운 객체를 작성할 수 있다. 이렇게 만들어진 새로운 객체에 사용자가 정의한 속성과 메소드를 넣을 수 있다.

7 프로젝트(Project)

특정한 목적 달성을 위해 개발되는 응용 프로그램을 말하며, 하나 또는 하나 이상의 폼들과 모듈들이 모여서 하나의 프로젝트를 구성한다. 프로젝트를 구성하는 요소들의 관리는 프로젝트 탐색기 창을 이용하면 편리하다.

비주얼베이직 응용 프로그램을 작성하는데 사용되어지는 관련 파일들과 확장자 이름은 다음과 같다.

확장자명	이름	성명
vbp	프로젝트 파일	프로젝트에서 사용하는 모든 파일의 정보 보관
frm	폼 파일	각각의 폼마다 하나씩 존재하며 폼과 폼에 포함된 컨트롤에 대한 정보 보관
vbw	작업영역 파일	workspace file
scc	소스코드제어 파일	source code control file
exe	실행 파일	실행파일
vrw	폼 배치 파일	폼의 위치를 표시
frx	폼 바이너리 파일	만일 폼에 Picture, Icon과 같은 바이너리 속성이 설정되어 있다면 이 파일이 생성됨
cls	클래스 파일	각 클래스 모듈에 하나씩 존재하며 해당 클래스의 속성과 메소드 코드 포함
bas	표준 파일	하나의 프로젝트 내에서 데이터를 공유하여 사용하도록 전역적으로 사용할 상수, 변수, 프로시저, 함수 등을 포함
ocx	ActiveX 파일	ActiveX 컨트롤 파일
res	리소스 파일	비트맵, 문자열 등을 보관

비주얼베이직 프로그램 기초

일상생활에서 어떤 업무처리를 수행하고자 할 경우 아무런 계획 없이 바로 처리하는 경우는 드물 것이다. 먼저 대상 업무를 정의하고 충분히 이해한 다음, 구체적인 처리 방법이나 절차를 계획한 후, 실제적으로 업무 처리하는 단계를 거치는 것이 일반적이다.

컴퓨터를 이용하여 어떤 일을 처리하려고 할 때에도 마찬가지로 먼저 문제를 정의하고 주어진 문제에 대한 충분한 요구분석이 선행되어야 한다. 다음으로 처리 방법이나 절차를 컴퓨터가 이해할 수 있는 언어로 바꾸어 컴퓨터에게 실행을 명령하여야 한다.

이 때, 문제 해결을 위한 논리의 집합을 알고리즘(algorithm)이라 하며, 프로그래밍 언어를 사용하여 처리하려는 일의 방법이나 절차를 기술하는 명령문의 집합을 프로그램(program)이라 한다. 또한 일련의 프로그램 작성 과정을 프로그래밍(programming) 또는 코딩(coding)이라 한다. 그리고 프로그램을 작성하는 사람을 프로그래머(programmer)라 한다.

2.1.1 프로그램 작성 단계

일반적인 비주얼베이직 프로그램 작성 단계는 다음과 같은 과정을 거친다. 특히 프로그램 작성 중 사용자가 정의하는 이름들은 그 의미를 함축적으로 나타낼 수 있도록 간단명료한 의미 있는 이름이 되도록 하여야 한다. 이는 프로그램 작성 과정과 변경 및 유지보수 작업에 중대한 영향을 미치는 요소이다. 또한 다른 사람이 작성한 프로그램일지라도 누구나 읽기 쉽고 이해하는데 많은 도움이 된다.

1 요구분석(requirements analysis)

사용자의 요구 사항으로부터 문제 정의 및 이해하는 단계이다.

2 프로그램 구조 설계 (program structure design)

프로젝트와 모듈 및 각종 프로시저들의 구조를 설계하고 이들의 이름을 명명한다.

3 인터페이스 설계(interface design)

폼과 도구상자의 컨트롤들을 사용하여 사용자 인터페이스 설계(폼 설계)를 한다. 설계대로 폼 위에 컨트롤을 끌어다 놓고 속성 창에서 이들의 이름과 디자인 모드에서 가능한 속성을 설정 및 변경한다.

4 코딩(coding)

코드 창에서 이벤트 프로시저와 일반 프로시저 및 함수 프로시저를 코딩 규칙에 맞게 코딩한다. 또한 실행 모드에서만 가능한 폼과 컨트롤에 대한 속성의 설정 및 변경을 코딩한다.

5 테스팅(testing)

실행시켜 보고 오류가 있을 경우 이전 단계를 반복적으로 테스트 및 오류수정 즉, 디버깅(debugging) 작업을 수행한다.

6 완료

오류가 없으면 디스크에 파일로 저장한다.

2.1.2 알고리즘

알고리즘(Algorithm)은 컴퓨터로 어떤 문제의 해결을 위한 논리적인 절차나 단계로써, 주어진 문제를 정확히 이해하고 문제를 해결하기 위한 일련의 단계적 절차를 논리적으로 기술한 명세서이다. 그러므로 잘 구성된 알고리즘은 체계적이고 효율적인 문제 해결을 제시하는 밑바탕이 된다.

알고리즘의 특징은 반드시 결론에 도달해야 하고, 애매모호하지 않아야한다. 따라서 주어진 문제를 논리 정연하고, 오류를 적게 하여 효율성 높은 프로그램을 작성할 수 있게 하는 것이 알고리즘의 역할이기도 한다. 알고리즘을 표현하는 방법에는 자연어, 의사코드, 그래픽 도구를 이용한 도형표현 등이 있다.

1 자연언어

자연언어(Natural Language)는 일상생활에서 사용하는 한글이나 영어를 사용하는 방법으로 알고리즘을 기술하기는 용이하나, 코딩할 때 자연어가 가지는 모호성에 의한 명확성을 유지하기가 어렵다.

예 최대공약수 구하는 알고리즘(유클리드 알고리즘)
　　㉠ 임의의 두 정수 su1과 su2를 입력 받는다
　　㉡ su2가 su1보다 크면 su2와 su1의 값을 교환 한다
　　㉢ su1에 su1 - su2의 값을 저장한다.

　　ⓐ 만일 su1이 0이면 ⓜ, 아니면 ⓛ

　　ⓜ su2가 최대공약수

　　ⓗ 종료

2 의사코드

의사코드(Pseudo Code)는 프로그램 언어와 비슷한 형식언어를 사용하여 알고리즘을 표현한다. 그러므로 쓰기 쉽고, 읽기 쉬우며, 특정 프로그래밍 언어로 쉽게 코딩할 수 있다는 장점이 있다.

[예] 1부터 10까지 수의 합을 구하는 알고리즘

　　ⓞ su = 0, hap = 0

　　ⓛ su = su + 1

　　ⓒ hap = hap + su

　　ⓐ if su = 10 then ⓜ else ⓛ

　　ⓜ print hap

　　ⓗ end

3 순서도

순서도(Flow Chart)는 컴퓨터로 처리해야 할 작업 과정을 약속된 기호를 사용하여 순서대로 나타낸 흐름도이다. 그러나 'GO TO' 명령문에 의한 분기는 논리적 사고를 복잡하고 어렵게 하는 단점이 있다. 순서도에 사용되는 기호와 예는 다음과 같다.

기호	의미	기호	의미
⬭	시작과 끝	◇	비교판단
⬡	준비	▱	프린트
▱	입출력	→	흐름선
▭	처리 (계산 또는 작업)	⬢	자기 디스크, DB

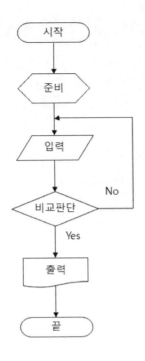

4 나시-슈나이더만 챠트

나시-슈나이더만 챠트(Nassi-Schneiderman chart)는 알고리즘을 순차, 선택, 반복 구조만을 이용하여 구조적으로 표현할 수 있다. 이러한 하향식(Top-Down approach) 제어 구조를 사용함으로써 프로그램의 논리 구조를 단순하고 명료하게 표현할 수 있다.

① 순차구조(Sequence) : 직선형 처리 구조

Statement - 1
Statement - 2
Statement - 3
:
Statement - n

② 선택구조(Selection) : 주어진 조건에 따라 선택하여 처리하는 구조

Condition	
true	false
t-Statement-1	
t-Statement-2	
t-Statement-3	f - Statement
:	
t-Statement-n	

Case			
Case 1	Case 2	.....	Case n
St-1	St-2		St-n

③ 반복구조(Iteration) : 주어진 조건을 만족하는 동안 반복 처리하는 구조

While (condition) do
t - Statement-1
t - Statement-2
t - Statement-3
:
t - Statement-n

f - Statement-1
f - Statement-2
f - Statement-3
:
f - Statement-n
Repeat Until (condition)

2.2 비주얼베이직 프로그래밍

프로그램 작성 단계에 따라 비주얼베이직 응용 프로그램을 만들어 보고, 프로젝트의 저장, 불러오기, 인쇄, 그리고 실행파일 만들기 등을 실습한다.

2.2.1 응용 프로그램 실습

폼과 컨트롤을 이용한 폼 설계 및 속성 값 설정, 코딩, 실행시켜 보고 응용 프로그램 작성 과정을 살펴보도록 하자.

> **예제** 명령 버튼을 누르면 다음과 같이 "안녕하세요"라는 문자열이 폼 상에 표시되는 간단한 프로그램을 작성해 보시오.

1 **인터페이스 설계**

 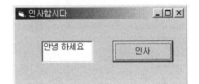

2 **객체와 속성 정의**

객체	속성 값
프로젝트	이름=Hello
폼	이름=Hello_form, Caption=인사합시다
텍스트박스	이름=txtHello, Text=
명령버튼	이름=cmdHello, Caption=인사

3 **새 프로젝트를 연다.**

비주얼베이직을 실행 한 후 통합개발환경 메인창의 메뉴표시줄의 [파일]-[새프로젝

트]를 선택하거나 도구막대의 프로젝트 추가 버튼을 선택하여 [새 프로젝트] 대화상자
에서 '표준EXE'를 선택하고 확인 버튼을 선택한다. 그러면 통합개발환경이 나타난다.

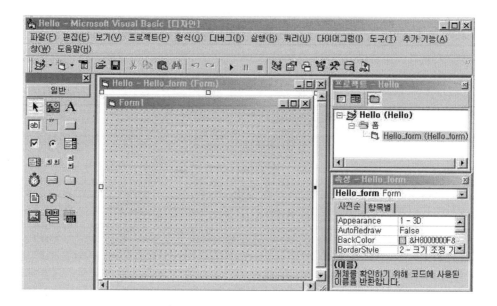

4 **폼 창에서 폼 설계를 한다.**

폼에 텍스트박스와 명령버튼 컨트롤을 배치한다. 이때 도구상자의 텍스트박스 컨트롤
을 선택한 후 폼 창으로 마우스를 가져간 후 해당 컨트롤을 배치 할 수도 있지만, 도구
상자의 컨트롤을 더블클릭 하여서 폼 창에 컨트롤을 배치할 수 있다. 표시된 폼 창의
컨트롤을 이동하려면 마우스로 원하는 방향으로 끌면 된다.

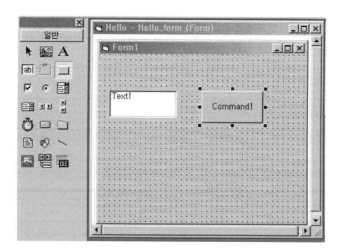

5 **속성 창을 통해 속성 값을 설정한다.**

폼, 텍스트박스 컨트롤, 명령버튼 컨트롤을 각각 선택한 후 속성 창 아래의 속성들을 다음과 같이 설정 또는 변경한다.

여기서 폼, 텍스트박스, 명령버튼의 이름 속성 값이 각각 Hello_form, txtHello, cmdHello 임을 기억해 두자. 이름 속성은 사용자 즉, 프로그램 개발자가 부여하는 명칭으로 프로그램 코딩시 사용된다. Caption과 Text 속성은 객체에 표시되는 문자열을 표현한다.

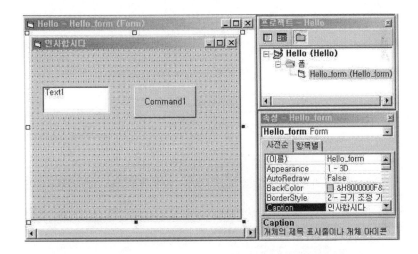

 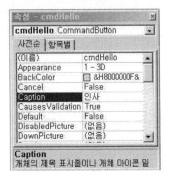

6 **코드창에서 코드를 작성한다.**

코드 창을 여는 방법은 다음 네 가지가 있다.

① 폼 창에서 해당 객체(폼, 컨트롤)를 더블 클릭한다.
② 프로젝트 탐색기 창에서 코드보기 아이콘을 누른다.
③ [보기]-[코드] 메뉴를 선택한다.

④ 폼 창에서 마우스 오른쪽버튼을 눌러 코드보기를 선택한다.

코드 창에서 왼쪽의 콤보박스 상자를 선택하면 해당 객체들의 리스트를 볼 수 있고 오른쪽 콤보박스는 객체에 대한 이벤트 리스트가 나타난다.

왼쪽 콤보 박스에서 'cmdHello'를 선택한 하고, 오른쪽 콤보박스인 이벤트리스트에서는 'Click'을 선택한다. 그리고 이벤트 프로시저를 다음과 같이 코딩한다.

1 실행한다(프로그램 실행과 종료)

코드를 작성했으면 도구막대 중 시작 버튼을 눌러 정상적으로 동작하는가를 확인한다. 인사버튼을 선택하면 다음과 같이 표시된다.

이때 오류가 있으면 해당 오류 메시지를 확인하고 다시 코드 창으로 가서 코드 내용을 수정한다. 프로그램 실행 중에 편집 가능한 상태의 코드 창으로 이동하려면 실행중인 폼의 닫기 버튼을 누르거나 도구 막대의 종료 버튼을 누른다.

8 파일로 저장한다.

작성 완료된 프로그램을 파일로 저장하려면 도구막대의 프로젝트저장 아이콘을 선택하거나 [파일]-[프로젝트저장] 메뉴를 선택한다.

다른 이름으로 저장 대화상자가 나타나면 저장할 경로를 지정한 후 폼 파일 이름과 프로젝트 파일 이름을 각각 입력하고 저장 버튼을 누른다.

이때 주의할 점은 저장하려는 파일에 대한 위치 정보와 식별 정보의 표현이다. 즉, 저장하려는 파일의 경로이름과 폴더이름 그리고 파일의 이름은 저장 내용을 함축적으로 표현하고 직관적으로 이해할 수 있는 '의미 있는 이름'을 작명하여야 한다. 파일 저장이 완료되면 아래와 같이 프로젝트 탐색기 창에 저장된 프로젝트 파일 이름(Hello.vbp)과 폼 파일 이름(Hello_form.frm)이 나타난다.

이 책에서는 저장된 파일 관리를 쉽게 하기 위하여 폼 객체에 대한 접두어(frm)를 고의로 사용하지 않는다. 그 이유는 윈도우즈 탐색기에 알파벳순으로 출력되기 때문이다.

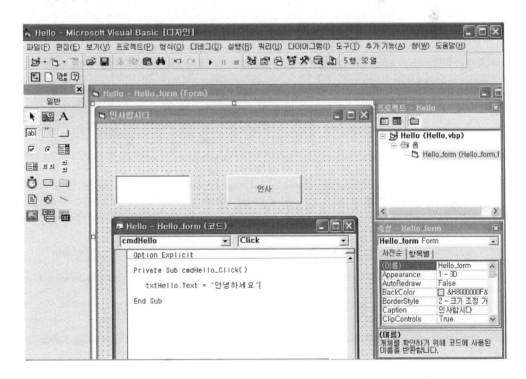

2.2.2 새 프로젝트

만들려는 프로젝트의 종류를 선택하는 [새 프로젝트] 대화 상자를 표시한다. 만일 새로운 프로젝트를 생성하려고 할 경우에, 현재 작업 중인 다른 프로젝트가 있다면 기존에 작업한 것을 저장할 것인지를 물어온다.

① [파일]-[새 프로젝트] 메뉴를 선택한다.

② 새 프로젝트 대화상자에서 생성하고자 하는 프로젝트를 선택하고 확인버튼을 누른다. 대표적인 프로젝트로는 다음과 같은 것이 많이 선택된다.

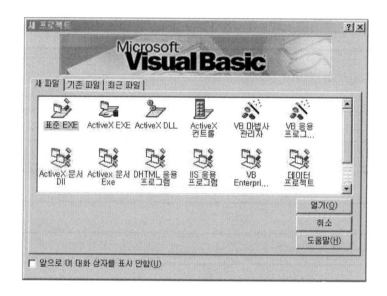

표준 EXE : 표준 실행 파일을 만든다.

ActiveX EXE : ActiveX 실행 파일을 만든다.

ActiveX DLL : ActiveX DLL 실행 파일을 만든다.

ActiveX 컨트롤 : ActiveX 컨트롤을 만든다.

2.2.3 프로젝트 저장

작성이 완료된 응용프로그램을 저장하려면 다음과 같은 과정을 밟는다. 이때 주의할 점은 저장하려는 파일에 대한 위치 정보와 식별 정보의 표현이다. 즉, 저장하려는 파일의 경로이름과 폴더이름 그리고 파일의 이름은 저장 내용을 함축적으로 표현하고 직관적으로 이해할 수 있는 '의미 있는 이름'을 작명하여야 한다.

① [파일]-[프로젝트 저장] 메뉴를 선택한다. 현재 작업 중인 프로젝트와 모든 구성 요소인 폼 및 모듈을 저장한다.

② 파일이 처음 저장되는 것이라면 프로젝트 저장 명령은 다른 이름으로 저장 대화 상자를 표시한다. 먼저 폼 파일 이름을 입력하고 저장 버튼을 누른다.

③ 프로젝트를 다른 이름으로 저장 대화상자가 나타나면 프로젝트 파일 이름을 입력하고 저장 버튼을 누른다.

④ 비주얼베이직의 기업용 버전을 사용할 경우 아래와 같은 대화상자가 나타날 수 있는데 통합원본 컨트롤
을 사용 중이 아니면 'No'를 선택한다. 이와 같은 과정을 통해 프로젝트 저장이 정상적으로 완료된다.

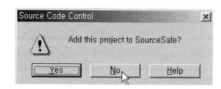

2.2.4 프로젝트 불러오기

저장된 프로젝트를 불러와서 폼을 새롭게 구성하거나 프로그램 수정 작업을 원할 경우가
많이 있다. 이때 기존 프로젝트를 불러오는 방법에는 윈도우즈 탐색기에서 해당 프로젝트
파일 아이콘을 더블 클릭하거나 비주얼베이직 통합개발환경 창의 [파일]-[프로젝트 열기]
명령을 선택한다.

① 비주얼베이직 통합개발 환경 창의 [파일]-[프로젝트 열기] 메뉴를 선택하면 프로젝트 열기 대화상자
가 나타난다.

② [기존파일]탭 또는 [최근파일]탭을 이용하여 특정 파일을 불러와 다시 편집할 수 있다.

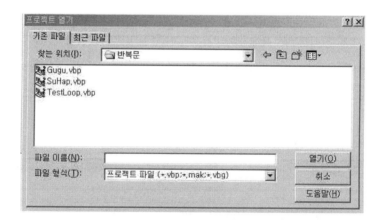

2.2.5 프로젝트 인쇄

① [파일]-[🖨️인쇄] 메뉴를 선택한다.

② 다음 인쇄 대화상자가 나타나면 인쇄범위와 인쇄 대상을 선택하고 확인 버튼을 누른다. 인쇄범위는 현재 모듈 또는 현재 프로젝트 중 선택하고 인쇄 대상은 폼 이미지, 코드, 및 폼의 정보를 텍스트로 중 원하는 항목을 선택한다. 이때 파일로 인쇄 항목을 선택하면 지정한 파일로 인쇄 내용이 저장된다.

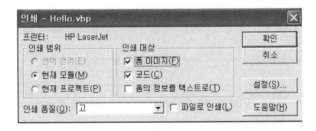

2.2.6 실행파일 만들기

① 테스트가 완료된 응용 프로그램에 대한 실행 파일을 만들기 위해 [파일]-[Project1.exe]메뉴를 선택한다.

② [프로젝트 만들기] 대화상자가 나타나면 저장할 적절한 경로를 선택하고 저장할 파일이름을 입력한 후 확인버튼을 누르면 실행 파일이 만들어진다.

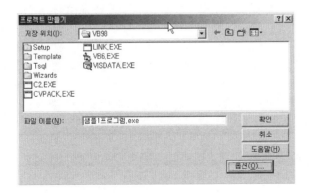

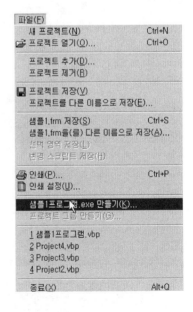

2.2.7 프로젝트에 모듈 추가

모듈에는 크게 폼 모듈, 표준 모듈, 클래스 모듈이 있다. 모듈을 추가하려면 프로젝트 탐색기 창에서 마우스 오른쪽 버튼을 눌러 나타나는 팝업 창의 추가를 이용할 수도 있고 도구 막대의 폼 추가 아이콘을 이용한다. 다음은 프로젝트에 모듈을 삽입하는 과정이다.

① 도구 막대의 폼 추가 아이콘의 옆 내림버튼을 눌러 모듈을 선택한다.

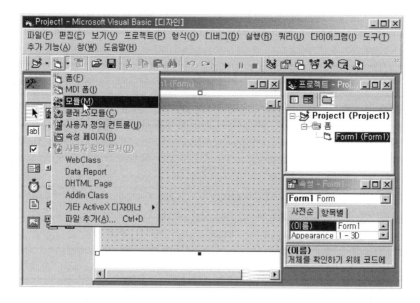

② 모듈추가 대화 상자에서 모듈을 선택하고 열기 버튼을 누른다.

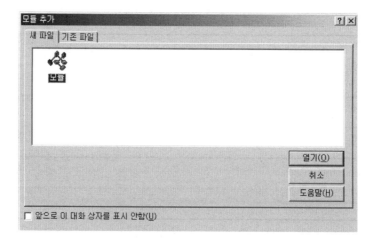

③ 코드창이 열리고 프로젝트 탐색기 창에는 모듈이 추가 되었음이 표시된다.

도구상자에 있는 각종 컨트롤을 사용하여 사용자 인터페이스를 설계(폼 설계)를 설계해 보자. 폼은 사용자와 프로그램을 연결시켜주는 역할을 하기 때문에 폼 설계는 아주 중요하다.

폼을 잘 설계하기 위해서는 사전에 "어떤 컨트롤을 이용하여 어떤 모습의 폼을 설계할 것인가"에 대한 사전 준비가 필요하다. 또한 비주얼베이직에서 사용하는 객체 즉, 폼과 컨트롤에 대한 속성, 메소드, 이벤트 등에 관한 충분한 지식 습득은 필수적이라 하겠다.

1장에서 설명한 바와 같이 우리가 그림을 그리려고 할 때 사용하는 도화지는 폼 객체에 그리고 붓과 물감은 각종 컨트롤들에 비유하였다. 이제 폼 위에 컨트롤들을 보기 좋게 설계하는 방법에 대해 살펴보도록 하자.

1 같은 컨트롤을 폼 위에 여러 개 배치

같은 컨트롤을 폼 위에 여러 개 배치하려면 해당 컨트롤을 마우스로 더블클릭하면 폼에 표시된다. 겹쳐서 나타난 컨트롤을 마우스로 적절한 위치로 옮긴다. 또한 어느 정도 숙달된 사용자는 컨트롤 배열을 이용하면 더욱 편리하게 설계할 수 있다.

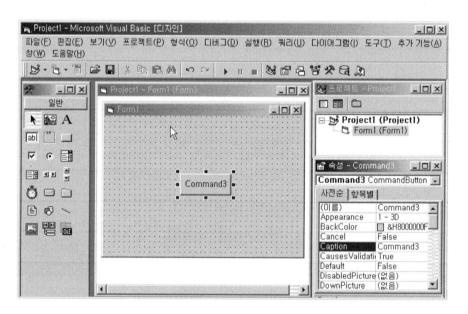

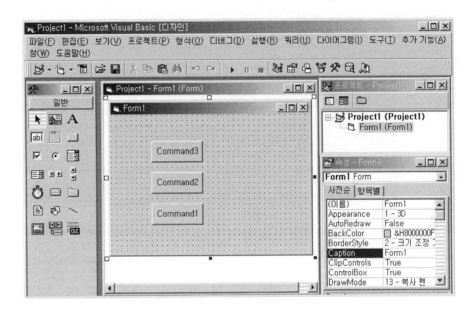

2 다중 컨트롤 선택

폼 위에 설계된 여러 개의 컨트롤을 선택 방법은 도구상자의 포인터 컨트롤을 이용하여 선택하려는 컨트롤들이 포함되도록 마우스로 드래그하면 된다. 다음 그림은 폼 창의 모든 컨트롤들이 선택된 모습이다.

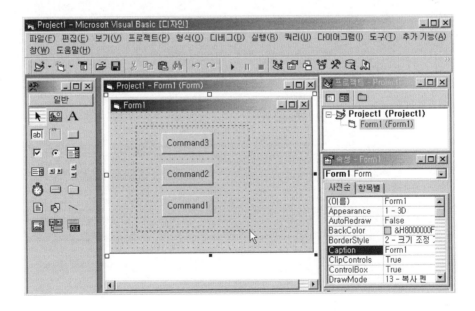

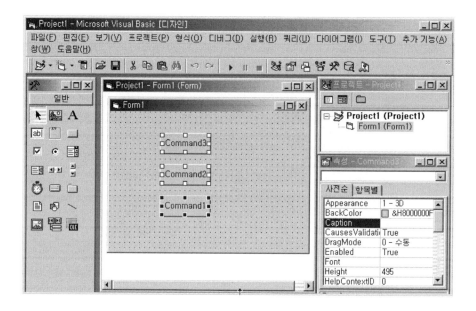

3 컨트롤의 크기 조절

컨트롤의 크기를 조절하려면 조절하려는 컨트롤들이 선택된 상황에서 조절점을 마우스 끌기 하여 원하는 크기로 조절하면 된다.

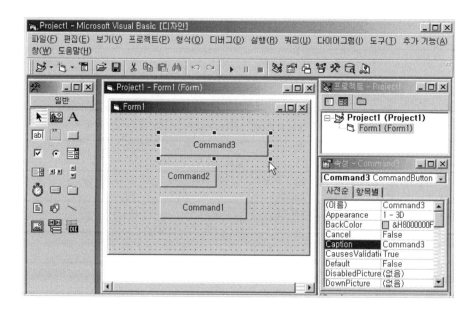

4 컨트롤의 정렬 및 같은 크기로 배치

폼 상에 컨트롤을 배치하면서 같은 크기나 높이로 맞추어야 될 경우 또는 정렬을 할 경우에는 [형식]메뉴를 이용한다. 물론 정렬하거나 너비, 높이를 맞추려는 컨트롤들은 선택이 되어야 한다. 같은 크기로 만들 경우에는 크기조절 핸들이 파란색인 컨트롤을 기준으로 너비가 조절된다.

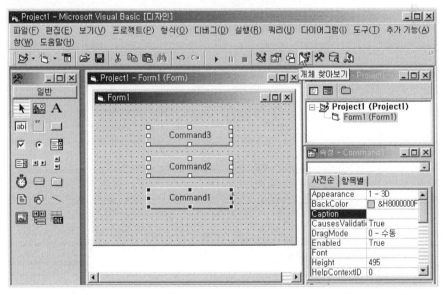

또한 위치가 서로 다른 컨트롤들을 정렬하려면 해당 컨트롤들을 선택한 후 [형식]−[맞춤] 메뉴를 선택한다. 크기 조절이 파란색으로 된 컨트롤을 기준으로 나머지 컨트롤들이 왼쪽 정렬을 선택했기에 아래와 같이 표시된다.

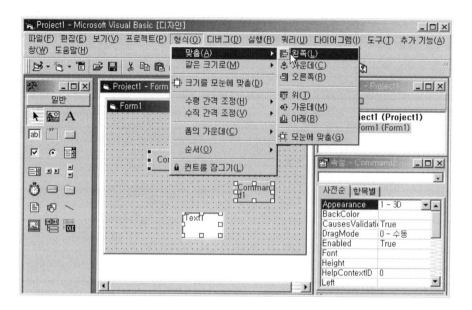

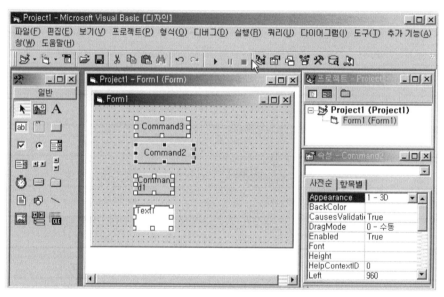

같은 크기로 너비를 조절하기 위해 [형식]-[같은크기로] 메뉴를 선택한다. 크기 조절
점인 파란색인 컨트롤을 기준으로 너비가 일정하게 조절된다.

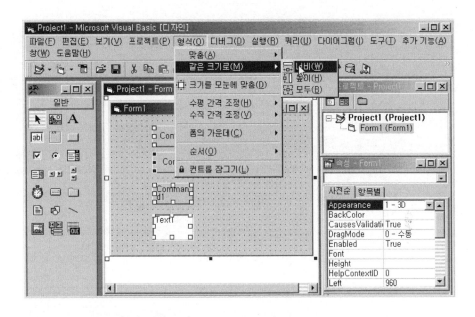

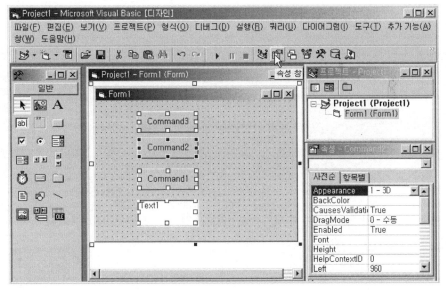

5 컨트롤 순서

폼 설계시 특정 컨트롤을 다른 컨트롤의 위나 아래에 표시해야 된 경우에 이용한다. 실행시에는 컨트롤을 생성된 순서대로 포커스(focus)를 받게 된다. 컨트롤이 생성되는 순서대로 TabIndex 속성 값이 0, 1, 2 ..... 순으로 부여됨을 확인할 수 있다.

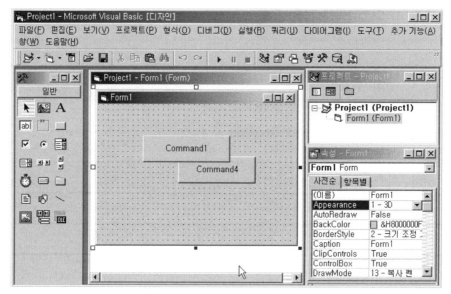

⑥ 컨트롤 삭제

폼 위의 특정 컨트롤을 삭제하려면 먼저 해당 컨트롤을 선택 한 후 마우스의 오른쪽 버튼을 눌러 팝업 창(Pop-up window)에서 삭제를 선택하거나 키보드의 Del키를 누른다.

여러 개의 컨트롤을 동시에 삭제하려면 포인터 컨트롤을 이용하여 삭제하려는 컨트롤들이 포함되도록 선택한 후 동일한 방법으로 삭제한다.

폼과 컨트롤을 이용하여 인터페이스 설계를 완성하였다. 이제 각 객체에 대한 이벤트 프로시저를 작성할 차례이다. 비주얼베이직은 윈도우즈 환경의 응용프로그램 개발에 적합한 언어로써 이벤트 중심 프로그램 방식을 기본으로 한다. 객체지향 프로그램 방식과는 약간의 차이가 있으나, 기존의 C 언어와 같은 절차적 프로그램 방식과는 프로그래밍 및 실행 방법상에 많은 차이점이 존재한다. 즉, 비주얼베이직은 특정 객체에 특정 이벤트가 발생하면, 그에 해당하는 조치로써 그 이벤트에 대응하는 이벤트 프로시저가 호출되어 실행된다. 따라서 이벤트의 발생순서는 프로그램이 실행되는 순서를 결정한다. 이벤트란 객체에 가해지는 어떤 행위(자극 또는 사건)를 말하는 것으로 사용자가 마우스를 클릭하거나 키보드를 누르거나 메뉴를 선택하는 등의 모든 행위를 말한다.

비주얼베이직을 활용한 유능한 프로그래머가 되기 위한 지름길은 인터페이스 설계뿐만 아니라 이벤트 프로시저 코딩 또한 아주 중요한 필수 요건 중 하나이다.

이벤트 프로시저 코딩을 잘하기 위해서는 각 객체들의 종류와 그리고 각 객체마다 가지고 있는 고유한 속성과 이벤트 및 적용 가능한 메소드에 대한 사전 지식과 활용 능력을 익히는 것이 필요하다. 예를 들면, 어떤 속성은 디자인 모드에서만 속성 값의 설정 및 변경이 가능하며, 어떤 속성은 실행 모드에서만 속성 값의 설정 및 변경이 가능하다. 또한 2가지 모드 모두 속성 값의 설정 및 변경이 가능한 속성도 있다.

2.4.1 이벤트 프로시저

이벤트 프로시저는 특정 객체에 특정 이벤트가 발생하였을 때, 그 이벤트에 대한 처리 방법이나 절차를 기술하는 명령문들의 집합을 말한다. 이벤트 프로시저의 코딩 형식은 다음과 같다.

```
Private Sub 객체이름_이벤트이름( )
   명령문-1
     :
   명령문-n
End Sub
```

2.4.2 코딩 방법

비주얼베이직 프로그램은 문법(syntax rule)에 위배되지 않으면 코딩 형식에 제약이 없는 자유형식(free format)을 따른다. 그렇지만 프로그램의 읽기 쉬움(readability)과 이해하기 쉬움(easy understand) 그리고 재사용(reuse)과 유지보수 비용(maintenance cost)을 절감할 수 있도록 코딩하는 것이 바람직하다. 다음 사항을 참조하여 코딩하기 바란다.

1 의미 있는 이름 사용

특히 사용자가 정의하는 여러 가지 이름들은 그 의미를 충분히 내포하도록 간단명료하게 의미있는 이름을 작명하여야 한다. 또한 기억하기 쉽고 사용하기 편리해야 한다. 이 또한 유능한 프로그래머가 갖추어야할 중요한 요소 중 하나이다.

예를 들면 저장파일의 경로 및 파일이름, 프로젝트이름, 객체(폼, 컨트롤)이름, 프로시저이름, 매개변수이름, 상수이름, 변수이름, 배열이름 등이 이에 속한다.

2 명령문 사용법(문법)에 따라 코딩

3 구조적 코딩(structured coding)

프로그램 제어구조는 순차, 선택, 반복 구조를 사용한다. 그리고 읽기 쉽고 이해를 도와주기 위해 적절한 들여쓰기와 내어쓰기, 띄어쓰기, 빈 줄(blank line) 등을 활용하도록 한다.

4 주석문(comment statement) 사용

주석문은 REM 또는 작은따옴표(') 를 사용하며 단지 이해를 도와주는 설명문으로 실행에는 영향을 주지 않는 비실행 문장이다. 프로그램의 첫 머리, 한 문장의 끝 또는 문장과 문장 사이에 사용한다. 주석문 사용을 습관화하는 것이 좋다.

5 한 문장만 한 줄에 코딩

명령문의 길이가 짧을 경우 콜론(':')을 사용하여 여러 명령문을 한 줄에 코딩할 수 있으나 좋은 습관은 아니다.

6 한 문장을 복수 줄에 코딩

경우에 따라 한 문장의 길이가 너무 길어 한 줄에 코딩하기 어려울 경우가 종종 발생한다. 이때 앞 문장의 끝에 연결문자(continue mark) '_'를 사용하여 복수 줄로 코딩하면 비주얼베이직은 한 문장의 연속으로 인지한다.

2.5 변수

변수(Variable)는 이름에서 알 수 있듯이 프로그램 내에서 변하는 자료를 보관하는 장소이다. 프로그램 실행 중에 숫자나 문자 값을 기억하기 위한 기억 공간이다. 즉 변경되는 값을 보관하기 위한 공간이다. 또한 변수는 사용하기 전에 먼저 선언이 되어야 사용 가능하다. 프로그램 개발자는 다음과 같은 방법으로 변수를 선언하여 사용할 수 있다. 이때 변수의 자료형과 크기를 지정하여 자료에 맞는 기억 공간을 확보해야 한다.

2.5.1 변수 선언 방법

1 명시적(Explicit) 선언 방법

변수를 선언하고 난 후 사용하는 방법으로 다음 형식에 따라 정의한다.

> **{Dim|Static|Private|Public}** 변수이름 **As** 자료형
>
> - {Dim|Static|Private|Public} : 변수가 적용되는 범위를 나타내는 예약어
> - 변수이름 : 변수이름 정의 규칙에 따라 작성
> - As : 예약어
> - 자료형 : 변수에 기억되는 자료형

예 명시적 선언

```
Dim iTot_jumsu  As Integer  ' iTot_jumsu는 정수형 변수로 점수의 합 저장
```

"변수를 항상 선언하고 사용해야 된다"고 규정하는 비주얼베이직의 예약어가 "Option Explicit" 문이다. 이 문이 모듈의 선언부에 쓰여 있으면 변수를 명시적으로 선언하지 않고 사용할 경우 오류를 발생 시켜 준다.

"Option Explicit" 문을 코드 창에 자동 추가되게 하려면 [도구]메뉴의 [옵션]-[편집기]탭의 변수선언 요구를 선택하여 체크하면 항상 "Option Explicit" 문이 자동으로 나타나게 된다.

2 묵시적(Implicit) 선언 방법

변수를 명시적으로 선언하지 않고 사용하는 방법이다. 비주얼베이직은 프로그램 코딩 도중에 정의하지 않은 변수 사용이 가능하지만 이를 새로운 변수로 간주하고 가변형으로 취급한다. 이는 성능이 떨어지고 디버깅에 심각한 문제가 있으므로 사용하지 않는 것이 좋다.

예 묵시적 선언

```
Private Sub cmdDisplay_Click( )


    Temp_val = 90      ' 변수의 묵시적 선언
    MasgBox Tem_val
End Sub
```

2.5.2 변수이름

변수이름(Variable Name)은 고유한 이름과 의미를 나타내도록 다음 규칙을 따른다. 변수이름을 올바르게 사용하지 않으면 빨간색으로 바뀌면서 오류 메시지가 나타난다.

① 영문자, 숫자 ,밑줄(_)의 조합으로 구성한다.

② 첫 글자는 영문자로 시작해야 한다. 한글 변수이름도 사용 가능하다.

③ '_'는 변수이름의 처음과 끝에 사용하지 않고 중간에 사용하여야 한다.

④ 마침표 또는 예약어(Sub, Integer...)는 변수이름으로 사용할 수 없다.

⑤ 255 문자를 넘어서는 안 되고, 컨트롤과 폼 등의 이름은 40자를 초과하지 못한다.

⑥ 같은 이름의 상수이름, 프로시저 이름은 사용할 수 없다.

⑦ 대 · 소문자를 구분하지 않는다.

예 변수이름이 올바른 경우

```
Dim  lSum     As Long
Dim  성명      As String
Dim  iIndex1 As Integer
```

예 변수이름이 바르지 않는 경우

```
Dim _num      As Integer
Dim Ha*       As String
Dim 2Day      As String
```

2.5.3 접두어를 이용한 변수이름

모든 변수는 자료형을 갖는다. 프로그램이 길어져서 변수의 자료형이 어떤 형인가를 찾아야할 경우 불편함이 있다. 이 문제를 해결하기 위해 아래와 같은 접두어(약어)를 변수이름 앞에 붙여 사용하면 효과적이다.

자료형	접두어
Byte	bt
Boolean	b
Integer	i
Long	l
Single	s
Double	dbl
Currency	c
Date	dt
String	str
Variant	v
Object	obj

2.5.4 접미어를 이용한 변수이름

접두어 사용과 마찬가지로 접미어(특수문자 사용)를 이용하는 방법이 있다.

자료형	접미어
Integer	%
Long	&
Single	!
Double	#
Currency	@
String	$

2.5.5 변수적용범위

정의한 변수가 영향을 미치는 범위를 변수적용범위(Scope Rule)라 한다. 변수는 변수적용범위에 따라 전역(총괄)변수, 모듈변수, 지역변수로 구분하며 영향을 미치는 영역이 서로 다르다. 따라서 변수를 정의할 때 이점을 고려하여 사용 목적에 맞게 선언하고 사용하여야 한다.

변수 선언	모듈 선언부	프로시저 내부
Public	가능 (다른 모듈에서 사용 가능)	사용 불가
Private	가능 (현재의 모듈에서만 사용 가능)	사용 불가
Dim	가능 (현재의 모듈에서만 사용 가능)	가능
Static	사용 불가	가능

다음 그림은 지역변수, 모듈변수, 전역변수의 통용되는 범위를 보여준다.

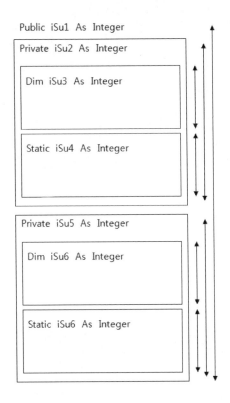

1 지역변수(Local Variable)

Dim, Static 예약어를 사용한다. 변수 적용 범위가 변수가 선언된 지역 프로시저로 한정된다. 같은 모듈 내 다른 프로시저에 같은 이름의 지역변수가 선언되어도 서로 다른 변수로 취급된다. Dim, Static은 변수가 선언된 프로시저가 실행되는 동안 변수 값을 기억하는 것은 같지만 아래와 같은 점은 차이점이다.

구분	차이점
Dim	실행이 완료되면 변수 값 초기화 된다.
Static	실행이 완료되어도 변수 값을 유지하고 다시 실행되면 유지하던 변수 값이 계속 적용된다.

다음 예제 프로그램을 실행시켜 본 후 차이점을 비교해 보자. Dim으로 선언된 경우 출력 값은 항상 1로 동일 하지만 , Static으로 선언된 경우는 1,2,3,...로 계속 값이 누적되어서 나타난다.

예 Dim으로 선언한 경우

```
Private Sub cmdPrint_Click( )
Dim iSu_Sum    As   Integer

    iSu_Sum = iSu_Sum + 1
    Print iSu_Sum
End Sub
```

예 Static으로 선언한 경우

```
Private Sub cmdPrint_Click( )
Static iSu_Sum  As   Integer

    iSu_Sum = iSu_Sum + 1
    Print iSu_Sum
End Sub
```

2 모듈변수(Module Variable)

Private, Dim 예약어를 사용한다. 모듈에서 선언되어 모듈안의 모든 프로시저에 영향을 미치는 변수를 모듈변수라 한다. 특히 한 모듈 내 서로 다른 프로시저에서 같은 이름의 변수가 사용되면 서로 같은 변수로 취급된다. 식별성 면에서 Public과 짝을 이루는 Private 예약어를 사용하여 모듈변수를 선언하는 것이 더 좋다.

예 Private으로 선언한 경우

```
Private iSu_Sum  As   Integer
Private Sub cmdPrint_Click( )

    iSu_Sum = iSu_Sum + 1
    Print iSu_Sum
End Sub
```

3 전역(총괄)변수(Global Variable)

전역변수를 선언해 프로그램 전체에서 사용하고자할 경우에는 Public 예약어를 사용한다. Public으로 선언된 변수는 모든 모듈에서 그 변수를 공유해서 사용하는 것으로, 변수의 적용 범위가 응용프로그램 전체에 영향을 미친다.

예 Public으로 선언한 경우

```
Public iSu_Sum   As   Integer
Private Sub cmdPrint_Click( )
```

```
        iSu_Sum = iSu_Sum + 1
        Print iSu_Sum
End Sub
```

> **예제** 국어, 영어, 수학 3과목의 점수를 입력받아 총점과 평균을 출력하시오. 프로그램 코드작
> 성 및 실행-1에는 오류가 존재함을 알 수 있다. 어떤 이유로 이런 오류가 존재하는지 생
> 각해 보도록 하자.

1 인터페이스 설계

2 객체와 속성 정의

객체	속성 값
프로젝트	이름=Sungjuk
폼	이름=Sungjuk_form, Caption=3과목 점수입력_총점_평균구하기
프레임1	Caption=자료입력
프레임2	Caption=자료출력
레이블1	Caption=국어 :
레이블2	Caption=영어 :
레이블3	Caption=수학 :
레이블4	Caption=총점 :
레이블5	Caption=평균 :
텍스트박스1	이름=txtKor, text=
텍스트박스2	이름=txtEng, text=

텍스트박스3	이름=txtMat, text=
텍스트박스4	이름=txtTot, text=
텍스트박스5	이름=txtAve, text=
명령버튼1	이름=cmdTot, Caption=총점구하기
명령버튼2	이름=cmdAve, Caption=평균구하기
명령버튼3	이름=cmdClear, Caption=지우기
명령버튼4	이름=cmdEnd, Caption=종료

3 코드작성 및 실행-1

Coding

```
'3과목 점수 입력_총점_평균구하기
Private Sub cmdTot_Click( )

Dim iKor, iEng, iMat, iTot    As Integer

   iKor = Val(txtKor.Text)
   iEng = Val(txtEng.Text)
   iMat = Val(txtMat.Text)

   iTot = iKor + iEng + iMat      ' 총점 계산

   txtTot.Text = iTot

End Sub

Private Sub cmdAve_Click( )

   txtAve.Text = iTot / 3         ' 평균 계산

End Sub

Private Sub cmdClear_Click( )

   txtKor.Text = ""
```

```
        txtEng.Text = ""
        txtMat.Text = ""
        txtTot.Text = ""
        txtAve.Text = ""
        txtKor.SetFocus

End Sub


Private Sub cmdEnd_Click( )
    End
End Sub
```

4 코드작성 및 실행-2

```
Option Explicit
' 3과목 점수 입력_총점_평균구하기
Private iTot                    As Integer
Private Sub cmdTot_Click( )

Dim iKor, iEng, iMat        As Integer

    iKor = Val(txtKor.Text)
    iEng = Val(txtEng.Text)
    iMat = Val(txtMat.Text)

    iTot = iKor + iEng + iMat               ' 총점 계산
    txtTot.Text = iTot

End Sub
```

```
Private Sub cmdAve_Click( )
   txtAve.Text = Format(iTot / 3, "#00.00")   ' 평균 계산
End Sub


Private Sub cmdClear_Click( )


   txtKor.Text = ""
   txtEng.Text = ""
   txtMat.Text = ""
   txtTot.Text = ""
   txtAve.Text = ""
   txtKor.SetFocus


End Sub


Private Sub cmdEnd_Click( )
   End
End Sub
```

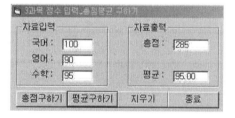

5 코드작성 및 실행-3

Coding

```
Option Explicit
' 3과목 점수 입력_총점_평균구하기
Private iTot                      As Integer
Private Sub cmdTot_Click( )


Dim iKor, iEng, iMat       As Integer


   iKor = Val(txtKor.Text)
```

```vb
    iEng = Val(txtEng.Text)
    iMat = Val(txtMat.Text)


    If (iKor > 100) Or (iKor < 0) Then
        Beep
        MsgBox "점수는 0 ~ 100 입니다", , Lable1.Caption + "점수입력 오류"
        txtKor.SetFocus
        Exit Sub
    End If
    If (iEng > 100) Or (iEng < 0) Then
        Beep
        MsgBox "점수는 0 ~ 100 입니다", , Lable2.Caption + "점수입력 오류"
        txtEng.SetFocus
        Exit Sub
    End If
    If (iMat > 100) Or (iMat < 0) Then
        Beep
        MsgBox "점수는 0 ~ 100 입니다", , Lable3.Caption + "점수입력 오류"
        txtMat.SetFocus
        Exit Sub
    End If


    iTot = iKor + iEng + iMat                    ' 총점 계산
    txtTot.Text = iTot


End Sub


Private Sub cmdAve_Click( )
    txtAve.Text = Format(iTot / 3, "#00.00")   ' 평균 계산
End Sub


Private Sub cmdClear_Click( )

    txtKor.Text = ""
    txtEng.Text = ""
    txtMat.Text = ""
    txtTot.Text = ""
    txtAve.Text = ""
```

```
        txtKor.SetFocus

End Sub

Private Sub cmdEnd_Click( )
    End
End Sub
```

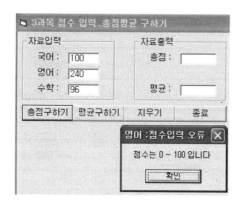

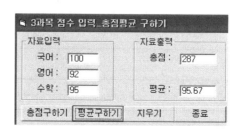

변수를 선언한다는 것은 주 기억 장치내 기억 장소 할당과 할당받은 기억장소에 저장될 수 있는 값의 특성을 정의하는 것을 의미한다. 따라서 변수에는 선언된 자료형과 동일한 성격과 크기를 갖는 값을 저장해야 한다. 그렇지 않을 경우에는 예기치 못하는 오류가 발생하게 된다. 비주얼베이직에서는 자료형을 지정하지 않으면 기본적으로 가변형으로 처리된다. 가변형은 처리 속도 및 메모리 사용에 있어 비효율적이기 때문에 특정 자료형을 지정하고 사용하는 것이 좋다.

자료형	크기(Byte)	범위
바이트형(Byte)	1	0 ~ 255
정수형(Integer)	2	−32,768 ~ 32,767
정수형(Long)	4	−2,147,483,648 ~ 2,147,483,647
부울형(Boolean)	2	True, False
실수형(Single)	4	± 3.402823E38 ~ ± 1.401298E−45
실수형(Double)	8	± 4.94065…E−324 ~ ± 1.79769…E308
문자열형(String)	10+문자열길이 (가변길이)	약 0 ~ 2조 Byte
	문자열길이 (고정길이)	0 ~ 65,400 Byte
화폐형(Currency)	8	−900조 ~ 900조
날짜형(Date)	8	100년1월1일 ~ 9999년 10월31일
객체형(Object)	4	객체의 자료형에 따라 다름
가변형(Variant)	16(숫자)	실수형(Double) 범위와 같음
	22+문자열길이 (문자)	

2.6.1 숫자 자료형

비주얼베이직에서 숫자를 표현하는 자료형식에는 바이트형, 정수형(Integer, Long), 실수형(Single, Double) 그리고 화폐 계산에 유용한 화폐형(통화형)이 있다. 소수점 포함 여부에 따라 다음과 같이 나누어진다.

① 고정 소수점 표현 방식 : Byte, Integer, Long, Currency
② 부동 소수점 표현 방식 : Single, Double

소수점을 포함하지 않는 고정 소수점 표현 방식과 소수점을 포함하는 부동 소수점 표현 방식은 컴퓨터 내부적으로 수의 표현 형식이 다르다. 특히 소수점과 지수를 이용한 표현 방식인 부동 소수점 표현은 아주 작은 수나 아주 큰 수 연산에 유용하다.

선언된 변수가 기억할 수 있는 값보다 크거나 작을 경우는 오류가 발생한다. 따라서 변수에 초기 값을 할당하거나 또는 연산된 결과를 할당할 경우에는 변수의 자료형과 기억 장소의 크기를 항상 고려해야 한다. 다음 예에서 오류가 발생한 경우는 정수형(Integer) 변수(iSu)에 너무 큰 수를 할당하고 있기 때문이다. 오류를 제거하기 위해서는 정수형(Long)으로 디버깅하면 된다.

예 숫자 자료형 자료정의 및 값 할당(오류가 발생한 경우)
```
Dim iSu     As Integer
   iSu = 99999
```

예 숫자 자료형 자료정의 및 값 할당(오류가 없는 경우)
```
Dim lSu     As Long
   lSu = 99999
```

2.6.2 문자열 자료형

문자열(String) 자료형은 영문자, 숫자, 특수문자, 한글 등을 처리하기에 적합한 자료형이다. 문자열 자료는 항상 " " 안에 있어야 한다. 문자열 자료형은 가변길이 문자열과 고정길이 문자열의 두 가지 종류의 문자열을 제공한다. 가변길이는 문자열의 길이를 지정하지 않고 긴 문자열을 사용할 때 이용하고, 고정길이는 문자열의 길이가 정해져 있는 짧은 문자열을 사용할 때 이용한다. 대부분 문자열 형으로 선언하면 기억되는 문자의 수는 가변적이다. 또한 문자열의 길이를 명시하는 고정길이 문자열은 정해진 길이만큼만 입력받을 경우나 파일처리에서 유용하게 사용할 수 있다.

다음 예에서 문자열 변수 strChar1에는 "University"값이, 문자열 변수 strChar2에는 "Univers"가 기억됨을 알 수 있다.

예 문자열 자료정의 및 값 할당

```
Dim  strChar1      As String
Dim  strChar2      As String * 7      ' 고정길이 문자열
    strChar1 = "University"           ' University 기억
    strChar2 = "University"           ' Univers 기억
```

2개의 문자열을 하나로 연결하려면 '+' 연산자를 사용하고 문자열이 아닌 다른 자료형과 문자열을 연결하려면 '&' 연산자를 사용한다.

2.6.3 날짜형 자료형

날짜형(Date) 자료형은 날짜와 시간 정보 처리에 적합한 자료형으로 8바이트(64비트) 고정 소수를 저장한다. 사용 가능한 날짜는 100년 1월 1일부터 9999년 12월 31일까지이고 사용가능한 시간은 00:00:00부터 23:59:59까지의 시간을 기억할 수 있다. 일반적으로 날짜 형식인 경우에는 '#'기호 사용하지만 문자열처럼 사용해도 된다. 시간 형식은 오전(오후) HH:MM:SS형식으로 되어 있다.

예 날짜형 자료정의 및 값 할당

```
Dim  dtDay      As Date
    dtDay = #03/01/2010#                    ' 날짜 할당 및 기억
    dtDay = "2010-03-15"
    dtDay = #12/24/2010 23:59:59 PM#        ' 날짜와 시간 할당 및 기억
    print Year(dtDay)                       ' 2010 출력
    print Now                               ' 현재 시스템의 날짜와 시간 출력
```

2.6.4 가변형 자료형

가변형(Variant) 자료형은 시스템에서 사용하는 모든 자료형 처리가 가능하다. 변수 선언시 자료형을 지정하지 않으면 가변형으로 취급한다. 그리고 대입되는 값에 따라 알맞은 자료형으로 변환된다. 가변형은 사용하기는 편하지만 수행 속도는 늦고 메모리를 많이 차지하는 단점이 있다. 따라서 가변형은 문자열을 할당하면 문자열을, 숫자를 할당하면 숫자를 기억한다.

예 가변형 자료정의 및 값 할당

```
Dim vMem                    '가변형 변수 정의
    vMem = "프로그래밍 언어"    '문자열형
    vMem = 123               '정수형
```

2.6.5 객체 자료형

객체(Object) 자료형으로 선언한 객체 변수는 4바이트(32비트) 주소를 메모리에 저장한다. 객체 형식으로 선언된 객체 변수는 Set 문을 이용하여 객체를 참조할 수 있다.

예 객체형 자료정의 및 값 할당

```
Dim objLab1, objLab2    As Object
    Set objLab1 = Label1
    Set objLab2 = Label2
    objLab1.Caption = "국어점수 :"
    objLab2.Caption = "영어점수 :"
```

변수가 프로그램 내에서 변하는 자료를 저장하는 기억장소라 한다면, 상수(Constant)는 프로그램 실행 중에 일정한 값을 나타내며 프로그램 내에서 변경되지 않는 숫자나 문자열에 붙여주는 '사용자가 정의하는 의미있는 이름'을 말한다. 즉, 정의된 의미있는 이름은 할당된 숫자나 문자열의 값과 동일하게 사용할 수 있지만 새로운 값의 할당이나 변경은 불가능하다.

프로그램 코딩 중 반복하여 사용하는 값(예를 들면 π (pai), 변동 환율, 세율, 이자율 등) 대신 의미있는 이름의 상수를 정의하여 사용하면 프로그램 코드를 쉽게 이해할 수 있도록 도와주며, 수정이 요구될 경우 상수 선언 부분만 새로운 값으로 수정함으로써 유지보수를 용이하게 할 수 있다.

비주얼베이직 상수 유형에는 프로그래머가 필요에 의해 정의하는 사용자 정의 상수(user-defined constant)와 시스템에 미리 정의되어 있는 시스템 정의 상수(system constant)가 있다.

2.7.1 사용자 정의 상수

사용자 정의 상수를 정의하는 형식은 다음과 같다. 일반적으로 상수 이름은 변수이름 부여 규칙과 동일하며 'con' 접두어를 사용한다.

```
[Public|Private] Const 상수이름 [ As 자료형] = 표현식
```

- Public : 선언된 상수가 전역 상수(단 표준 모듈의 선언부에서만 사용 가능)
- Private : 선언된 상수가 모듈 상수
- Const : 상수임을 나타내는 예약어
- 상수이름 : 변수 이름을 사용하는 규칙과 동일
- As 자료형 : 선언된 상수의 자료형 지정시 사용
- 표현식 : 숫자, 문자열 상수, 연산자를 이용한 수식으로 표현

상수를 선언할 경우, 모듈 레벨에 따라 Public 문과 Private 문을 제한적으로 선언하여 사용 가능하다. 만일, Const 앞에 Public 문 또는 Private 문을 생략할 경우에는 자동으로

Private 문으로 자동 설정된다. 또한 한 줄에 여러 상수를 선언 가능 하는 데 이때는 쉼표
(,)를 이용하여 나열할 수도 있다.

예 사용자 정의 상수 예

```
Public Const  conPi = 3.141592
Const  conTaxRate      As single = 0.013
Const  conCode = "Korea"
Const  conId           As Integer = 99
Const  conCount = 10, conMaxNumber = 100
   :
   :
   sArea = conPi * iR ^ 2
   sTax = iSuip * conTaxRate
   :
```

2.7.2 시스템 정의 상수

비주얼베이직 애플리케이션과 컨트롤에 의해 제공되는 상수로 메뉴막대의 [보기]-[개체
찾아보기] 메뉴 또는 도구막대의 █(개체 찾아보기 아이콘)을 통하여 확인 가능하다. 시스
템 정의 상수는 모두 'vb'로 시작하며, 사용자에 의해 임의로 변경할 수 없다.

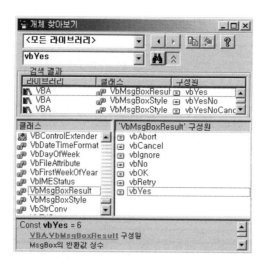

변수에 자료를 저장하기 위하여 할당문(대입문, Assignment Statement)을 사용하며 형식은 다음과 같다. 비주얼베이직에서 사용하는 할당문은 수학의 '같다(equal)'와는 그 의미가 다르다. 즉, 등호('=')의 오른쪽 연산 결과를 등호의 왼쪽 변수(기억장소)에 할당(대입)한다는 의미이다. 따라서 할당문을 사용할 경우, 오른쪽 연산 결과와 왼쪽 변수의 자료형 및 크기가 일치해야 한다는 점을 주의해야 한다.

```
variable name = {data | expression}
```

예 할당문 사용

```
Dim  iSu, iSum, iAve    As Integer
    iSu  = 123           ' 123 기억
    iAve = 123.45        ' 123 기억
    iSum = iSu + iAve    ' 246 기억
    iSu  = "Chonnam"     ' 오류
```

Chapter
03 | 폼과 컨트롤

비주얼베이직은 윈도우즈 환경에서 객체를 중심으로 한 객체지향 프로그래밍 이며, 객체에 대한 이벤트 기반 프로그래밍 기법을 제공한다. 비주얼베이직에서 사용하는 객체(Object)는 폼과 각종 컨트롤들로 구성되며 응용 프로그램과 사용자간의 인터페이스 설계의 기본 구성요소가 된다. 폼과 컨트롤 객체는 각각의 고유한 속성, 메소드, 이벤트를 갖는다.

구분	의미	예제
속성	객체의 특성	Command1.**Caption** = "실행"
메소드	내장된 객체의 행동	Text1.**SetFocus**
이벤트	객체에 대한 행위	Private Sub Command1_**Click**( )

특히 객체의 이름을 정의할 때 의미있는 이름을 작명하여야 하며 다음 표의 접두어를 사용하여 '이름' 속성 값을 부여하면 프로그램 관리나 작성에 유용하다. 접두어를 사용하면 이름만 보고도 해당 객체가 어떤 폼이나 컨트롤인지 쉽게 인식할 수 있기 때문이다. 이러한 표기법을 헝가리안(Hungarian) 표기법이라 한다.

객체	접두어	객체	접두어
Form	frm	Label	lbl
TextBox	txt	Frame	fra
CommandButton	cmd	CheckBox	chk
ListBox	lst	ComboBox	cbo
VScrollBar	vsb	HScrollBar	hsb
DriveListBox	drv	Timer	tmr
FileListBox	fil	DirListBox	dir
Line	lin	Shape	shp
Data	dat	Image	img
PictureBox	pic	OptionButton	opt
OLE	ole		

3.1.1 속성

비주얼베이직 객체의 속성(property)은 통합개발환경(IDE)의 속성 창을 이용하여 설정, 변경 가능하고(디자인 모드), 코드 창에서도 객체의 속성을 제어하고 설정 변경 할 수 있다 (실행 모드). 디자인모드는 속성 창에서 속성을 설정하는 방법을 말하고, 실행모드는 실행 했을 때 설정하거나 반환을 받을 때 사용하는 방법을 말한다. 디자인 모드와 실행모드에서 설정하고 반환하는 속성, 실행모드에서만 반환하는 속성, 디자인모드에서만 설정할 수 있 는 속성, 실행모드에서 설정하고 반환하는 속성 등이 있다. 속성창의 목록에 나타나있지 않 는 객체의 속성들은 실행했을 경우에 속성 값을 반환하는 경우에 사용되는 속성들이 대부분 이다.

1 속성 창에서 속성 설정 (디자인 모드)

객체에 대한 속성 값을 설정 또는 변경하고자 할 경우 속성 창을 이용하여 다음과 같이 하나 하나 변경한다. 다음은 폼 객체에 대한 속성창이다.

2 코드 창에서 속성 설정 (실행 모드)

객체에 대한 속성 값은 디자인 모드 뿐만아니라 코드 창에서 직접 설정 또는 변경할 수 있다. 실행 모드에서 속성 값을 변경하는 형식은 다음과 같다.

```
객체. 속성 = 속성 값
```

코드 창에서 객체의 이름을 입력하고 점('.')을 입력하면, 다음 코드 창에서처럼 해당 객체의 속성과 메소드 리스트 박스가 표시된다. 이때 원하는 속성이나 메소드를 선택한 후 마우스로 더블 클릭하면 자동으로 입력된다.

동일한 객체의 여러 속성과 메소드를 빈번하게 변경할 경우 With … End With 문을 이용하여 한꺼번에 지정할 수 있다. With … End With 문을 사용하면 코드가 간결해지고 객체 이름 변경시 유용하다. 다음은 With … End With 문의 형식과 사용법에 대한 예이다.

```
With  객체
    . 속성 = 값
    . 메소드
End With
```

예 일반적인 속성 설정
```
Command1.Caption="ok"
Command1.Top=100
Command1.Left=700
```

예 With … End With 문 속성 설정
```
With  Command1
    .Caption="ok"
    .Top=100
    .Left=700
End With
```

3.1.2 메소드

비주얼베이직에서의 메소드(method)는 객체가 임의의 행동을 할 수 있도록 이미 내장된 프로그램이다. 메소드의 제어는 필요한 매개변수(인수)의 개수와 메소드가 값을 반환하는 가의 여부에 따라 사용 방법이 달라진다. 메소드 정의 형식과 사용법은 다음과 같다.

> 객체. 메소드 [(매개변수 리스트)]

1 메소드가 매개변수를 취하지 않는 경우

객체.메소드 형태로 매개변수를 생략한다.

예 `lstBox.Clear`   ' 리스트박스 항목을 모두 지운다

2 메소드에 여러 매개변수가 포함된 경우

메소드에 여러 매개변수가 포함된 경우는 쉼표(,)을 사용하여 매개변수들을 구분한다.

예 `Form1.Circle (1200,1000), 70`   ' 위치(1200,1000)에 반지름(70)으로 원을 그린다.

3 메소드 결과 값을 반환하는 경우

메소드를 이용한 후 그 결과를 반환하여야 할 때는 매개변수를 괄호로 묶어야 한다.

예 `Picture = Clipboard.Getdata(vbCFBitmap)`

4 메소드 결과 기억 할 필요가 없는 경우

메소드의 결과를 기억 할 필요가 없을 때에는 괄호를 생략한다.

예 `lstBox.Additem "4월"`   ' 리스트박스에 "4월" 항목을 추가한다.

각 객체에 대한 메소드나 속성에 대해 도움말이 필요하면 [보기]-[개체 찾아보기] 메뉴를 이용하여 해당 객체를 클릭한 후 속성이나 메소드에서 F1키를 누르면 도움말을 볼 수 있다.

3.1.3 이벤트와 이벤트 프로시저

각 객체는 외부의 자극에 의해서 고유한 어떤 반응을 한다. 비주얼베이직에서는 외부 자극의 행위를 이벤트(event)라고 하고, 그 자극에 의한 반응은 이벤트 프로시저(event procedure)를 통해 기술되어 진다. 즉, 이벤트가 발생했을 때 호출되는 프로시저를 이벤트 프로시저라 하며 형식은 다음과 같다.

```
Private Sub 객체_이벤트( )

End Sub
```

이벤트 프로시저 코딩 방법은 코드 창에서 직접 형식에 맞게 코딩하거나, 코드 창의 객체 리스트 목록에서 해당 객체를 선택한 후 이벤트 리스트 목록에서 해당 이벤트를 선택하는 방법이 있다. 후자의 경우 이벤트 프로시저가 자동으로 생성된다. 이후 이벤트 프로시저 코딩은 전자나 후자 모두 동일하다.

3.2 폼

폼(Form)은 비주얼베이직에서 프로그램을 제작하기 위한 가장 기본적인 요소이며 화면에 나타나는 활성화된 창으로 좋은 인터페이스를 설계하려면 폼 위에 컨트롤들을 잘 배치시켜야 한다.

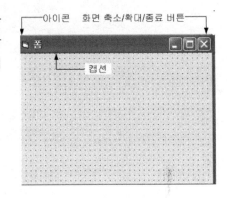

3.2.1 폼 추가와 삭제

비주얼베이직에서의 프로그램 작성은 프로젝트(project) 단위로 이루어지는데 프로젝트에는 여러 개의 폼과 각 폼 위에 여러 개의 컨트롤들을 위치시켜 사용자 인터페이스를 구성한다. 따라서 새 폼을 추가하거나 폼을 삭제하는 기능은 다음과 같다.

1 폼 추가

새 폼을 추가하기 위해서는 메뉴막대의 [프로젝트]-[폼추가] 메뉴를 선택하거나 도구막대의 (폼 추가 아이콘)을 클릭하면 아래와 같은 대화 상자가 나타난다. [폼]을 선택한 후 [열기] 버튼을 클릭한다. 새 폼이 추가되면 프로젝트 탐색기 창에도 추가된 폼이 표시된다.

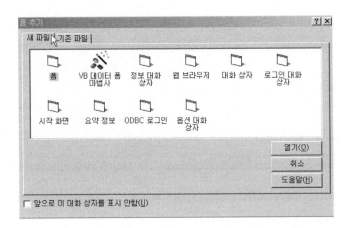

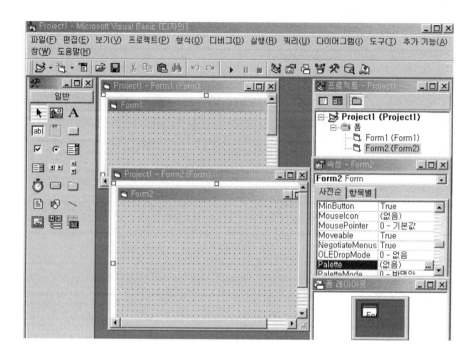

2 폼 삭제

불필요한 폼을 삭제하려면 프로젝트 탐색기 창에서 삭제하려는 폼을 선택한 후 마우스 오른쪽 버튼을 눌러 해당 폼 제거를 선택한다. 이때 삭제하려는 폼에 객체가 있거나 내용이 변경되었으면 저장 여부를 묻는 창이 나타난다.

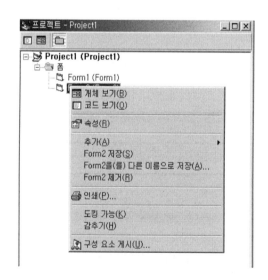

3.2.2 폼 속성

폼의 속성 창에는 다양한 속성들이 존재한다. 여기서는 이들 중 자주 사용하거나 중요한 속성을 중심으로 선택하여 설명한다. 폼 객체의 속성 값은 속성 창(디자인 모드) 또는 코드 창(실행 모드)에서 설정할 수 있다.

1 이름

폼을 포함한 모든 객체는 고유한 이름을 갖는데 생략시 값(default value)은 'Form1'이다. 폼 객체 이름은 프로그램 코딩 과정이나 파일 관리시 유용하게 사용되기 때문에 변수이름을 지정하듯이 기억하기 쉬운 의미있는 이름을 부여하도록 한다.

2 Caption

폼의 제목 표시 줄에 나타나는 문자열을 표시한다.

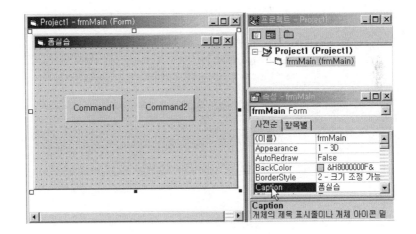

3 Icon

폼이 아이콘화 되었을 때 표시되는 작은 그림이다.

4 Font

폼에 표시되는 글자의 글꼴, 모양, 크기 등을 지정한다. 폼의 속성 창에서 Font 속성을 클릭하면 속성 창 오른쪽에 ⋯ 버튼이 표시되는데, 이를 클릭하면 글꼴 대화상자가 나타난다. 글꼴 대화상자에서 원하는 속성을 설정한 후 [확인] 버튼을 클릭한다.

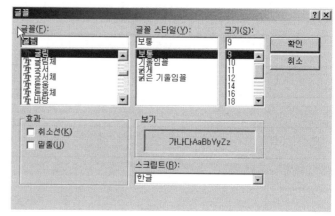

5 Top/Left, Height/Width

폼의 좌표와 크기를 지정하는 속성으로 트윕 단위로 표시되며 도구막대에 나타난다. Left 속성은 왼쪽 경계선으로부터 거리이며 Top 속성은 위쪽 경계선으로부터의 거리를 나타낸다. 즉, 폼 객체의 좌측-상단 꼭지점의 좌표를 나타낸다. Width 속성은 객체의 폭을 나타내며 Height 속성은 객체의 높이를 나타낸다. 이러한 속성들은 각종 컨트롤에서도 동일하게 적용된다.

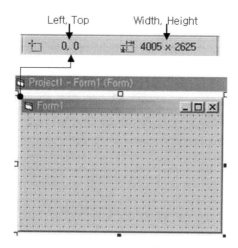

6 BackColor/ForeColor

BackColor는 폼의 배경색을 지정하고, ForeColor는 폼에 출력되는 글자나 각종 도형의 색상을 지정한다.

7 BorderStyle

폼의 경계 스타일을 지정한다. 객체 테두리 유형을 반환하거나 설정한다.

㉠ 0-없음 : 폼의 제목과 경계선이 없음

㉡ 1-단일고정 : 폼의 크기 조절 불가능

㉢ 2-크기 조정 가능 : 기본 값, 폼 크기 조절 가능

㉣ 3-크기고정대화상자 : 폼 크기 조절 불가능, 대화상자 작성시 사용

㉤ 4-고정 도구 창 : 폼 크기 조절 불가능

㉥ 5-크기 조정 가능 도구 창 : 4와 비슷하지만 크기조절 가능

8 Picture

폼의 바탕에 그림을 표시할 경우, Picture 속성으로 그림로드 창에서 그림 파일을 선택하고 [열기] 버튼을 누른다. 다음 그림과 같이 선택한 그림이 폼 바탕에 표시된다. 표시된 그림을 제거하려면 속성창에서 Picture 속성에 표시된 '(비트맵)'을 선택(탭 키 또는 마우스 클릭)한 후 삭제('Del') 키를 사용하여 삭제한다.

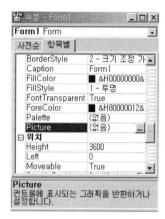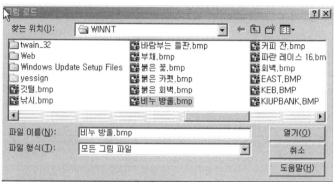

9 Visible

폼을 실행시켰을 경우 화면상에 보이게 하거나 보이지 않게 한다. Visible 속성을
True로 설정하면 화면상에 보이게 되고, False로 설정하면 화면상에 나타나지 않게
된다. 폼의 Show/Hide 메소드를 사용하는 경우와 동일하다.

3.2.3 폼 메소드

메소드는 폼과 컨트롤 객체가 고유한 동작을 수행하도록 내장된 일종의 함수 또는 프로
시저이다. 각 객체는 속성처럼 공통 메소드 외에 고유한 메소드를 갖는다.

1 Show

폼을 화면에 보이게 하는 메소드이다. 이는 폼의 Visible 속성을 True로 설정하여 폼
을 화면에 나타나게 하는 것과 같다. 만약 Show 메소드를 사용한 폼이 메모리에 아직
로드되지 않았다면 먼저 Load 한 후 Show 메소드가 실행된다.

> 폼이름 . **Show** [스타일]
>
> - 폼이름 : 현재 화면에 보이려는 폼 이름
> - 스타일 : 폼이 모달(vbModal)인지, 모달리스(vbModaless)인지를 설정한다.
>   Style이 0이면 모달리스, Style이 1이면 모달이다. 초기값은 모달리스이다.

모달은 사용자가 대화상자에 응답(확인, 예, 아니오, 취소 등)해야만 다른 작업이 가능하며 즉 화면에 다른 폼이나 창이 있더라도 그 폼이나 창에 대한 작업을 진행할 수 없도록 한다. 반대로 모달리스는 대화상자에 응답하지 않고 동시에 다른 작업이 진행될 수 있도록 한다.

2 Hide

Hide 메소드는 Show 메소드와 반대되는 과정을 실행한다. 폼의 Visible 속성을 False로 하여 폼을 화면에서 지우는 역할을 한다. 이는 화면으로는 보이지 않을 뿐 실재로는 존재한다. 그래서 Hide 메소드를 사용하는 경우는 프로그램 실행 중에 잠시 사라지게 한 후 다시 화면에 폼을 표시할 경우에 사용한다.

3 Print, Line, Circle

폼 상에 직접 값을 인쇄하거나 선을 그리거나 원을 그리는 메소드 들이다.

3.2.4 폼 이벤트

폼 이벤트의 종류는 폼을 더블 클릭하여 코드 창으로 이동한 후 객체 리스트와 이벤트 리스트를 통해 볼 수 있다. 이벤트 발생에 따르는 이벤트 프로시저 이름은 다음과 같다.

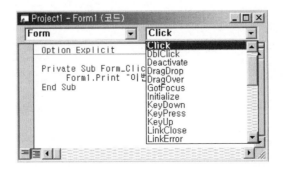

1 Load

Load 이벤트는 도구모음의 시작(▶) 버튼을 클릭 했을 때 자동으로 발생한다. Load 문은 폼이나 컨트롤을 메모리에 저장한다. 즉 단순히 메모리에 넣어 주는 것을 말한다. 폼을 불러올 때는 Load 문을 거의 사용하지 않는다. 그 이유는 Show 메소드가 폼이나 그 속성, 컨트롤, 이벤트, 함수 등을 참조할 때 자동으로 폼을 로드하기 때문이다. 보통 Load 이벤트 프로시저는 응용 프로그램의 초기 값을 부여하는데 많이 사용한다.

2 Unload

UnLoad 문은 프로그램 실행 중에 폼을 화면에서 제거하고 메모리에서도 제거할 때 사용한다. Load 문과 반대되는 기능을 가지고 있으며, 일반적으로 사용 중인 폼을 닫을 경우에 사용한다. 현재 폼을 닫으려면 다음과 같이 하면 된다. Me는 활성화된 현재 폼을 말한다.

예 **Private Sub Command1_Click( )**

    Unload Me   ' 현재 활성화된 폼 창

   End Sub

3 Click/DblClick

폼의 내부를 마우스로 클릭 또는 더블클릭 했을 때 발생하는 이벤트이다.

4 KeyDown/KeyUp/KeyPress

KeyDown/KeyUp 이벤트는 키를 누르는 순간, 누른 후 떼는 순간 발생하는 이벤트이다. KeyPress 이벤트는 특수키를 제외한 일반 키(ASCII 코드 문자 키)를 누를 경우 발생하는 이벤트이다. 일반적으로 키보드를 조작할 경우, 맨 먼저 KeyDown 이벤트가 발생하고 키에서 손을 떼는 순간 KeyUp 이벤트가 발생한다. 그리고 숫자나 문자를 입력하는 순간 KeyPress 이벤트가 발생한다.

3.2.5 시작 폼

여러 개의 폼을 사용하고 있는 프로그램을 실행할 경우, 디폴트 폼은 가장 먼저 만든 폼이 먼저 나타난다. 그러나 특정 폼을 먼저 나타내게 하려면 다음과 같은 작업이 선행되어야한다. [프로젝트] 메뉴에서 [프로젝트속성]을 선택하면 프로젝트 속성 대화상자가 나타나며 시작 개체 부분에서 시작 폼을 선택 지정한다.

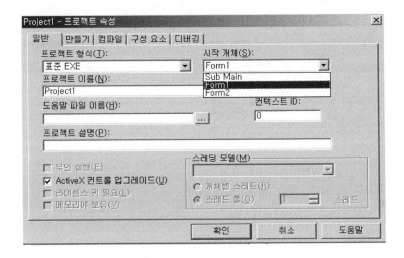

3.3 컨트롤

도구 상자는 폼을 디자인하는데 사용되는 여러 가지 컨트롤을 모아 놓은 아이콘들의 집합이다. 컨트롤은 크게 표준컨트롤, 사용자정의 컨트롤, 삽입 가능한 객체로 분류된다.

1 표준 컨트롤

비주얼베이직이 기본으로 제공하는 컨트롤이며 항상 도구 상자에 포함되어 있다.

2 사용자 정의 컨트롤(ActiveX Control)

MS 또는 다른 업체가 만든 .OCX의 파일의 확장자로 만들어지는 별도의 파일이다. 이는 도구상자에 넣거나 제거할 수 있다. 이것은 공용 컨트롤이나 제3의 업체(3rd party)에서 제작한 컨트롤을 예로 들 수 있다. 보통 표준 컨트롤로는 구현하지 못하는 기능을 수행할 수 있도록 만들어진 컨트롤이다.

3 삽입 가능한 객체

다른 응용 프로그램(MicroSoft Power Point, Word, Excel 등)에서 수행되는 기능을 가진 객체들이다. 이들 객체는 사용자 정의 컨트롤과 같이 도구상자에 넣거나 제거할 수 있다. 또한 이는 비주얼베이직 프로그램 내에서 다른 응용 프로그램의 객체를 프로그래밍 할 수 있도록 한다.

3.3.1 컨트롤 추가

도구상자에는 표준 컨트롤만이 아이콘 모양으로 화면에 나타나기 때문에 사용자가 필요한 컨트롤은 추가로 등록할 수 있다. 도구상자 창에서 마우스 오른쪽 버튼을 눌러 [구성요소]를 선택하면 구성요소 대화상자가 나타난다. 구성요소 대화상자는 [컨트롤 탭], [디자이너 탭], [삽입 가능 개체 탭]으로 구성되어 있다. 필요한 컨트롤을 선택한 후 확인 버튼을 누르면 해당 컨트롤이 도구상자에 삽입되며 표준컨트롤처럼 사용할 수 있다.

1 컨트롤 탭

추가로 사용할 수 있는 컨트롤의 목록이 나타난다. 일반적으로 컨트롤을 찾는 위치는 윈도우즈 안의 SYSTEM 디렉토리에 설치되어 있다. 만일 윈도우즈 디렉토리가 'C:\WIN98'로 되어 있다면 'C:\WIN98\SYSTEM\' 디렉토리에 컨트롤이 들어 있다. 컨트롤의 확장자는 .OCX이다.

새로운 컨트롤이 다른 디렉토리에 있다면 [찾아보기(B)] 버튼을 누른 후 컨트롤 파일을 찾아 선택하면 자동으로 컨트롤 목록에 등록된다.

2 디자이너 탭

디자이너 목록이 나타난다. 일반적으로 확장자는 .DLL이나 .EXE이다.

3 삽입 가능 개체 탭

삽입 가능한 개체 목록이 나타난다. 일반적으로 확장자는 .DLL, .OCX, .EXE 등으로 다양하다.

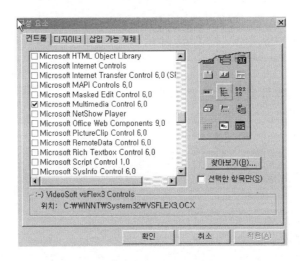

3.3.2 컨트롤 포커스

포커스(focus)는 현재 사용하고 있는 컨트롤에 따라 커서나 선택 바가 나타나서 바로 컨트롤을 사용할 수 있는 것을 말한다. 텍스트박스 컨트롤에 포커스를 설정하면 커서가, 명령 버튼 컨트롤에 포커스를 설정하면 선택 바가 나타난다. 만일 컨트롤의 Enabled 속성을 False로 만들면 컨트롤이 폼 화면상에는 나타나지만 포커스는 갖지 못한다. 강제적으로 포커스를 이동시키려면 SetFocus 메소드를 이용하여 포커스를 이동시킬 수 있다.

예 포커스 설정

```
cmdTot.SetFocus        ' 명령버튼 컨트롤에 포커스
txtKor.SetFocus        ' 텍스트박스 컨트롤에 포커스
```

3.3.3 탭 순서 설정

탭 키는 윈도우즈의 기본 기능으로 컨트롤과 컨트롤간의 이동시 이용한다. 탭 키의 순서는 도구상자에서 컨트롤을 선택하는 순서대로 자동으로 TabIndex 속성에 값이 설정된다. 따라서 탭 인덱스번호를 정해주지 않아도 탭 키를 누르면 컨트롤 간의 이동을 하게 된다. 자동으로 설정되는 TabIndex 속성은 처음에 만든 컨트롤에 0값이 들어가고, 컨트롤 생성 순서대로 1씩 증가하면서 탭 인덱스 번호를 부여한다. 컨트롤 만든 순서와 탭 인덱스 순서가 다른 경우에는 탭 순서를 사용자가 정의해 주어야 한다. 주의할 사항은 TabIndex 속성의 값은 음수가 올 수 없다. TabIndex 속성은 다음과 같이 속성 창이나 코드 창에서 설정할 수 있다.

예 코드창에서 TabIndex 속성 설정

```
txtDept_Name.TabIndex = 2
lblDept_Name.TabIndex = 1
txtDept_Addr.TabIndex = 3
cmdInput.TabIndex = 0
```

3.3.4 툴팁 만들기

툴팁은 각각의 컨트롤에 요약된 설명을 보여주는 것을 말한다. 툴팁을 생성한 후 해당하는 컨트롤에 마우스커서를 놓으면 자동으로 요약된 설명이 상자 안에 나타난다. 이것을 사용하려면 속성창의 ToolTipText 속성에 문자열을 넣거나 아니면 코드 창에서 다음과 같이 코딩한다.

예 툴팁 만들기

```
Text1.ToolTipText = "숫자 값을 입력하시오"
```

실행 버튼을 눌러 실행하면 다음과 같다. 명령 버튼을 클릭한 후 마우스 커서를 텍스트박스에 위치하면 툴팁 텍스트로 할당한 값이 표시된다.

3.4 표준 컨트롤

3.4.1 레이블 컨트롤

레이블(Label) 컨트롤은 다른 컨트롤에 제목을 붙여주는 역할을 하며, 특히 텍스트박스나 스크롤바와 같은 Caption 속성이 없는 컨트롤에 제목을 붙이는데 많이 이용된다. 레이블은 컨트롤은 출력전용 컨트롤로 포커스를 갖지 못한다.

속성	기능
Alignment	문자열을 정렬시킨다(0 : 왼쪽정렬, 1: 오른쪽정렬, 2 : 가운데정렬)
AutoSize	True이면 자동으로 문자열크기 만큼 컨트롤크기가 설정된다. 초기 값은 False 이다
BackColor	배경색을 반환하거나 지정한다
BorderStyle	'1-단일고정'을 선택하면 테두리가 3D형태로 바뀐다. 초기 값은 '1-없음'이다
Caption	문자열을 출력한다
Font	표시되는 글자의 글꼴, 모양, 크기 등을 지정한다
ForeColor	글자색을 반환하거나 지정한다
WordWrap	True이면 위, 아래 방향으로 문자열 크기를 자동으로 맞춰진다

3.4.2 텍스트박스 컨트롤

텍스트박스(TextBox) 컨트롤은 사용자로부터 자료를 입력 받거나 출력할 수 있는 컨트롤이다. Caption 속성을 가지고 있지 않기 때문에 레이블 컨트롤과 함께 사용된다.

실행 모드에서 사용하는 유용한 속성으로 SelStart, SelLength가 있다. 일반적으로 텍스트박스 컨트롤이 포커스를 받게 되면 커서는 텍스트박스의 가장 왼쪽에 위치하는데 임의의 위치로 이동시킬 경우 SelStart 속성을 사용한다. SelStart 속성과 함께 SelLength 속성을 지정하면 설정한 길이만큼 반전되며 기존의 내용을 쉽게 수정할 수 있다.

속성	기능
IMEMode	객체의 IME(입력 메소드 편집기) 상태(0~10) 설정한다. 한글 입·출력할 경우 유용하다(9, 10). 동아시아 지역 버전에만 적용된다
Locked	True이면 문자열을 편집할 수 없게 된다. 초기 값은 False이다
MaxLength	입력할 수 있는 최대 문자열 길이를 설정한다
MultiLine	True이면 여러 라인의 문자열을 편집할 수 있다
PassWordChar	입력할 값을 화면에 나타나지 않고 이 속성에 설정한 문자만을 보이게 한다. 패스워드를 입력받을 때 많이 사용한다
Scrollbars	수평, 수직, 양방향 스크롤 바를 텍스트 컨트롤에 나타나게 한다. 만약 MultiLine이 False로 되어 있으면 변화가 없다.
Text	문자열을 입력하거나 출력한다

예 MultiLine 속성

MultiLine 속성 값을 True로 설정하면 자료를 여러 줄로 입력 또는 출력할 수 있게 한다. 입력된 문자가 텍스트박스 오른쪽 끝에 도달하면 자동으로 줄 바꿈이 되어 입력된다.

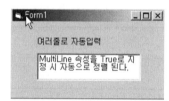

예 PasswordChar 속성

예 SelStart, SelLength 속성

```
txtMonth.SetFocus
txtMonth.SelStart = 0              ' 삽입점 지정(0 : 맨 왼쪽)
txtMonth.SelLength = 2             ' 삽입점부터 너비만큼 반전
```

3.4.3 명령버튼 컨트롤

명령버튼(CommandButton) 컨트롤은 프로그램의 시작, 중단 또는 종료를 위해 사용한다. 사용자가 어떤 작업을 한다는 것은 버튼을 누른다는 것으로 내부적으로 클릭 이벤트 프로시저가 실행된다.

속성	기능
Caption	명령 버튼에 표시되는 문자열을 지정한다. 특히 사용할 문자 앞에 엠퍼샌드(&)를 추가하며 바로가는 키로 지정된다
Picture	명령버튼안에 그림을 표시할 수 있게 그림파일 지정한다
Style	[0-일반]은 그림이 나타나지 않고,[1-그래픽]은 그림을 나타나게 한다

예 바로가는 키 지정

프로그램 실행시 Alt + C 키를 누르면 명령버튼에 클릭 이벤트를 발생시킨다.

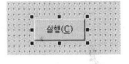

3.4.4 체크박스 컨트롤

체크박스(CheckBox) 컨트롤은 여러 항목 중에서 필요한 다수의 항을 선택할 수 있도록 선택하는 용도로 사용한다. 특히 프레임, 픽처박스, 폼 등의 컨테이너 내부에 체크박스들을 배치하여 하나의 그룹으로 만들어 사용한다. Caption 속성을 가지고 있다.

속성	기능		
	속성값	설정	상수
	0	확인안함, 기본 값	vbUnchecked
Value	1	확인	vbChecked
	2	연회색	vbGrayed
	체크박스 선택 유무를 지정하는 속성으로 속성 값 0은 체크 안함이고 1은 체크한 경우이다		

예 체크박스/옵션버튼/프레임 컨트롤

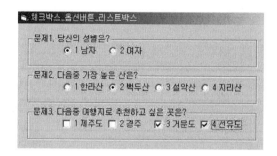

3.4.5 옵션버튼 컨트롤

옵션버튼(OptionButton) 컨트롤은 여러 개의 옵션 중에서 오직 한 항목만 선택할 수 있다. 라디오 버튼(RadioButton)이라고도 한다. 특히 프레임, 픽처박스, 폼 등의 컨테이너 내부에 옵션버튼들을 배치하여 하나의 그룹으로 만들어 사용한다. Caption 속성을 가지고 있다.

속성	기능
Enabled	False이면 옵션 버튼을 사용하지 못하게 한다
Picture	그림파일을 읽어 올 수 있다
Style	옵션 버튼을 시각적(그림있는 버튼)으로 표현하려면 1-그래픽으로 한다
Value	True, False 값을 갖는다. 선택하면 True가 된다

> **예제** 옵션버튼과 체크박스를 사용한 설문조사 프로그램을 작성하시오. (단순화하기 위해 문제 및 답 항은 생략하였음)

1 인터페이스 설계

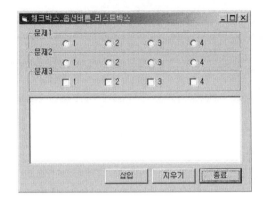

2 객체와 속성 정의

객체	속성 값
폼	이름=Chk_Opt_form, Caption=체크박스_옵션버튼_리스트박스
프레임1,2,3	이름=Frame1, 2, 3, Caption=문제1, 2, 3
옵션버튼1~8	이름=Opt1~8, Caption=1~4 반복
체크박스1~4	이름=Chk1~4, Caption=1~4
리스트박스	이름=lstBox
명령버튼1	이름=cmdIns, Caption=삽입
명령버튼2	이름=cmdCls, Caption=지우기
명령버튼3	이름=cmdEnd, Caption=종료

3 코드 작성

```
Option Explicit
'체크박스_옵션버튼_리스트박스
Private Sub cmdIns_Click( )
```

```
Dim strTemp As String

'문제1 -------------------------------------------------------
  If Opt1.Value = True Then
    strTemp = "1"
  ElseIf Opt2.Value = True Then
      strTemp = "2"
    ElseIf Opt3.Value = True Then
        strTemp = "3"
      ElseIf Opt4.Value = True Then
          strTemp = "4"
        Else
          strTemp = "무응답"
  End If
  lstBox.AddItem Frame1.Caption & "의 정답은 " & strTemp & "입니다"


'문제2 -------------------------------------------------------
  If Opt5.Value = True Then
    strTemp = "1"
  ElseIf Opt6.Value = True Then
      strTemp = "2"
    ElseIf Opt7.Value = True Then
        strTemp = "3"
      ElseIf Opt8.Value = True Then
          strTemp = "4"
        Else
          strTemp = "무응답"
  End If
  lstBox.AddItem Frame2.Caption & "의 정답은 " & strTemp & "입니다"


'문제3 -------------------------------------------------------
  strTemp = ""
  If Chk1.Value = 1 Then
    strTemp = "1"
  End If
  If Chk2.Value = 1 Then
    strTemp = strTemp + "2"
  End If
```

```
    If Chk3.Value = 1 Then
       strTemp = strTemp + "3"
    End If
    If Chk4.Value = 1 Then
       strTemp = strTemp + "4"
    End If
    If strTemp = "" Then
       strTemp = "무응답"
    End If
    lstBox.AddItem Frame3.Caption & "의 정답은 " & strTemp & "입니다"

End Sub

Private Sub cmdCls_click( )

    Opt1.Value = False
    Opt2.Value = False
    Opt3.Value = False
    Opt4.Value = False
    Opt5.Value = False
    Opt6.Value = False
    Opt7.Value = False
    Opt8.Value = False
    Chk1.Value = False
    Chk2.Value = False
    Chk3.Value = False
    Chk4.Value = False
    lstBox.Clear

End Sub

Private Sub cmdEnd_Click( )
    End
End Sub
```

4 실행

프로그램을 실행하면서 컨트롤의 차이점과 활용 분야를 살펴본다.

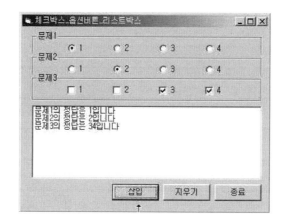

3.4.6 프레임 컨트롤

프레임(Frame) 컨트롤은 다른 컨트롤들을 기능적으로 하나의 그룹으로 묶기 위해 사용된다. 즉, 다른 컨트롤을 그 안에 포함시킬 수 있는 컨테이너 기능을 갖는다. 포함된 컨트롤은 자식 컨트롤이 되고 프레임 컨트롤은 부모 컨트롤이 된다. 이때 자식 컨트롤은 부모 컨트롤 밖으로 나올 수 없고, 부모 컨트롤의 위치를 옮기면 자식 컨트롤도 자동으로 함께 움직인다. 따라서 프레임 컨트롤은 다른 컨트롤들을 임의 기준으로 분류하여 손쉽게 사용할 수 있는 시각적인 컨트롤로 사용된다. 일반적으로 체크박스나 옵션버튼을 그룹 단위로 묶을 때 많이 사용하며, 이벤트에 응답할 필요가 없다.

3.4.7 콤보박스 컨트롤

콤보박스(ComboBox) 컨트롤은 텍스트박스와 리스트박스가 혼합된 형태로 선택 목록을 사용자에게 보여준다.

속성	기능
List	인덱스번호를 이용하여 리스트의 항목을 알아내거나 문자열을 추가할 수 있다. 인덱스 번호는 0부터 시작한다
ListCount	콤보박스의 항목 총수를 구한다.
ListIndex	실행 모드에서 사용할 수 있는 속성으로 인덱스 값에 의해 해당 항목을 자동 선택한다. 마치 Click 이벤트가 발생한 것과 같은 동일한 기능이지만 마우스로 클릭 할 필요는 없다

콤보박스 컨트롤의 사용 목적은 첫째, 인터페이스 설계시 한정된 화면 공간을 최대한 활용하기 위함이며, 둘째, 자료를 직접 입력하지 않고 목록에서 선택만 함으로써 자료입력 오류를 제거하면서 편리한 입력을 위해 사용한다. 항목 선택은 마우스를 클릭하거나 키보드의 방향 키(↓, ↑)를 사용한다.

속성 및 메소드	기능
Locked	콤보박스를 설정할 수 없게 한다. True이면 입력하거나 선택할 수 없고 False이면 입력하거나 선택할 수 있다
Selected(인덱스 번호)	인덱스번호를 이용하여 항목을 선택했는지 알아낸다. 선택시 True 값을 갖는다.
Sorted	항목을 정렬한다.
Style	0-드롭다운콤보, 1-단순콤보, 2-드롭다운목록의 세가지 형태의 콤보박스를 만든다. 디폴트는 드롭다운콤보이다
Text	콤보박스의 텍스트에 문자열을 넣는다
AddItem 문자열	문자열을 항목에 추가한다.
Clear	항목을 모두 지운다.
RemoveItem 인덱스번호	인덱스번호를 이용하여 항목을 지운다.

1 콤보박스의 3가지 형태

콤보박스 컨트롤은 style 속성 값에 따라 0-드롭다운콤보, 1-단순콤보, 2-드롭다운 목록의 3가지 형태가 있다.

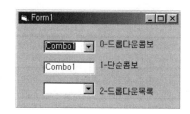

㉠ 0-드롭다운콤보

일반적인 콤보박스 형태로 텍스트박스에서 문자열을 편집하거나 목록에서 항목을
선택할 수 있다.

㉡ 1-단순콤보

텍스트박스에서 문자열을 편집하거나 목록에서 항목을 선택할 수 있다.

㉢ 2-드롭다운목록

텍스트박스에서 문자열을 편집할 수 없으나 목록에서 항목을 선택할 수 있다.

2 콤보박스에 새 항목 추가

콤보박스 컨트롤은 항목을 추가할 때마다 인덱스번호를 부여한다. 첫 번째 들어간 항
목은 인덱스 번호가 0번이다. 항목이 추가로 들어 갈 때마다 1씩 증가하며, 항목을 추
가하는 방법에는 다음 세 가지가 있다.

㉠ 첫 번째 방법은 속성창의 List 속성을 이용한다. 속성 창의 List 목록 부분의 ▼을
클릭하여 항목을 입력하고 다음 줄에 값 입력시 〈Ctrl+Enter〉키를 눌러 준다. 일
반적으로 속성 창을 이용하는 방법은 콤보박스 컨트롤의 초기 항목을 넣을 때 이용
한다.

㉡ 두 번째 방법은 AddItem 메소드를 이용한다.

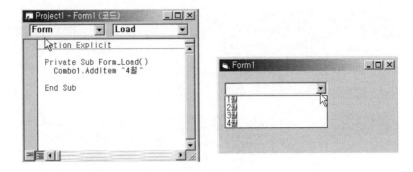

또한 특정 위치에 항목을 추가 하고자 할 때는 항목 다음에 인덱스 값을 지정하여 리스트의 특정 위치에 항목을 추가할 수 있다. 인덱스 3인 '1사분기'를 삽입한 결과 이다.

ⓒ 세 번째 방법은 코드 창에서 List 속성을 이용한다. List 속성을 이용하여 항목을 넣으려면, 꼭 인덱스 번호를 입력해야 한다. 일반적으로 항목을 추가할 때는 List 속성보다 AddItem 메소드를 많이 사용한다. 그 이유는 인덱스번호를 입력하지 않아도 되기 때문이다.

예제 콤보박스의 3가지 형태에 따라 자료를 추가, 삭제하는 프로그램을 작성하시오.

1 인터페이스 설계

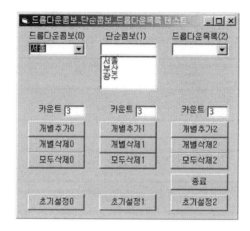

2 객체와 속성 정의

객체	속성 값
폼	이름=Combo_form, Caption=드롭다운콤보_단순콤보_드롭다운목록 테스트
콤보박스1	이름=cboDdc0, Style=0(드롭다운콤보)
콤보박스2	이름=cboSc1, Style=1(단순콤보)
콤보박스3	이름=cboDdl2, Style=2(드롭다운목록)
텍스트박스1	이름=txtcboDdc0cnt, Text=0
텍스트박스2	이름=txtcboSc1cnt, Text=0
텍스트박스3	이름=txtcboDdl2cnt, Text=0
명령버튼1	이름=cmdIns0, Caption=개별추가0
명령버튼2	이름=cmdDel0, Caption=개별삭제0
명령버튼3	이름=cmdClear0, Caption=모두삭제0
명령버튼4	이름=cmdInit0, Caption=초기설정0
명령버튼5~12	나머지 명령버튼 속성 값들은 0부분만 1~2로 변경
명령버튼13	이름=cmdEnd, Caption=종료

3 코드 작성

```
Option Explicit
'드롭다운콤보_단순콤보_드롭다운목록 테스트
Private Sub Form_Load( )

If cboDdc0.ListCount = 0 Then    ' 실행모드 속성
  cboDdc0.AddItem "서울"
  cboDdc0.AddItem "부산"
  cboDdc0.AddItem "광주"
End If
txtcboDdc0cnt.Text = cboDdc0.ListCount


  If cboSc1.ListCount = 0 Then
    cboSc1.AddItem "서울"
    cboSc1.AddItem "부산"
    cboSc1.AddItem "광주"
  End If
  txtcboSc1cnt.Text = cboSc1.ListCount


  If cboDdl2.ListCount = 0 Then
    cboDdl2.AddItem "서울"
    cboDdl2.AddItem "부산"
    cboDdl2.AddItem "광주"
  End If
  txtcboDdl2cnt.Text = cboDdl2.ListCount


End Sub
'-------------------------------------------드롭다운콤보
Private Sub cmdInit0_Click( )

  If cboDdc0.ListCount = 0 Then
    cboDdc0.AddItem "서울"
    cboDdc0.AddItem "부산"
    cboDdc0.AddItem "광주"
  End If
  txtcboDdc0cnt.Text = cboDdc0.ListCount
```

```
    End Sub

    Private Sub cmdIns0_Click( )

        If cboDdc0.Text = "" Then
            MsgBox "추가할 항목을 입력하시오", , "항목입력"
        Else
            cboDdc0.AddItem cboDdc0.Text
            txtcboDdc0cnt.Text = cboDdc0.ListCount
            cboDdc0.Text = ""
        End If
        cboDdc0.SetFocus

    End Sub

    Private Sub cmdDel0_Click( )

        If cboDdc0.Text = "" Then
            MsgBox "삭제할 항목을 선택하시오!", , "삭제항목선택"
        Else
            cboDdc0.RemoveItem cboDdc0.ListIndex    ' 실행모드 속성
            txtcboDdc0cnt.Text = cboDdc0.ListCount  ' 실행모드 속성
        End If

    End Sub

    Private Sub cmdClear0_Click( )

        If cboDdc0.ListCount = 0 Then
            MsgBox "삭제할 항목이 없습니다!", , "모두삭제"
        Else
            cboDdc0.Clear
            txtcboDdc0cnt.Text = cboDdc0.ListCount
        End If

    End Sub
```

```vb
'----------------------------------------단순콤보
Private Sub cmdInit1_Click( )

   If cboSc1.ListCount = 0 Then
      cboSc1.AddItem "서울"
      cboSc1.AddItem "부산"
      cboSc1.AddItem "광주"
   End If
   txtcboSc1cnt.Text = cboSc1.ListCount


End Sub


Private Sub cmdIns1_Click( )

   If cboSc1.Text = "" Then
      MsgBox "추가할 항목을 입력하시오!", , "항목입력"
   Else
      cboSc1.AddItem cboSc1.Text
      txtcboSc1cnt.Text = cboSc1.ListCount
      cboSc1.Text = ""
   End If
   cboSc1.SetFocus


End Sub


Private Sub cmdDel1_Click( )

   If cboSc1.Text = "" Then
      MsgBox "삭제할 항목을 선택하시오!", , "삭제항목선택"
   Else
      cboSc1.RemoveItem cboSc1.ListIndex    ' 실행모드 속성
      txtcboSc1cnt.Text = cboSc1.ListCount  ' 실행모드 속성
   End If


End Sub


Private Sub cmdClear1_Click( )
```

```
    If cboSc1.ListCount = 0 Then
        MsgBox "삭제할 항목이 없습니다!", , "모두삭제"
    Else
        cboSc1.Clear
        txtcboSc1cnt.Text = cboSc1.ListCount
    End If

End Sub


'------------------------------------------------드롭다운목록
Private Sub cmdInit2_Click( )

    If cboDdl2.ListCount = 0 Then
        cboDdl2.AddItem "서울"
        cboDdl2.AddItem "부산"
        cboDdl2.AddItem "광주"
    End If
    txtcboDdl2cnt.Text = cboDdl2.ListCount

End Sub


Private Sub cmdIns2_Click( )

    If cboDdl2.Text = "" Then
        MsgBox "추가할 항목을 입력하시오!", , "항목입력"
    Else
        cboDdl2.AddItem cboDdl2.Text
        txtcboDdl2cnt.Text = cboDdl2.ListCount
        cboDdl2.Text = ""
    End If
    cboDdl2.SetFocus

End Sub


Private Sub cmdDel2_Click( )

    If cboDdl2.Text = "" Then
        MsgBox "삭제할 항목을 선택하시오!", , "삭제항목선택"
```

```
    Else
        cboDdl2.RemoveItem cboDdl2.ListIndex    ' 실행모드 속성
        txtcboDdl2cnt.Text = cboDdl2.ListCount  ' 실행모드 속성
    End If


End Sub


Private Sub cmdClear2_Click( )

    If cboDdl2.ListCount = 0 Then
        MsgBox "삭제할 항목이 없습니다!", , "모두삭제"
    Else
        cboDdl2.Clear
        txtcboDdl2cnt.Text = cboDdl2.ListCount
    End If


End Sub


Private Sub cmdEnd_Click( )
    End
End Sub
```

4 실행

프로그램을 실행시킨 후 자료를 추가, 삭제하면서 이들의 특성을 서로 비교하여 보자.

3.4.8 리스트박스 컨트롤

Visual Basic Programming

리스트박스(ListBox) 컨트롤은 사용자에게 단순히 내용을 출력하거나 선택 사항의 목록을 제공한다. 그러나 콤보박스와 달리 새로운 문자열을 사용자가 입력하여 추가할 수는 없고 단순히 리스트에서 한 개 또는 그 이상을 선택할 수 있다.

속성	기능
List/ListIndex/ListCount	콤보박스의 경우와 동일하다
Columns	리스트 박스에 있는 열의 개수를 지정한다 | 값	의미 | |---|---| | 0 | 수직 이동바가 있는 1개열로 구성 | | 1 | 수평 이동바가 있는 1개열로 구성 | | 2이상 | 수평 이동바가 있고 정해진 수의 열을 사용하여 구성 |
MultiSelect	여러 개를 선택하려면 MultiSelect 속성값을 1 또는 2로 하여 한번에 여러 개의 항목 선택이 가능하다. 값이 1이면 한번 클릭된 항목은 모두 선택 되지만, 값이 2이면 키보드의 Ctrl 또는 Shift 를 이용하여 다중 선택 된다
Style	리스트박스 컨트롤을 체크 리스트 박스형태로 사용하려면 Style속성을 '1-확인란'으로 변경한다. 초기 값은 '0-표준'이다
AddItem/RemoveItem/Clear	콤보박스의 경우와 동일하다

예 Style 속성

3.4.9 수평스크롤바 / 수직스크롤바 컨트롤

스크롤바(ScrollBar)는 긴 목록이나 많은 정보를 쉽게 살펴볼 수 있도록 해 준다. 텍스트박스, 콤보박스, 리스트박스 등에서 자동으로 표시되는 스크롤바와는 다르다. 스크롤바 컨트롤은 스크롤바를 자동으로 제공하지 않는 컨트롤에서 사용한다. 컨트롤의 종류에는 수평스크롤바(HScrollBar)와 수직스크롤바(VScrollBar) 컨트롤이 있다.

Scroll 이벤트는 스크롤바의 스크롤 상자가 이동할 때 발생하는 이벤트 이다. 마우스로 끌기를 할 때 스크롤바의 값을 액세스 할 수 있다.

Change 이벤트는 스크롤바의 스크롤 상자가 이동한 후 발생한다. 또한 스크롤 화살표를 누른 후에 발생한다.

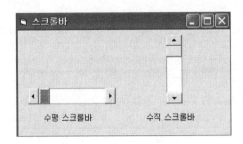

속성	기능
LargeChange	스크롤바의 스크롤 상자가 이동시 Value 속성 값이 변동되는 폭을 지정한다
Max	디폴트 값은 32767이다
Min	디폴트 값은 0이다
SmallChange	스크롤바의 스크롤 화살표를 누를 경우 Value 속성 값이 변동되는 폭을 지정한다
Value	스크롤바에서 스크롤 상자의 위치에 해당하는 정수 값으로 스크롤 상자는 Min과 Max 속성 값의 범위 내에서 이동한다. Value속성의 초기 위치 값은 속성창에서 설정할 수 있고 실행 후에는 현재 위치를 알아내기 위해서 사용한다

예제 수평 스크롤바와 텍스트 박스를 이용해 스크롤바의 이동에 따라 글자의 크기를 변경하는 프로그램을 작성하시오.

1 인터페이스 설계

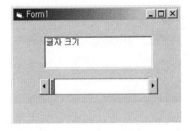

2 객체와 속성 정의

객체	속성 값
수평스크롤바	이름=hsbTest, Min=10, Max=50, SmallChange=10
텍스트박스	이름=txtChart, Text=글자 크기

3 코드 작성

```
Option Explicit
Private Sub hsbTest_Change( )
   txtChart.Font.Size = hsbTest.Value
End Sub
```

4 실행

프로그램을 실행시킨 후 스크롤바의 스크롤 상자나 스크롤 화살표를 이동시켜 텍스트 박스 안의 문자열의 변화를 살펴보자.

예제 스크롤바를 이용한 색상표를 만들어 보시오.

RGB함수는 색상지정 함수로 빨강성분, 녹색성분, 파랑성분을 조합하여 색을 나타낸다. 색 성분의 범위는 0~255사이이다. 만일 색 성분이 255를 넘으면 자동으로 255로 간주한다. RGB함수의 형식은 다음과 같고, 리턴 값은 RGB 색을 나타내는 Long 형식의 정수를 반환한다.

RGB (빨강성분, 녹색성분, 파랑성분)

1 인터페이스 설계

폼 창의 수평스크롤바는 컨트롤 배열로 작성하였다. 수평스크롤바를 폼 창에 하나 배치한 후 복사(Ctrl+C)하여 붙여넣기(Ctrl+V)를 수행하면 컨트롤 배열이 만들어진다. 객체와 속성을 정의할 때 동일한 객체 이름을 부여하나, 객체의 Index 속성에 의해 서로 구분된다.

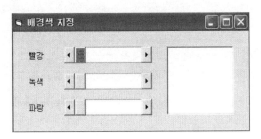

2 객체와 속성 정의

객체	속성 값
폼	이름=RGB_form, Caption=배경 색 지정
텍스트박스	이름=txtBox, Text=
레이블1	Caption=빨강
레이블2	Caption=녹색
레이블3	Caption=파랑
수평스크롤바1	이름=HScroll, Index=0, Min=0, Max=255
수평스크롤바2	이름=HScroll, Index=1, Min=0, Max=255
수평스크롤바3	이름=HScroll, Index=2, Min=0, Max=255

3 코드 작성

```
Option Explicit
Private Sub HScroll_Change(Index As Integer)
    txtBox.BackColor = RGB(HScroll(0).Value, HScroll(1).Value, _
                       HScroll(2).Value)
End Sub
```

4 실행

프로그램을 실행시킨 후 스크롤바의 스크롤 상자나 스크롤 화살표를 이동시켜 텍스트 박스 안의 배경색 변화를 살펴보자.

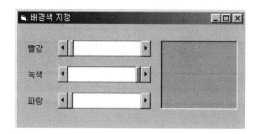

3.4.10 드라이브 리스트박스 컨트롤

드라이브 리스트박스(DriveListBox) 컨트롤, 디렉토리 리스트박스(DirectoryListBox) 컨트롤, 파일 리스트박스(FileListBox) 컨트롤을 총칭하여 파일시스템 컨트롤이라 한다. 이는 디스크 드라이브, 디렉토리, 파일에 대한 정보를 제공하는 것으로, 각각 단독으로 또는 함께 조합하여 사용이 가능하다.

드라이브 리스트박스 컨트롤은 시스템에 설치되어 있는 모든 드라이브의 리스트를 가지는 콤보박스이다. 사용자는 프로그램 실행 중에 이 콤보박스를 사용하여 드라이브를 선택할 수 있다.

드라이브 리스트박스 컨트롤 목록에서 특정 드라이브를 선택할 경우, 선택만 되는 것이지 현재 작업 드라이브가 자동으로 변경되지는 않는다. 그러나 ChDrive 명령문을 이용하면 실제 드라이브 변경이 가능하다.

예 **ChDrive Drive1.Drive**　　'사용자가 현재 설정한 드라이브로 변경

속성	기능
Drive	현재 선택된 드라이브를 알 수 있게 한다
List(인덱스 번호)	인덱스번호를 이용하여 리스트의 문자열을 알아낸다. 인덱스 번호는 0부터 시작한다
ListCount	드라이브 리스트 수를 구한다

3.4.11 디렉토리 리스트박스 컨트롤

디렉토리 리스트박스(DirListBox) 컨트롤은 현재 드라이브의 디렉토리 리스트를 보여주며, 디렉토리를 선택할 수 있다. 다른 드라이브의 디렉토리 구조를 보고 싶으면 Drive속성을 변경하면 가능하다. 단독으로 사용되는 경우는 거의 없으며 파일 리스트 박스, 드라이브 리스트 박스 컨트롤과 함께 사용된다.

현재의 작업 디렉토리를 변경하려면 ChDir 명령문을 사용하면 가능하다.

예 **ChDir   Dir1.Path**   ' 사용자가 현재 지정한 디렉토리로 변경

속성	기능
ListIndex	현재 선택된 디렉토리의 인덱스 값을 -1로 설정하고 위 부분의 인덱스는 1씩 감소하며 아래쪽 인덱스는 1씩 증가한다. 

ListCount	콤보박스나 리스트 박스에 있는 ListCount 속성과는 구별된다. 디렉토리 리스트박스 컨트롤에서는 전체 항목수가 아니라 현재 디렉토리 하단에 있는 디렉토리 개수를 반환한다.
Path	현재 디렉토리를 설정 하거나 반환하기 위해 사용하는 속성이다. Path 속성은 실행 시 에만 사용 가능하다

3.4.12 파일 리스트박스 컨트롤

파일 리스트박스(FileListBox) 컨트롤은 현재 디렉토리의 파일 목록을 출력해 주는 리스트 박스이다. 주로 디렉토리 리스트 박스, 드라이브 리스트박스 컨트롤과 함께 사용된다.

특정 디렉토리의 파일 리스트는 Path 속성을 이용하면 가능하다.

예 `File1.Path = Dir1.Path`

파일 리스트박스에 출력하는 파일을 한정하기 위해 Patten 속성을 사용한다. 속성 값은 여러 개를 지정 할 수 있으며 그 값들은 세미콜른(;)으로 구분된다

예 `File1.Pattern = "*.jpg; *.gif"`

속성	기능
Path	디렉토리 리스트박스에서 지정된 디렉토리와 연결 시켜 준다
MultiSelect	기본적으로 파일 리스트박스에서 한 항목만 반전 표시 할 수 있으나 여러 파일을 선택하려면 MultiSelect 속성을 1 또는 2로 설정한다
Pattern	파일 리스트박스에 출력하는 파일을 한정하기 위해 사용한다
ReafOnly(읽기), Hidden(숨김), System(시스템), Archive(기록), Normal(일반)	이 속성들은 True, False 값을 가질 수 있는데 해당 파일을 리스트에서 볼 수 있게 하거나 없게 할 수 있다. 특히 시스템 파일과 숨김 파일은 False 속성 값을 갖기 때문에 일반적으로 파일 리스트에서 볼 수 없다 예 `File1.System =true`

파일의 숨김, 시스템, 읽기전용, 기록, 일반 등 파일의 속성을 변경하려면 SetAttr 명령문을 사용한다.

```
SetAttr   pathname, attributes


- pathname : 드라이브, 디렉토리, 파일이름 지정
- attributes : 상수 또는 숫자 값 지정
```

상수	값	의미
vbNormal	0	표준(기본값)
vbReadOnly	1	읽기 전용
vbHidden	2	숨김
vbSystem	4	시스템파일

예제 드라이브/디렉토리/파일 리스트박스 컨트롤을 이용한 탐색기를 만들어 보시오.

1 인터페이스 설계

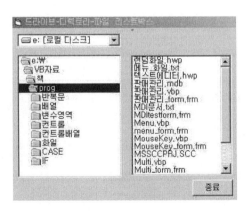

2 객체와 속성 정의

객체	속성 값
폼	이름=DrvDirFile_form, Caption=드라이브-디렉토리-파일 리스트 박스
드라이브 리스트박스	이름=drvLstbox
디렉토리 리스트박스	이름=dirLstbox
파일 리스트박스	이름=filLstbox
명령버튼1	이름=cmdEnd, Caption=종료

3 코드 작성

Coding

```
Option Explicit
' 드라이브-디렉토리-파일  리스트박스
Private Sub Form_Load( )
   drvLstbox.Drive = "C:\"
   ChDrive drvLstbox.Drive
   filLstbox.Pattern = "*.vbp;*.frm"
'   filLstbox.Archive = True        '기록파일
'   filLstbox.Hidden = False        '숨겨진파일
'   filLstbox.Normal = True         '일반파일
'   filLstbox.ReadOnly = True       '읽기전용파일
'   filLstbox.System = False        '시스템파일
'   SetAttr "C:\VB\data\SAM\sam_dat.dat", 2
End Sub


Private Sub drvLstbox_Change( )
   dirLstbox.Path = drvLstbox.Drive
End Sub


Private Sub dirLstbox_Change( )
   filLstbox.Path = dirLstbox.Path
End Sub


Private Sub cmdEnd_Click( )
```

```
        End
    End Sub
```

4 **실행**

탐색기를 실행시켜 보고 그 변화를 살펴보자.

3.4.13 픽쳐박스 컨트롤

픽처박스(PictureBox) 컨트롤은 이미지 컨트롤과 같이 그림을 읽어 오는 시각적인 컨트롤이다. 그림 종류는 메타 파일(*.wmf), JPEG(*.jpg), GIF(*.gif), 비트맵(*.bmp), 아이콘(*.ico) 등을 화면에 출력할 수 있고 다른 컨트롤에 대해 컨테이너 역할을 한다.

픽처박스에 그림을 로드하는 방법은 속성 창에서 Picture 속성을 설정하거나 다음과 같이 LoadPicture( ) 함수를 사용한다.

예 `Picture1.Picture = LoadPicture("C:\pic\sample.gif")`

그림 로드를 해제하려면 LoadPicture 함수에 인수 없이 다음과 같이 사용한다.

예 `Picture1.Picture = LoadPicture`

그리고, 픽처박스에 있는 그림을 저장하려면 SavePicture 명령문을 다음과 같이 사용한다.

예 `SavePicture Picture1, "C:\Pic.bmp"`

픽처박스 컨트롤은 폼과 마찬가지로 Circle, Line, Print등의 그래픽 메소드 사용이 가능하다.

특히 AutoRedraw 속성을 True로 설정하면 Circle 메소드를 이용하여 픽처박스 상자안에 원을 그릴 수 있다.

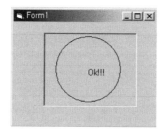

픽처박스 안에 다른 컨트롤을 삽입할 수 있다. 이때 픽처 박스는 컨테이너 역할을 한다. 다음은 명령 버튼, 텍스트박스, 타이머 컨트롤을 배치시킨 결과이다. 이동 시 하나의 그룹으로 함께 이동된다.

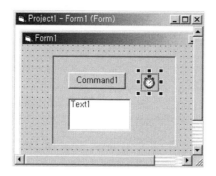

3.4.14 이미지 컨트롤

이미지(Image) 컨트롤은 픽처박스 컨트롤과 같이 메타파일, JPEG, GIF, 비트맵, 아이콘 등 그래픽을 표시할 수 있는 컨트롤이다. 픽처박스 컨트롤 대신 이미지 컨트롤을 사용하는 경우는 이미지 컨트롤이 더 적은 시스템 리소스를 사용하기에 더 빨리 그림을 표시할 수 있다. 이미지 컨트롤이 픽처박스 컨트롤과 다른 점은 이미지 크기를 컨트롤에 맞게 가공하여 폼에 나타나게 할 수 있다. 이미지 컨트롤 크기에 맞게 가공되어 출력한 그림은 실제 파일에는 아무런 영향을 주지 않는다. 그리고 다른 컨트롤들에 대한 컨테이너 역할은 하지 못한다.

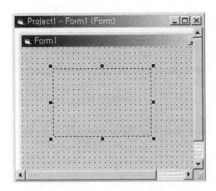

속성	기능
Picture	그림을 삽입하는 속성으로 픽쳐박스와 동일하다
Stretch	컨트롤에 맞게 그림을 보여주는 속성이다. 이 속성이 True이면 자동으로 컨트롤 크기에 맞게 그림을 보여주고 False이면 그림 크기에 맞게 컨트롤 크기가 변경된다

예제 픽쳐박스와 이미지 컨트롤을 이용하여 동일한 그림을 삽입하고 100트윕 단위로 확대, 축소시키는 프로그램을 작성하시오.

1 인터페이스 설계

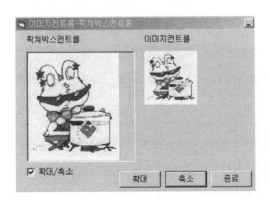

2 객체와 속성 정의

객체	속성 값
폼	이름=ImgPic_form, Caption=이미지컨트롤−픽쳐박스컨트롤
픽쳐박스	이름=Pic

객체	속성 값
이미지	이름=Img
체크박스	이름=chkGrowth_Shrink, Caption=확대/축소
명령버튼1	이름=cmdGrowth, Caption=확대
명령버튼2	이름=cmdShrink, Caption=축소
명령버튼3	이름=cmdEnd, Caption=종료

3 코드 작성

Coding

```
Option Explicit
' 이미지컨트롤-픽쳐박스컨트롤
Private Sub Form_Load( )

    Pic = LoadPicture("C:\VB\data\그림\To.bmp")
    Img = LoadPicture("C:\VB\data\그림\To.bmp")

End Sub

Private Sub chkGrowth_Shrink_Click( )

    Img.Stretch = chkGrowth_Shrink.Value

    If Img.Stretch Then
      cmdGrowth.Enabled = True
      cmdShrink.Enabled = True
    Else
      cmdGrowth.Enabled = False
```

```
        cmdShrink.Enabled = False
    End If

End Sub

Private Sub cmdGrowth_Click( )

Dim img_H, img_W      As Integer

  img_H = Img.Height
  img_W = Img.Width

  If (img_H > Pic.ScaleHeight) Or (img_W > Pic.ScaleWidth) Then
     MsgBox "더 이상 확대시킬수 없습니다!", , "확대취소"
     Exit Sub
  Else
     Img.Height = img_H + 100
     Img.Width = img_W + 100
  End If

End Sub

Private Sub cmdShrink_Click( )

Dim img_H, img_W      As Integer

  img_H = Img.Height - 100
  img_W = Img.Width - 100

  If (img_H < 0) Or (img_W < 0) Then
     MsgBox "더 이상 축소시킬수 없습니다!", , "축소취소"
     Exit Sub
  Else
     Img.Height = img_H
     Img.Width = img_W
  End If

End Sub
```

```
Private Sub cmdEnd_Click( )
    End
End Sub
```

4 **실행**

프로그램을 실행시켜 보고 두 컨트롤의 차이점을 확인하자. 그리고 이 프로그램을 변형하여 픽처박스 컨트롤의 그림도 100트윕 단위로 확대, 축소시키는 프로그램을 작성해 보고 두 컨트롤을 비교하여 보시오.

3.4.15 도형 컨트롤

도형(Shape) 컨트롤은 폼, 프레임, 픽처박스 같은 컨테이너에 직사각형, 정사각형, 타원, 원, 둥근 직사각형, 둥근 정사각형 등의 도형을 작성하는데 사용된다. 이 컨트롤은 이벤트가 하나도 존재하지 않는다. 코드를 작성하지 않고도 여러 종류의 도형을 작성할 수 있지만 고급 기능을 사용하려면 Line, Circle 메소드를 이용해야 한다.

속성	기능
BorderStyle	미리 정의된 여러 가지 괘선 유형을 제공한다 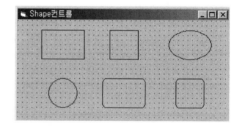
Shape	0–사각형, 1–정사각형 2–원형 3–타원형 4–둥근사각형, 5–둥근정사각형 등 6가지 형태의 다각형을 그릴 수 있다

	도형을 채우는 미리 정의된 여러 가지 무늬를 제공한다
FillStyle	

3.4.16 타이머 컨트롤

타이머(Timer) 컨트롤은 시간의 경과에 반응하는 컨트롤이다. 타이머는 인터페이스 설계하는 동안은 눈에 보이나, 실행 시에는 보이지 않고 기능만 수행된다. 따라서 사용자와 무관하게 일정한 간격으로 동작을 수행하도록 프로그래밍 할 수 있고 백그라운드 처리에 유용하다. 타이머 컨트롤이 발생시킬 수 있는 이벤트는 Timer 뿐이다.

속성	기능
Enabled	반복 실행되던 작업을 중단하려고 할 때 이 속성 값을 False로 설정 한다. 그렇지 않으면 True로 설정한다
Interval	Interval 속성 값의 단위는 1/1000초이고 이 속성은 타이머 이벤트가 발생하는 주기를 나타낸다. 값의 범위는 0부터 64,767 사이의 값이다. 따라서 Interval 값이 1000일 때 1초 주기이다

한국시간과 방콕시간을 표시하는 프로그램을 작성하시오. 단, 태국이 우리나라 시간보다 2시간 늦다.

1 인터페이스 설계

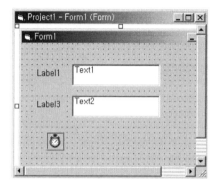

2 객체와 속성 정의

객체	속성 값
레이블1	Caption=한국시간
레이블2	Caption=태국시간
텍스트박스1	이름=txtKorTime, Text=
텍스트박스2	이름=txtThaiTime, Text=
타이머	이름=Timer1, Interval=1000, Enabled=True

3 코드 작성

날짜와 시간을 표시하는 Format 함수와 숫자를 Date형으로 변환하는 TimeSerail 함수를 사용한다. 폼 로드시 타이머 컨트롤의 Timer 이벤트를 CALL 하도록 처리한다.

```
Option Explicit
Private Sub Form_Load( )
   Call Timer1_Timer
End Sub
```

```
Private Sub Timer1_Timer( )
Dim iHour, iMin, iSec    As Integer

    txtKorTime.Text = Format(Time, "Long Time")
    iHour = Hour(txtKorTime.Text) - 2
    iMin = Minute(txtKorTime.Text)
    iSec = Second(txtKorTime.Text)
    txtThaiTime.Text = TimeSerial(iHour, iMin, iSec)


End Sub
```

4 실행

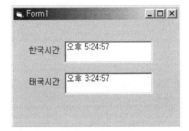

3.4.17 선 컨트롤

선(Line) 컨트롤은 폼, 프레임, 그림 상자에서 간단한 선분을 작성할 때 사용한다.

속성	기능
BorderStyle	선의 모양을 결정 한다
BorderWidth 속성	선의 굵기를 나타낸다
BorderColor	선의 색을 지정 한다
X1, Y1, X2, Y2	X1,Y1은 시작점 X,Y 좌표를 X2,Y2는 끝점 X,Y 좌표를 가리킨다

3.4.18 OLE 컨트롤

OLE 컨트롤을 사용하여 비주얼베이직 응용 프로그램이 윈도우즈용 MS 엑셀, MS 파워포인트 같은 윈도우즈 기반 응용 프로그램의 데이터를 표시하고 조작할 수 있다.

OLE(Object Linking Embedding)라는 의미는 일반적으로 한 프로그램에서 다른 응용 프로그램들의 객체를 연결하거나 삽입 할 수 있다는 것이다. OLE를 통해 공유된 객체를 액세스하면 자동적으로 객체를 편집 가능한 응용 프로그램이 실행되어 수정할 수 있게 해준다. 예를 들면 MS 파워포인트에서 MS 엑셀의 챠트를 포함 시켰을 때 파워포인트 내부에 있는 챠트를 더블 클릭하면 MS 엑셀이 실행되어 이곳에서 챠트 작업을 수정하면 자동적으로 파워포인트 안의 챠트에도 변경된 내용이 표시되는 것과 같은 원리이다.

도구상자의 OLE 컨트롤(▨)을 폼 창에 그릴 때마다 비주얼베이직은 객체삽입 대화상자를 표시한다. 객체삽입 대화상자는 응용 프로그램에 연결하거나 포함할 수 있는 사용 가능한 객체의 목록을 나타낸다.

속성	기능
Action	OLE 컨테이너 컨트롤이 다양한 작업을 할 수 있게 한다 0 : 포함된 객체를 만든다. 1 : 파일의 내용에서 연결된 객체를 만든다. 4 : OLE컨트롤의 내용을 시스템 클립보드로 객체를 복사한다. 5: 시스템 클립보드의 내용을 OLE 컨테이너 컨트롤로 복사한다. 6 : 객체를 제공하는 응용 프로그램에서 현재의 데이터를 검색하고, 그 데이터를 OLE 컨테이너 컨트롤에 출력한다.
Class	객체의 클래스의 타입을 표시한다

Object	실행모드인 코드창에서 사용 가능한 Object 속성은 연결되거나 포함된 객체의 속성과 메소드를 사용할 수 있게 한다 예 strObjName = Ole1.Object.Name
SourceDoc	객체가 작성된 파일의 이름을 표시한다
SourceItem	연결된 객체를 작성할 때 연결될 파일 내의 데이터를 반환하거나 설정한다

3.4.19 데이터 컨트롤

DAC는 Data Access Control의 약자로 데이터(Data) 컨트롤을 이용하여 데이터베이스를 이용하는 응용 프로그램을 만드는 것을 말한다. 데이터 컨트롤은 MDB 파일과 DAO(Data Access Object) 객체를 손쉽게 사용할 수 있는 환경을 제공한다.

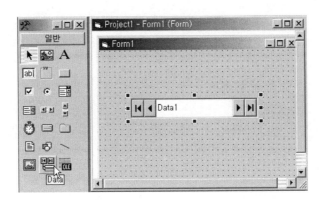

Chapter

04 | 제어문

비주얼베이직에서 사용하는 연산자(Operator)에는 산술 연산자, 관계 연산자, 논리 연산자, 비트 연산자, 문자열 연산자가 있다. 그리고 연산 대상 즉, 피연산자(Operand)의 수에 따라 단항 연산자(unary operator)와 이항 연산자(binary operator)로 구분한다.

4.1.1 산술 연산자

산술 연산자는 일반적인 사칙연산에 사용하는 연산자로 종류 및 사용법은 다음 표와 같다. 그리고 산술 연산자를 사용한 표현식을 산술식이라 한다.

구분	연산자
덧셈	+
뺄셈	−
곱셈	*
나눗셈(실수형)	/
나눗셈(정수형)	\
거듭제곱	^
나머지	Mod

예 산술 연산자 사용

```
Dim  iResult      As Integer
Dim  sResult      As Single
iResult = 3+4        ' 7
iResult = 5-4        ' 1
iResult = 8*9        ' 72
iResult = 1/4        ' 0(오류)
sResult = 1/4        ' 0.25
iResult = 5 \ 2      ' 2
iResult = 5^2        ' 25
iResult = 5 Mod 2    ' 1
```

4.1.2 관계 연산자

관계 연산자는 크기를 비교하는 연산자로 조건을 판단하는 제어문에 이용되며 결과는 true(1), false(0) 값을 반환한다. 그리고 관계 연산자를 사용한 표현식을 관계식이라 하며, 사용하는 연산자로 종류 및 사용법은 다음 표와 같다. 관계 연산자들은 우선순위가 동일하며 왼쪽에서 오른쪽으로 진행된다.

연산자	기능
〉	크다
〈	작다
〉=	크거나 같다
〈=	작거나 같다
=	같다
◇	같지 않다
Is	두 객체의 변수 동등여부를 비교한다.
Like	문자열 패턴간의 유사성 비교한다.

📝 관계 연산자 사용

```
Dim bResult    As Boolean

bResult = 5 > 7      ' false
bResult = 3 < 9      ' true
```

1 Like 연산자

Like 연산자는 매개변수를 이용하여 두 문자열을 비교하기 위해 사용한다. 패턴에 사용되는 매개변수와 의미는 다음 표와 같다.

```
Result = string Like Pattern
```

📝 Like 연산자 사용

```
Dim bResult    As Boolean

bResult = "VBasic123" Like "VBasic###"   ' true
```

```
bResult = "VBasic6" Like "VB??ic6"        ' true
bResult = "VBa123sic" Like "VB*ic"        ' true
```

패턴 매개변수	기능
#	1개 숫자
?	1개 문자
*	0개 이상 문자
[charlist]	charlist 내의 1개 문자
[! charlist]	charlist 내에 없는 1개 문자

2 Is 연산자

두 객체가 가리키는 변수가 같은 경우에만 true를 전달하고 그렇지 않은 경우에는 false를 전달한다.

```
Result = object1 Is object2
```

예 Is 연산자 사용

```
Dim objObj1, objObj2, objObj3, objObj4   As Object

Set objObj1 = Label1
Set objObj2 = Label2
Set objObj3 = Form1
Set objObj4 = Form1
Text1.Text = objObj1 Is objObj2    ' false
Text1.Text = objObj3 Is objObj4    ' true
```

논리 연산자는 일반적인 논리연산에 사용하는 연산자로 종류 및 사용법은 다음 표와 같다. 논리 연산자를 사용한 표현식을 논리식이라 하며, 연산 결과는 true(1), false(0)를 갖는다. 복합 조건일 경우 관계 연산자와 함께 사용되며, 이해를 도와주기 위해 괄호를 사용하기도 한다. 논리 연산자 중 우선 순위가 가장 높은 것은 Not(부정)이며 그 다음으로 AND, OR 등의 순으로 연산을 수행한다.

연산자	기능
Not	부정, 조건의 반대를 구한다.
And	논리곱, 양쪽이 모두 참 일때만 참이다.
Or	논리합, 한쪽이 참이면 참이다.
Xor	양쪽의 조건이 다르면 참이다.
Eqv	양쪽의 조건이 같으면 참이다.
Imp	True Imp False 만 거짓이다.

예 논리 연산자 사용

```
Dim  bResult    As Boolean

bResult = (99 > 3) And (89 > 0)   ' true
bResult = (-45 > 0) Or (92 > 82)   ' true
```

비트(Bit : Binary digit)는 0과 1 값을 갖는 최소 단위를 말한다. 비트연산은 연산자 좌변과 우변의 수 값을 비트 값으로 표현되어 AND, OR, XOR, EQV.... 등의 논리 연산자에 의해 값이 구해진다.

예 비트 연산자 사용

```
Dim  btResult       As Byte
```

```
btResult = 2 Or 5          ' 7
btResult = 2 And 7         ' 2
```

		0	0	0	0	0	0	1	0
2									

		0	0	0	0	0	1	0	1
5									

Or연산 결과	7	0	0	0	0	0	1	1	1

4.1.5 문자열 연산자

문자열 연산에는 비교 연산과 연결 연산이 있다.

비교 연산은 관계 연산자를 사용하며, 문자열의 ASCII(American Standard Code for Information Interchange)코드 값을 비교하여 문자열의 크기를 비교한다. 비교연산 결과는 true(1), false(0)를 갖는다.

연결 연산은 두개 이상의 문자열을 '+', '&' 연산자를 사용하여 연산한 후 하나의 문자열을 생성한다. '+' 연산자는 연결하려는 문자열의 자료형이 동일한 경우에 사용하며, '&' 연산자는 문자열과 다른 자료형 값을 연결할 경우에 사용한다.

예 문자열 연산자 사용

```
Dim  bResult    As Boolean
Dim  strChar    As String
Dim  iNum       As Integer

bResult = "KBS" > "KBC"        ' true
strChar = "Yosu" + "Expo"      ' YosuExpo
strChar = 2012 & strChar       ' 2012YosuExpo
```

하나의 연산 식에 여러 종류의 연산자를 함께 사용할 경우, 산술 연산자가 먼저 계산되고, 다음으로는 관계 연산자 그 다음으로는 논리 연산자 순이다. 즉, 연산자 우선순위가 가장 높은 연산자부터 처리되고 우선순위가 낮은 연산자 순으로 실행된다. 또한 우선순위가 동등한 연산자는 왼쪽에서 오른쪽으로 정의된 순서대로 연산을 수행한다. 단, 괄호로 묶인 연산은 다른 연산 보다 먼저 실행된다. 다음 표는 연산자의 종류 및 우선순위를 나타낸다.

연산자종류	순위	연산자
산술연산자	1	지수($^$)
	2	부정($-$)
	3	곱셈, 나눗셈(*, /)
	4	정수 나누기($\setminus$)
	5	나머지연산(Mod)
	6	덧셈과 뺄셈(+, $-$)
	7	연결연산(&)
관계연산자	왼쪽에서 오른쪽	=, ◇, 〉, 〈, 〉=, 〈=, Is
논리연산자	1	Not
	2	And
	3	Or
	4	Xor
	5	Eqv
	6	Imp

선택문(조건문)은 조건에 따라 프로그램의 실행 흐름을 선택적으로 다르게 제어할 수 있는 명령문으로 If 문과 Select Case 문이 있다. 이 문들은 중첩 사용이 가능하지만, 특히 중첩 선택문을 사용할 경우의 제어 구조는 서로 포함 관계이어야 한다. 실행 제어가 겹치는 경우에는 오류가 발생한다. 다음 그림은 일반적인 선택문의 제어 구조이다.

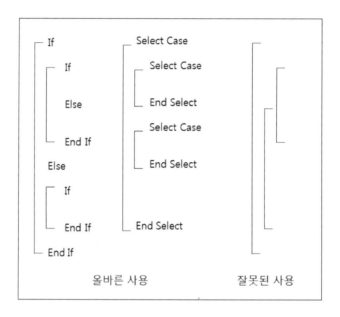

4.2.1 IF문

If 문은 프로그램 명령문의 실행 흐름을 제어할 수 있는 한 방법이다. If 문의 실행 흐름 제어는 조건식의 결과에 따라 달라진다. 즉, 조건식의 값이 '참'일 경우에는 참에 해당하는 코드 블록만을, '거짓'일 경우에는 거짓에 해당하는 코드 블록만을 각각 실행한 후 If 문 다음 명령문으로 실행 제어가 옮겨간다. If 문은 다음과 같이 다양한 형태로 사용할 수 있다.

1 If ....Then

조건이 참이면 한 문장의 true-statement를 실행한 후 If 문 다음 명령문을 실행하고, 그렇지 않으면 If 문 다음 명령문을 실행한다.

```
If condition Then true-statement
```

예) **If** 비가 오면 **Then** 우산을 준비한다

2 If ....Then ... End If

조건이 참인 상태에서 하나 또는 여러 개의 true-statement 들을 수행하고자 할 경우 사용한다. If 문의 구간을 End If로 확실하게 표현하는 것이 더 좋은 방법이다.

```
If condition Then
    true-statements
End If
```

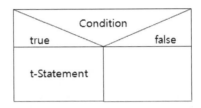

예) **If** 비가 오면 **Then**
    비옷을 준비한다
    우산을 준비한다
End If

3 If ....Then ... Else .... End If

조건이 참이면 true-statements를 실행한 후 If 문 다음 명령문을 실행하고, 그렇지 않으면 false-statements를 실행한 후 If 문 다음 명령문을 실행한다.

```
If condition Then
    true-statements
Else
    false-statements
End If
```

Condition	
true	false
t-Statement-1	f-Statement-1
t-Statement-2	f-Statement-2
t-Statement-3	f-Statement-3
:	:
t-Statement-n	f-Statement-n

예 **If** 비가 오면 **Then**
　　비옷을 준비한다
　　우산을 준비한다
Else
　　모자를 준비한다
　　양산을 준비한다
End If

예제 2개의 정수를 입력받아 그중 큰 수와 작은 수를 찾는 프로그램을 작성하시오. (서브 프로시저)

① 인터페이스 설계

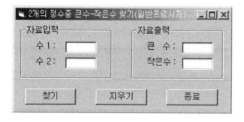

② 객체와 속성 정의

객체	속성 값
폼	이름=Findmax_form, Caption=2개의 정수중 큰수-작은수 찾기(일반프로시저)
프레임1, 2	Caption=자료입력, 자료출력

레이블1~4	Caption=수1 :, 수2 :, 큰 수 :, 작은수 :
텍스트박스1~4	이름=txtSu1, txtSu2, txtMax, txtMin, Text=
명령버튼1~3	이름=cmdFind, cmdClear, cmdEnd Caption=찾기, 지우기, 종료

③ 코드 작성

```
Option Explicit
' 2개의 정수중 큰수-작은수 찾기(서브 프로시저)
Private iSu1, iSu2       As Integer
Private Sub cmdFind_Click( )

    Input_Su
    Find_Max_Min


End Sub


Private Sub Input_Su( )

    iSu1 = Val(txtSu1.Text)
    iSu2 = Val(txtSu2.Text)


End Sub


Private Sub Find_Max_Min( )

    If iSu1 >= iSu2 Then
      txtMax.Text = iSu1
      txtMin.Text = iSu2
    Else
      txtMax.Text = iSu2
      txtMin.Text = iSu1
    End If


End Sub
```

```
Private Sub cmdClear_Click( )

    txtSu1.Text = ""
    txtSu2.Text = ""
    txtMax.Text = ""
    txtMin.Text = ""
    txtSu1.SetFocus

End Sub


Private Sub cmdEnd_Click( )
    End
End Sub
```

4 **다중** If ...Then ...ElseIf ... End If

판별할 조건식이 여러 개인 경우 ElseIf 문을 추가적으로 사용한다. 조건이 참이면 해
당true-statements를 실행한 후, If 문 다음 명령문을 실행하고, 그렇지 않으면
false-statements를 실행한 후 If 문 다음 명령문을 실행한다.

```
If  condition-1  Then
      true-statements-1
  ElseIf  condition-2  Then
         true-statements-2
     ElseIf  condition-3  Then
           :
           :
         Else
             false-statements
  End If
```

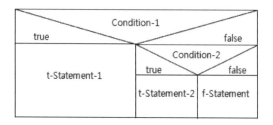

예 **Public Function** Grade(Jumsu **As Integer**) **As String**

```
If (Jumsu >= 90) Then
    Grade = "A"
ElseIf (Jumsu >= 80) Then
        Grade = "B"
    ElseIf (Jumsu >= 70) Then
            Grade = "C"
        ElseIf (Jumsu >= 60) Then
                Grade = "D"
            Else
                Grade = "F"
End If


End Function
```

> **예제** 국어, 영어, 수학 점수를 입력받아 과목별 등급(5단계 평가)과 총점 및 평균을 구
> 하는 프로그램을 작성하시오. (이벤트 프로시저)

① 인터페이스 설계

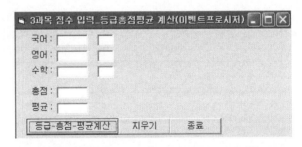

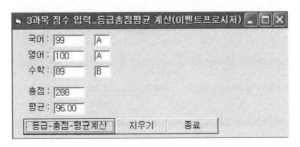

② 객체와 속성 정의

객체	속성 값
폼	이름=Sungjuk_form, Caption=3과목 점수 입력_등급총점평균 계산
레이블1~5	Caption=국어 :, 영어 :, 수학 :, 총점 :, 평균 :
텍스트박스1~8	이름=txtKor, txtEng, txtMat, txtKorGrd, txtEngGrd, txtMatGrd, txtTot, txtAve Text=
명령버튼1~3	이름=cmdGrdTotAve, cmdClear, cmdEnd Caption=등급-총점-평균계산, 지우기, 종료

③ 코드 작성

교과목 수만큼 비교하는 수고를 덜어볼 수 있는 방법을 생각해 보자. 5장 프로시저를 참조하기 바란다.

Coding

```
Option Explicit
' 3과목 점수 입력_등급-총점-평균계산(이벤트 프로시저)
Private Sub cmdGrdTotAve_Click( )

  Const conCnt = 3
  Dim iKor, iEng, iMat, iTot           As Integer
  Dim strKorGrd, strEngGrd, strMatGrd As String
  Dim sAve                             As Single

  iKor = Val(txtKor.Text)                   ' 점수 입력
  iEng = Val(txtEng.Text)
  iMat = Val(txtMat.Text)


  If (iKor >= 90) Then                      ' 등급 계산
    strKorGrd = "A"
  ElseIf (iKor >= 80) Then
      strKorGrd = "B"
    ElseIf (iKor >= 70) Then
        strKorGrd = "C"
      ElseIf (iKor >= 60) Then
```

```
                strKorGrd = "D"
            Else
                strKorGrd = "F"
End If


If (iEng >= 90) Then
    strEngGrd = "A"
ElseIf (iEng >= 80) Then
        strEngGrd = "B"
    ElseIf (iEng >= 70) Then
            strEngGrd = "C"
        ElseIf (iEng >= 60) Then
                strEngGrd = "D"
            Else
                strEngGrd = "F"
End If


If (iMat >= 90) Then
    strMatGrd = "A"
ElseIf (iMat >= 80) Then
        strMatGrd = "B"
    ElseIf (iMat >= 70) Then
            strMatGrd = "C"
        ElseIf (iMat >= 60) Then
                strMatGrd = "D"
            Else
                strMatGrd = "F"
End If

iTot = iKor + iEng + iMat              ' 총점 계산
sAve = iTot / conCnt                   ' 평균 계산

txtKorGrd.Text = strKorGrd             ' 결과 출력
txtEngGrd.Text = strEngGrd
txtMatGrd.Text = strMatGrd
txtTot.Text = iTot
txtAve.Text = Format(sAve, "#00.00")
```

```
End Sub

Private Sub cmdClear_Click( )

    txtKor.Text = ""
    txtEng.Text = ""
    txtMat.Text = ""
    txtKorGrd.Text = ""
    txtEngGrd.Text = ""
    txtMatGrd.Text = ""
    txtTot.Text = ""
    txtAve.Text = ""
    txtKor.SetFocus

End Sub

Private Sub cmdEnd_Click( )
    End
End Sub
```

5 중첩 IF 문

IF 문 안에 또 다른 IF 문들을 포함할 수 있는데 중첩(Nested) IF 문이라 한다.

```
If condition-1 Then
    If condition-2 Then
        true-statements-1
    Else
        false-statements
    End If
Else
    If condition-3 Then
        true-statements-2
    End If
End If
```

		Condition-1		
	true			false
	Condition-2		Condition-3	
	true	false	true	false
t-Statement-1	f-Statements		t-Statement-2	

예제 3개의 정수를 입력받아 그중 최댓값을 찾는 프로그램을 작성하시오. (함수 프러시저)

① 인터페이스 설계

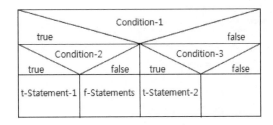

② 객체와 속성 정의

객체	속성 값
폼	이름=Findmax3_form, Caption=3개의 정수중 가장 큰수 찾기
프레임1, 2	Caption=자료입력, 자료출력
레이블1~4	Caption=수1 :, 수2 :, 수3 :, 최댓값 :
텍스트박스1~4	이름=txtSu1, txtSu2, txtSu3, txtMax, Text=
명령버튼1~3	이름=cmdMax, cmdClear, cmdEnd Caption=최댓값찾기, 지우기, 종료

③ 코드 작성

Coding

```
Option Explicit
' 3개의 정수중 가장 큰수 찾기(함수프로시저)
Private Sub cmdMax_Click( )

    Dim iSu1, iSu2, iSu3        As Integer

    Call InputData_Convert(iSu1, iSu2, iSu3)
    txtMax.Text = iMax(iSu1, iSu2, iSu3)

End Sub


Private Sub InputData_Convert(iSu1, iSu2, iSu3)

    iSu1 = Val(txtSu1.Text)
    iSu2 = Val(txtSu2.Text)
    iSu3 = Val(txtSu3.Text)

End Sub


Private Function iMax(iSu1, iSu2, iSu3) As Integer

    If (iSu1 >= iSu2) Then
      If (iSu1 >= iSu3) Then
        iMax = iSu1
      Else
        iMax = iSu3
      End If
    Else
      If (iSu2 >= iSu3) Then
        iMax = iSu2
      Else
        iMax = iSu3
      End If
    End If
```

```
End Function


Private Sub cmdClear_Click( )

   txtSu1.Text = ""
   txtSu2.Text = ""
   txtSu3.Text = ""
   txtMax.Text = ""
   txtSu1.SetFocus


End Sub


Private Sub cmdEnd_Click( )
   End
End Sub
```

4.2.2 Select Case 문

Select Case 문도 If 문과 같이 프로그램 명령문의 실행 흐름을 제어하는 방법 중 하나이다. 즉, 조건식의 값에 따라 해당하는 코드 블록을 실행한 후 Select Case 문 다음 명령문으로 실행 제어가 옮겨간다. If 문과의 차이점은, If 문은 여러 개의 조건식을 표현할 수 있지만 Select Case 문은 단 하나의 조건식을 사용한다. 또한 If 문의 조건식은 '참' 또는 '거짓'으로만 판별하지만, Select Case 문의 조건식은 여러 가지 값들을 가질 수 있다. 경우에 따라서 Select Case 문의 사용은 복잡한 알고리즘을 단순한 알고리즘으로 표현할 수 있어 가독성이 좋아지고 디버깅도 용이하게 할 수 있다.

Select Case 문은 조건식(expression)을 한번 검사한 후 여러 조건 값들을 비교하여 해당 명령문들을 실행한다. 이때 각 Case의 조건 값은 컴마 또는 연속적인 값일 경우에는 To를 사용한다. 그리고 Case Else는 앞에서 정의한 조건 값들 이외의 모든 경우를 모두 포함한다.

1 단순 Select Case 문

```
Select Case expression
      [ Case value1 [ To value2 ]
            [ true-statements-1 ]]
      [ Case value3 [ To value4 ]
            [ true-statements-2 ]]
        :
        :
      [ Case Else
            [ false-statements- ]]
End Select
```

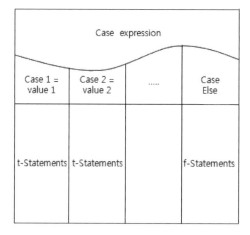

예제 특정 월을 입력하면 그 달의 최대 날짜를 출력하는 프로그램을 작성하시오.

① 인터페이스 설계

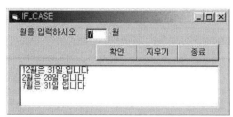

② 객체와 속성 정의

체제	속성 값
폼	이름=IF_CASE_form, Caption=IF_CASE
리스트박스	이름=lstMonthDay
레이블1, 2	Caption=월을 입력하시오, 월
텍스트박스1	이름=txtMonth, Text=
명령버튼1~3	이름=cmdCheck, cmdClear, cmdEnd Caption=확인, 지우기, 종료

③ 코드 작성

㉠ IF 문 사용

Coding

```
Option Explicit
Private Sub Form_Load( )
    txtMonth.MaxLength = 2                    ' 입력자료 길이 제한
End Sub

Private Sub cmdCheck_Click( )

    Dim strTemp             As String
    Dim iMonth              As Integer

    iMonth = Val(txtMonth.Text)
    If (iMonth = 1) Or (iMonth = 3) Or (iMonth = 5) _
            Or (iMonth = 7) Or (iMonth = 8) _
            Or (iMonth = 10) Or (iMonth = 12) Then
        strTemp = "31일"
    ElseIf (iMonth = 4) Or (iMonth = 6) Or (iMonth = 9) _
                Or (iMonth = 11) Then
        strTemp = "30일"
    ElseIf (iMonth = 2) Then
        strTemp = "28일"
    Else
        strTemp = "입력오류"
```

```
        End If
        lstMonthDay.AddItem iMonth & "월은 " & strTemp & " 입니다"

        txtMonth.SetFocus
        txtMonth.SelStart = 0                   ' 삽입점 지정(0 : 맨 왼쪽)
        txtMonth.SelLength = 2                   ' 삽입점부터 너비만큼 반전

End Sub

Private Sub cmdClear_click( )

        txtMonth.Text = ""
        lstMonthDay.Clear
        txtMonth.SetFocus

End Sub

Private Sub cmdEnd_Click( )
        End
End Sub
```

Ⓛ Select Case 문 사용

Coding
```
Option Explicit
'Select Case 문

Private Sub Form_Load( )
        txtMonth.MaxLength = 2                   ' 입력자료 길이 제한
End Sub

Private Sub cmdCheck_Click( )

        Dim strTemp                 As String
        Dim iMonth                  As Integer

        iMonth = Val(txtMonth.Text)
```

```vb
    Select Case iMonth
        Case 2
            strTemp = "28일"
        Case 1, 3, 5, 7, 8, 10, 12
            strTemp = "31일"
        Case 4, 6, 9, 11
            strTemp = "30일"
        Case Else
            strTemp = "입력오류"
    End Select

    lstMonthDay.AddItem iMonth & "월은 " & strTemp & " 입니다"

    txtMonth.SetFocus
    txtMonth.SelStart = 0                 ' 삽입점 지정(0 : 맨 왼쪽)
    txtMonth.SelLength = 2                ' 삽입점부터 너비만큼 반전

End Sub

Private Sub cmdClear_click( )

    txtMonth.Text = ""
    lstMonthDay.Clear
    txtMonth.SetFocus

End Sub

Private Sub cmdEnd_Click( )
    End
End Sub
```

예제 성적처리 프로그램에서 점수에 따른 등급부여 프로시저를 Select Case 문으로 작성하시오.

Coding

```
Private Sub Grade_Check(iJumsu, strGrade)          ' 등급 구하기

    Select Case iJumsu
        Case 90 To 100
                strGrade = "A"
        Case 80 To 89
                strGrade = "B"
        Case 70 To 79
                strGrade = "C"
        Case 60 To 69
                strGrade = "D"
        Case Else
                strGrade = "F"
    End Select

End Sub
```

2 중첩(Nested) Select Case 문

중첩 If 문과 같이 Select Case 문도 중첩하여 사용 할 수 있다.

예제 성별에 따라 신체 등급을 판정하는 프로그램을 작성하시오. 단, 남자이면서 0~49 kg 이면 허약, 50~80kg 이면 정상, 그 이상이면 비만으로 판정한다. 여자이면서 0~39kg 이면 허약, 40~70kg 이면 정상, 그 이상이면 비만으로 판정한다.

① 인터페이스 설계

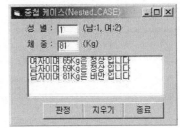

② 객체와 속성 정의

객체	속성 값
폼	이름=Nested_CASE_form, Caption=중첩 케이스(Nested_CASE)
리스트박스	이름=lstBox
레이블1~4	Caption=성 별 :, (남:1, 여:2), 체 중 :, (Kg)
텍스트박스1,2	이름=txtSex, txtWeight Text=
명령버튼1~3	이름=cmdCheck, cmdClear, cmdEnd Caption=판정, 지우기, 종료

③ 코드 작성

```
Option Explicit
'Nested_CASE(중첩 케이스)
Private Sub cmdCheck_Click( )

    Dim strSex, strCheck      As String

    Call Data_Check(strSex, strCheck)
    Call Result_Display(strSex, strCheck)

End Sub

Private Sub Data_Check(strSex, strCheck)

    Select Case txtSex.Text
```

```
            Case 1
                strSex = "남자"
                Select Case txtWeight.Text
                    Case 0 To 49
                        strCheck = "허약"
                    Case 50 To 80
                        strCheck = "정상"
                    Case Else
                        strCheck = "비만"
                End Select
            Case 2
                strSex = "여자"
                Select Case txtWeight.Text
                    Case 0 To 39
                        strCheck = "허약"
                    Case 40 To 70
                        strCheck = "정상"
                    Case Else
                        strCheck = "비만"
                End Select
            Case Else
                strSex = "성별오류"
                strCheck = "판정불가"
    End Select

End Sub


Private Sub Result_Display(strSex, strCheck)

    lstBox.AddItem strSex+"이며 "+txtWeight+"Kg은 "+strCheck+" 입니다"
    txtSex.SetFocus

End Sub


Private Sub cmdClear_click( )

    txtSex.Text = ""
    txtWeight.Text = ""
```

```
    lstBox.Clear
    txtSex.SetFocus

End Sub


Private Sub cmdEnd_Click( )
    End
End Sub
```

4.3 반복문

조건문과 함께 중요한 제어구조 중 하나가 반복문이다. 이 반복문은 여러 개의 명령문을 반복해서 실행 시킬 수 있다는 특징을 가지고 있다. 비주얼베이직에서는 다음과 같은 반복 문들을 제공한다. Do … Loop 문이나 While … Wend 문은 조건에 따라 불규칙적인 반복 을 실행할 경우에 사용되며, For … Next 문은 반복 횟수가 정해진 규칙적인 반복을 실행 할 경우에 많이 사용된다. 이들 반복문들은 중첩 사용이 가능하지만, 특히 중첩 반복문을 사용할 경우의 제어 구조는 서로 포함 관계이어야 한다. 실행 제어가 겹치는 경우에는 오류 가 발생하기 때문이다.

반복문 실행도중 반복 실행을 중단하기 위해 Exit 문을 사용하면 편리하다. 한편, 반복 실행을 종료시킬 수 있는 조건이 결코 일어나지 않는 무한루프(infinite loop)가 발생하지 않도록 유의해야 한다.

다음 표는 일반적인 반복문의 종류와 제어 구조이다.

종류	의미
Do … Loop	조건을 만족하는 동안 또는 만족할 때까지 문장을 반복
For … Next	초기값, 최종값, 증감값을 지정하여 반복
While … Wend	조건을 만족하는 동안만 문장을 반복

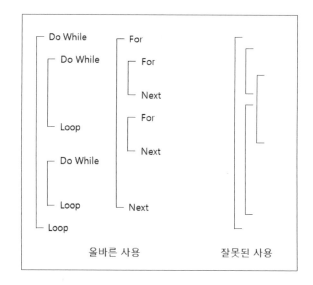

올바른 사용   잘못된 사용

4.3.1 Do … Loop 문

몇 번 실행해야 되는지 반복 횟수를 알지 못할 경우에 유용하다. 조건을 만족('참' 또는 '거짓')하는 동안 반복되는 명령문들을 반복적으로 처리하는 경우에 사용되는 명령문이다.

```
Do  {While | Until}  condition
    [ statements ]
    [ Exit Do ]
    [ statements ]
Loop
```

Do { While | Until } condition		
	Statement-1	
	Statement-2	
	Statement-3	
	:	
	Statement-n	

```
Do
    [ statements ]
    [ Exit Do ]
    [ statements ]
Loop  {While | Until}  condition
```

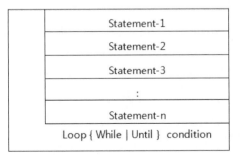

	Statement-1	
	Statement-2	
	Statement-3	
	:	
	Statement-n	
Loop { While | Until } condition		

1 Do While ... Loop 문

선 조건 후 실행 문으로, 조건 검사 후 '참'인 동안 루프 안에 있는 명령문들을 수행하고 그렇지 않으면 루프를 빠져나간다.

```
Do While condition
    [ true-statements-1 ]
    [ Exit Do ]
    [ true-statements-2 ]
Loop
```

예 1 부터 10 까지 정수의 합(Do While .... Loop 문)

```
Private Sub cmdLoop1_Click( )

    Dim iSu, iSum        As Integer

    iSum = 0
    iSu = 1

    Do While iSu <= 10
      iSum = iSum + iSu
      iSu = iSu + 1
    Loop

    txtHap1.Text = iSum

End Sub
```

2 Do Until ... Loop 문

선 조건 후 실행 문으로, 조건이 '거짓'인 동안 루프 안의 명령문들을 수행하고 참이면 루프를 벗어난다.

```
Do Until  condition
    [ false-statements-1 ]
    [ Exit Do ]
    [ false-statements-2 ]
Loop
```

예 1 부터 10 까지 정수의 합(Do Until ... Loop 문)

```
Private Sub cmdLoop2_Click( )

    Dim iSu, iSum          As Integer

    iSum = 0
    iSu = 1

    Do Until iSu > 10
       iSum = iSum + iSu
       iSu = iSu + 1
    Loop

    txtHap2.Text = iSum

End Sub
```

3 Do ... Loop While 문

일단 루프 안의 문장을 1번 수행한 다음, 조건을 검사하여 '참'인 동안 루프 안의 명령
문들을 반복 실행한다. 그렇지 않으면 루프를 벗어난다.

```
Do
     [ statements-1 ]
     [ Exit Do ]
     [ statements-2 ]
Loop While condition
```

예 1 부터 10 까지 정수의 합(Do ... Loop While 문)

```
Private Sub cmdLoop3_Click( )

    Dim iSu, iSum          As Integer

    iSum = 0
    iSu = 1

    Do
       iSum = iSum + iSu
```

```
            iSu = iSu + 1
        Loop While iSu <= 10


        txtHap3.Text = iSum


    End Sub
```

4 Do .... Loop Until 문

일단 루프 내의 명령문들을 1번 실행 한 다음, 조건을 검사해서 '거짓'인 동안 루프의
문을 반복 실행한다.

```
Do
    [ statements-1 ]
    [ Exit Do ]
    [ statements-2 ]
Loop Until   condition
```

예 1 부터 10 까지 정수의 합(Do .... Loop Until 문)

```
Private Sub cmdLoop4_Click( )


    Dim iSu, iSum        As Integer


    iSum = 0
    iSu = 1


    Do
        iSum = iSum + iSu
        iSu = iSu + 1
    Loop Until iSu > 10


    txtHap4.Text = iSum


    End Sub
```

5 중첩 Do .... Loop 문

Do .... Loop 문 내에 다른 Do .... Loop 문을 내포할 수 있는데 이런 경우를 중첩

(Nested) Do .... Loop 문이라 한다. 특히 반복문을 중첩하여 사용할 경우 실행 흐름 제어에 유의해야 한다. 예를 들면, 중첩 Do ... Loop 형식 중 안쪽의 Exit Do 문은 내부 반복문만을 벗어나지만, 바깥쪽의 Exit Do 문은 외부 반복문을 벗어난다.

```
Do {While | Until} condition-1
    [ statements-1-1 ]
    Do {While | Until} condition-2
       [ statements-2-1 ]
       [ Exit Do ]
       [ statements-2-2 ]
    Loop

    [ Exit Do ]
    [ statements-1-2 ]
Loop
```

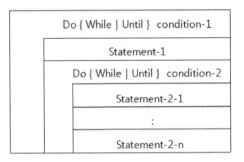

```
Do
    [ statements-1-1 ]
    Do
       [ statements-2-1 ]
       [ Exit Do ]
       [ statements-2-2 ]
    Loop {While | Until} condition-3

    [ Exit Do ]
    [ statements-1-2 ]
Loop {While | Until} condition-4
```

예 출력되는 값을 확인하고 중첩 반복문 사용법을 익혀보자.

```
Private Sub cmdExecDo_Click( )
Dim i, j, iTotal        As Integer

   i = 1
   iTotal = 0

   Do
     j = 5

       Do
         iTotal = iTotal + 1
         j = j - 1
         Print i; j; iTotal; Space$(3);
       Loop Until j < 3

       i = i + 2
   Loop Until i > 6

End Sub
```

예제 구구단을 구하는 프로그램을 작성하시오.

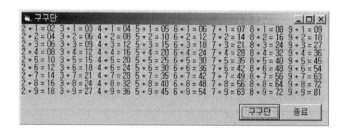

Coding

```
Option Explicit
'구구단
Private Sub cmdGugu_Click( )
```

```
Dim iRow, iCol, iGop    As Integer

iRow = 1
Do While iRow <= 9

  iCol = 2
  Do While iCol <= 9
    iGop = iCol * iRow
    Print iCol & " * " & iRow & " = " & Format(iGop, "00") & "   ";
    iCol = iCol + 1
  Loop

  Print                        ' 줄 바꿈
  iRow = iRow + 1
Loop

End Sub
```

4.3.2 For ... Next 문

몇 번 실행해야 되는지 반복 횟수를 알고 반복되는 명령문들을 실행하거나 일정한 증감값 만큼 증가 또는 감소시키면서 반복적으로 처리하는 경우에 사용되는 명령문이다.

For ... Next 문에서 제어변수는 반복 실행 횟수를 제어하기 위해 사용되는 변수로 증감값에 따라 변화된다. 반복 실행 여부는 변화된 값(최초 실행시는 초기값)과 최종값을 비교한 후 결정한다. 증감값이 양수인 경우에는 초기값 <= 최종값 이어야 하며, 음수인 경우에는 초기값 >= 최종값 이어야 한다. 특히 증감값이 1인 경우에는 생략 가능하다.

For 변수=초기값 To 최종값 [Step 증감값]
Statement-1
Statement-2
Statement-3
:
Statement-n

1 단순 For … Next 문

```
For  제어변수 = 초기값  To  최종값  [ Step 증감값 ]
     [ statements-1 ]
     [ Exit For]
     [ statements-2 ]
Next [ 제어변수 ]
```

예 1 부터 10 까지 정수의 합(For … Next 문)

```
Private Sub cmdLoop5_Click( )

    Dim iSu, iSum          As Integer

    iSum = 0

    For iSu = 1 To 10
       iSum = iSum + iSu
    Next iSu

    txtHap5.Text = iSum


End Sub
```

2 중첩 For … Next 문

하나의 For … Next 문 안에 다른 For … Next 문을 포함할 수 있는데 이런 경우를 중첩(Nested) For … Next 문이라 한다. 특히 반복문을 중첩하여 사용할 경우 실행 흐름 제어에 유의해야 한다. 예를 들면, 중첩 For … Next 형식 중 안쪽의 Exit For 문은 내부 반복문만을 벗어나지만, 바깥쪽의 Exit For 문은 외부 반복문을 벗어난다.

```
For  제어변수1 =  초기값1  To  최종값1  [ Step 증감값1 ]
  [ statements-1-1 ]
   For  제어변수2 =  초기값2  To  최종값2  [ Step 증감값2 ]
        [ statements-2-1 ]
        [ Exit For]
        [ statements-2-2 ]
   Next [ 제어변수2 ]


   [ Exit For]
   [ statements-1-2 ]
Next [ 제어변수1 ]
```

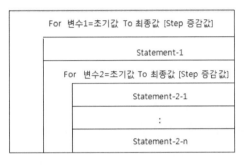

예 출력되는 값을 확인하고 중첩 반복문 사용법을 익혀보자.

```
Private Sub cmdExecFor_Click( )

Dim i, j, iTotal      As Integer

   iTotal = 0

  For i = 1 To 6 Step 2

     For j = 5 To 3 Step -1
         iTotal = iTotal + 1
         Print i; j; iTotal; Space$(3);
     Next j

   Next i

End Sub
```

앞의 구구단을 구하는 문제를 For 문을 사용하여 프로그램 하시오.

Coding

```
Private Sub cmdGugu_Click( )

    Dim iRow, iCol, iGop    As Integer

    For iRow = 1 To 9

        For iCol = 2 To 9
            iGop = iCol * iRow
            Print iCol & " * " & iRow & " = " & Format(iGop, "00") & "  ";
        Next iCol

        Print
    Next iRow

End Sub
```

4.3.3 While … Wend 문

Do … Loop 명령문처럼 반복 횟수가 일정하지 않을 경우에 유용하게 쓰이며, While … Wend 문은 조건식이 참이면 계속해서 반복문을 수행하고 거짓이면 반복문을 빠져 나오는 명령문이다. 하나의 While … Wend 문 안에 다른 While … Wend 문을 포함할 수 있는데 이런 경우를 중첩(Nested) While … Wend 문이라 한다.

```
While condition
     [ statements ]
Wend
```

예 1 부터 10 까지 정수의 합(While ... Wend 문)

```
Private Sub cmdLoop6_Click( )

    Dim iSu, iSum          As Integer

    iSum = 0
    iSu = 1

    While iSu <= 10
        iSum = iSum + iSu
        iSu = iSu + 1
    Wend

    txtHap6.Text = iSum

End Sub
```

예 출력되는 값을 확인하고 중첩 반복문 사용법을 익혀보자.

```
Private Sub cmdExecWhile_Click( )
Dim i, j, iTotal       As Integer

    i = 1
    iTotal = 0

    While i <= 6
        j = 5

        While j >= 3
            iTotal = iTotal + 1
            Print i; j; iTotal; Space$(3);
            j = j - 1
        Wend

        i = i + 2
    Wend

End Sub
```

For Each ... Next 문은 반복 횟수를 특별히 지정하지 않는 반복문으로 배열이나 객체 컬렉션의 구성요소에 대해 구성 요소의 수만큼 반복한다. 그룹명은 배열이나 컬렉션 (Collection)을 설정할 수 있고, 구성요소는 그룹명의 내용을 넣을 수 있도록 사용될 변수로 가변형 이거나 객체형 이어야 한다.

```
For Each 구성요소 In 그룹명
    [statements-1]
    [Exit For]
    [statements-2]
Next [구성요소]
```

예 배열의 원소 값을 출력(For Each ... Next 문 사용)

```
Private Sub cmdForEach_Click( )
Dim i                As Integer
Dim iArray(4)        As Integer
Dim vElement         As Variant


    For i = 0 To 4
        iArray(i) = i
    Next i


    For Each vElement In iArray
        Print vElement
    Next vElement


End Sub
```

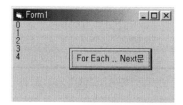

4.4.2 Exit 문

반복문이나 프로시저를 실행하는 도중에 반복문 또는 프로시저를 벗어나고자 할 경우에 Exit 문을 사용한다. 프로그램 실행도중 Exit 문을 만나면, 반복문인 경우에는 실행중인 반복문을 벗어나 다음 명령문을 실행하게 되며, 프로시저일 경우에는 해당 프로시저를 완전히 종료하게 된다.

종류	설명
Exit Do	반복문 Do 문을 벗어난다.
Exit For	반복문 For 문을 벗어난다.
Exit Sub	Sub 프로시저를 벗어난다.
Exit Function	Function 프로시저를 벗어난다.
Exit Property	Property 프로시저를 벗어난다.

4.4.3 With … End With 문

With … End With 문은 제어문은 아니지만 여기에서 소개한다. 코드 창에서 직접 특정 객체의 속성, 메소드 등을 연속적으로 코딩하고자 할 경우, 객체 이름을 반복하지 않고 With … End With 문을 이용하여 한꺼번에 지정할 수 있다. With … End With 문을 사용하면 코드가 간결해지고 객체 이름 변경시 유용하다. 특히 객체 이름을 변경할 경우 여러 명령문들의 객체이름 부분을 수정하여야 한다. 이 경우에 간단히 객체 이름만 변경하면 된다. 다음은 With … End With 문의 형식과 사용법이다. 그리고 With … End With 문도 중첩 사용이 가능하다.

```
With 객체
    . 속성 = 값
    . 메소드
End With
```

예 일반적인 속성 설정

```
Private Sub cmdButton_Click( )

    cmdButton.Caption = "명령버튼"
    cmdButton.FontSize = 10
    cmdButton.FontBold = True

End sub
```

예 With ... End With 문 속성 설정

```
Private Sub cmdButton_Click( )

    With cmdButton
        .Caption = "명령버튼"
        .FontSize = 10
        .FontBold = True
    End With

End sub
```

4.4.4 GoTo 문

프로시저 내의 지정된 줄로 무조건 분기하는 것이 GoTo 문이다. GoTo 문을 너무 많이 사용하면 코드를 읽고 디버그하기가 어려워지기 때문에 가능하면 구조적 제어 문 (Do...Loop, For...Next, If...Then...Else, Select Case)을 사용하는 것이 좋다.

```
    GoTo  line
   statements
       :
line : statements
       :
```

line 인수는 줄 번호 또는 레이블(label)이 될 수 있는데, 프로그램 실행 순서는 지정된 줄이나 레이블로 무조건 점프하라는 의미이다. 이와 비슷한 명령문으로 GoSub 문이 있으며, 특정 조건에 따라 분기하는 On ... GoTo 문, On ... GoSub 문, On Error GoTo 문, On Error Resume Next 문 등이 있다. 특히 On Error GoTo 문과 On Error Resume Next 문은 오류 발생시 오류 처리에 유용하게 사용하기도 한다.

배열

컨트롤 배열은 서로 관련된 여러 컨트롤들을 배열처럼 사용할 수 있다. 컨트롤 배열을 사용하기 위해선 컨트롤의 이름 속성을 동일하게 정의하고 컨트롤이 정의되는 순서대로 Index 속성 값이 0부터 지정되지만 순서를 바꾸려면 Index 속성 값을 변경하면 된다. 컨트롤 배열을 만드는 방법은 다음과 같다.

① 폼 창에 반복될 컨트롤을 하나 배치한다. 그리고 이 컨트롤을 복사(Ctrl + C)한 후 붙여넣기(Ctrl + V)를 수행하면 '컨트롤 배열을 작성 하겠습니까?' 라는 대화 상자가 나온다. 이때 예(Y)를 선택한다.

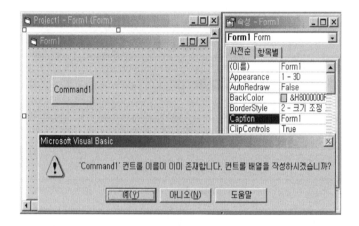

② 새로 생성된 명령버튼 컨트롤의 속성창 Index 속성을 보면 속성 값이 1로 되어 있고 이름 속성은 Command1(1)으로 되어 있음을 확인할 수 있다.

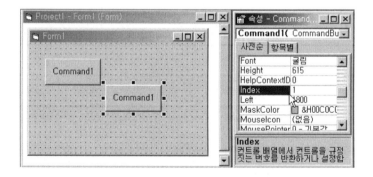

복사와 붙여넣기를 반복 수행하면 새로 생성된 컨트롤의 Index 속성 값들이 2,3,4,....로 증가되고 이름 속성도 Command1(2), Command1(3), Command1(4) ....으로 추가된다.

예제 컨트롤 배열을 이용한 1차원 배열의 원소교환/복원 프로그램을 작성하시오.

1 인터페이스 설계

2 객체와 속성 정의

객체	속성 값
폼	이름=Change_form, Caption=1차원배열 원소 교환
레이블	Caption=교환 전, 교환 후 Index=0~1
텍스트박스	이름=txtBefore, Index=0~5, Alignment=2(가운데 맞춤) 이름=txtAfter, Index=0~5 Alignment=2(가운데 맞춤)
명령버튼1~3	이름=cmdChange, cmdReturn, cmdEnd Caption=교환, 복원, 종료

3 코드 작성

Coding

```
Option Explicit
' 1차원배열 원소 교환
Private Sub Form_Load( )
  Dim i                As Integer

  For i = 0 To 5
    txtBefore(i).Text = i + 1
  Next i

End Sub
```

```
Private Sub cmdChange_Click( )

    Dim i, j            As Integer

    For i = 0 To 5
        j = 5 - i
        txtAfter(j).Text = txtBefore(i).Text
        txtAfter(i).Font.Italic = True
    Next i

End Sub

Private Sub cmdReturn_Click( )

    Dim i               As Integer

    For i = 0 To 5
        txtBefore(i).Text = txtAfter(i).Text
        txtBefore(i).Font.Size = 15
    Next i

End Sub

Private Sub cmdEnd_Click( )
    End
End Sub
```

배열(Array)은 동일한 자료형과 유사한 의미를 갖는 변수들의 집합을 말한다. 그러므로 변수들을 대표하는 하나의 배열 이름을 부여하고 괄호 속의 첨자(Subscript)로 이들을 구분한다. 배열을 사용하지 않았을 경우에는 많은 변수들을 정의하고 이들을 모두 기억하고 사용하여야 하는데 따르는 불편함과 번거로움이 많았다. 이를 해결하기 위해 변수들에 기억되는 자료의 성질이 동일한 자료형을 갖고 의미가 유사할 경우에 배열을 선언하여 사용하면 좋다. 배열을 선언하면 동일한 배열이름을 갖는 기억 공간이 첨자 개수만큼 연속적으로 확보되는데 첨자로 이들을 각각 구분하여 일반 변수처럼 사용한다. 따라서 배열을 정의하여 사용하면 변수 이름을 기억하기 쉽게 하며 코드를 간결하게 해 준다.

5.2.1 배열 선언

배열도 변수의 적용 범위처럼 전역적으로 사용되는 배열일 때는 Public을, 모듈 단위로 이용되는 배열일 때는 Private을 그리고 지역적으로 이용되는 배열일 때는 Dim과 Static을 이용한다. 배열 선언의 일반 형식은 다음과 같다.

```
[Dim|Static|Private|Public]  배열이름(첨자)  As  자료형
```

- 첨자 : 배열길이, (시작원소 to 끝 원소) 지정이 가능하다.

배열이 선언되면 배열은 0번 원소부터 시작하여 첨자로 정의된 수만큼 연속적인 기억 공간을 차지하게 된다. 그러므로 배열의 크기는 '배열의 길이 + 1'이 된다. 배열의 시작과 끝을 지정하지 않을 경우 배열의 하한 값은 0이고, 배열의 상한 값은 Long 자료형의 범위를 초과할 수 없다. 한편, 배열과 컨트롤 배열은 약간의 차이가 있다. 컨트롤 배열은 디자인 시 컨트롤의 이름을 동일하게 지정하고 Index 속성에 값을 지정함으로써 사용하는데 반해 배열은 컨트롤 배열과는 달리 항상 연속적이어야 한다.

예 배열 선언

```
Dim iSu(5)           As  Integer    ' 0번부터 5번 원소까지 정수형 6개 원소
Public iCnt(10)      As  Integer    ' 정수형 11개 원소를 갖는 전역 배열
Private strChar(5)   As  String     ' 문자열형 6개 원소를 갖는 모듈변수
```

```
Dim  iJumsu( 1 to 5 )  As  Integer   ' 1번부터 5번 원소까지 정수형 5개 원소
```

iSu(0)	iSu(1)	iSu(2)	iSu(3)	iSu(4)	iSu(5)

iJumsu(1)	iJumsu(2)	iJumsu(3)	iJumsu(4)	iJumsu(5)

5.2.2 배열의 종류

배열은 배열원소 수의 표현 방법에 따라 아래와 같이 나눈다. 일반적으로 다차원 배열이 가능하나 1차원, 2차원, 3차원 배열이 가장 많이 사용된다.

① 1차원 배열 – 첨자 1개 사용 배열이름(열)
② 2차원 배열 – 첨자 2개 사용 배열이름(행, 열)
③ 3차원 배열 – 첨자 3개 사용 배열이름(면, 행, 열)

예 2차원 배열 선언

```
Dim   iJumsu(1 to 3, 1 to 4)
      As Integer
```

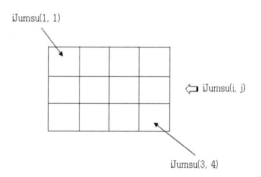

예 3차원 배열 선언

```
Dim   iJumsu(1 to 2, 1 to 3,
      1 to 4)   As Integer
```

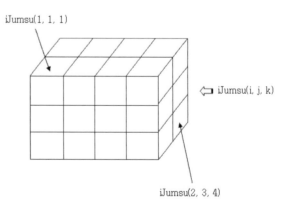

5.2.3 배열 원소에 값 부여

배열 원소에 값을 부여하는 방법은 각 배열 원소에 하나씩 그 값을 부여하는 방법과 반복문을 이용하는 경우 그리고 Array 함수를 이용하는 방법이 있다. Array 함수를 이용하여 배열의 초기값을 부여할 경우에는 배열명만 선언하고 첨자는 정의하지 않는다. 이때 배열의 자료형은 가변형이어야 한다. 다음은 3*4행의 2차원 배열에 초기 값을 부여하는 방법과 예이다.

1 배열 각 원소에 값 부여 방법

예 배열원소 각각에 초기값 부여

```
Dim  iJumsu(1 to 3, 1 to 4)  As  Integer
   iJumsu(1, 1) = 0
   iJumsu(1, 2) = 0
        :
   iJumsu(i, j) = 0
        :
   iJumsu(3, 3) = 0
   iJumsu(3, 4) = 0
```

2 반복문을 이용한 값 부여 방법

예 반복문을 이용한 배열원소에 초기값 부여

```
Dim  i,  j,  iJumsu(1 to 3, 1 to 4)  As  Integer
   For i = 1 To 3
      For j = 1 To 4
         iJumsu(i, j) = 0
      Next j
   Next  i
```

3 Array( ) 함수를 이용한 값 부여 방법

예 Array( ) 함수를 이용한 배열원소에 초기값 부여

```
Dim  iJumsu  As  Variant
   iJumsu = Array(0, 0, 0, ···, 0)
```

5.2.4 배열 자료의 삭제

Erase 문은 배열 자료를 삭제시킬 경우에 사용하는 명령문이다. 정적배열일 경우에는 배열 원소의 값이 자료형의 초기 값(숫자일 경우 0, 문자일 경우 blank, 가변형인 경우 empty)으로 초기화되고, 동적 배열일 경우는 배열이 삭제된다.

Erase 배열이름

예 `Erase iJumsu`

5.2.5 1차원 배열 실습

예제 3과목의 성적을 입력받아 각 과목의 등급과 총점 및 평균을 구하는 프로그램을 작성하시오.

1 인터페이스 설계

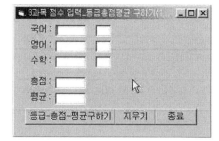
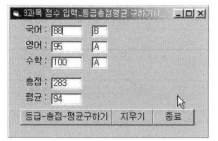

2 객체와 속성 정의

객체	속성 값
폼	이름=Arr1_Sungjuk_form, Caption=3과목 점수 입력_등급총점평균 구하기(1차원배열)
레이블	Caption=국어 :, 영어 :, 수학 :, 총점 :, 평균 : Index=0~4
텍스트박스	이름=txtJum, Index=0~4, Text= 이름=txtGrd, Index=0~2, Text=
명령버튼1~3	이름=cmdGrdTotAve, cmdClear, cmdEnd Caption=등급-총점-평균구하기, 지우기, 종료

3 코드 작성

Coding

```
Option Explicit
' 3과목 점수 입력_등급-총점-평균구하기(1차원배열)
Private Const conCnt        As Integer = 3  ' 교과목 수

Private Sub cmdGrdTotAve_Click( )

    Dim iJum(1 To 5), i         As Integer
    Dim strGrd(1 To 3)          As String

    Call InputData_Convert(iJum)

    For i = 1 To conCnt
        Call Grade_Check(iJum(i), strGrd(i))
    Next i

    Call Calc_Display(iJum, strGrd)

End Sub

Private Sub InputData_Convert(iJum)

    Dim i               As Integer
```

```
    For i = 1 To conCnt
        iJum(i) = Val(txtJum(i - 1).Text)
    Next i


End Sub


Private Sub Grade_Check(iJumsu, strGrade)


    Select Case iJumsu


        Case 90 To 100
            strGrade = "A"
        Case 80 To 89
            strGrade = "B"
        Case 70 To 79
            strGrade = "C"
        Case 60 To 69
            strGrade = "D"
        Case Else
            strGrade = "F"


    End Select


End Sub


Private Sub Calc_Display(iJum, strGrd)


    Dim i                   As Integer

    iJum(4) = iJum(1) + iJum(2) + iJum(3)
    iJum(5) = iJum(4) / conCnt

    For i = 1 To 3
        txtGrd(i - 1).Text = strGrd(i)
    Next i

    txtJum(3).Text = iJum(4)
    txtJum(4).Text = iJum(5)
```

```
            txtJum(0).SetFocus

    End Sub

    Private Sub cmdClear_Click( )

        Dim i                        As Integer

        For i = 0 To 4
            txtJum(i).Text = ""
        Next i

        For i = 0 To 2
            txtGrd(i).Text = ""
        Next i

            txtJum(0).SetFocus

    End Sub

    Private Sub cmdEnd_Click( )
        End
    End Sub
```

예제 다음 1차원 배열의 원소끼리의 합과 곱을 구하는 프로그램을 작성하시오.

1 인터페이스 설계

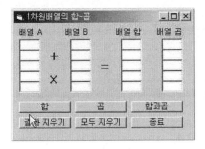 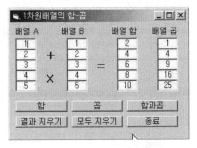

■2 객체와 속성 정의

객체	속성 값
폼	이름=Add_Mul_form, Caption=1차원배열의 합-곱
레이블	Caption=배열 A, 배열 B, 배열 합, 배열 곱 Index=0~3
텍스트박스	이름=txtMatA, Index=0~4, Text= 이름=txtMatB, Index=0~4, Text= 이름=txtMatC, Index=0~4, Text= 이름=txtMatD, Index=0~4, Text=
명령버튼1~6	이름=cmdAdd, cmdMul, cmdAddMul, cmdResultCls, cmdAllCls, cmdEnd Caption=합, 곱, 합과곱, 결과지우기, 모두지우기, 종료

■3 코드 작성

Coding

```
Option Explicit
'1차원배열의 합-곱
'TEXTBOX A,B,C,D : Alignment = 가운데 맞춤
'                 MaxLength = 3
'                 Text = ""
'TEXTBOX A,B :Locked = False
'TEXTBOX C,D :Locked = True
Private iMatA(4), iMatB(4)  As Integer
Private Sub cmdAdd_Click( )

   Call Mat_Accept
   Call Mat_Add_Display

End Sub


Private Sub cmdMul_Click( )

   Call Mat_Accept
   Call Mat_Mul_Display

End Sub
```

```
Private Sub cmdAddMul_Click( )

   Call Mat_Accept
   Call Mat_Add_Display
   Call Mat_Mul_Display

End Sub

Private Sub Mat_Accept( )

   Dim i                As Integer

   For i = 0 To 4
      iMatA(i) = Val(txtMatA(i).Text)
      iMatB(i) = Val(txtMatB(i).Text)
   Next i

End Sub

Private Sub Mat_Add_Display( )

   Dim i                As Integer

   For i = 0 To 4
      txtMatC(i).Text = iMatA(i) + iMatB(i)
   Next i

End Sub

Private Sub Mat_Mul_Display( )

   Dim i                As Integer

   For i = 0 To 4
      txtMatD(i).Text = iMatA(i) * iMatB(i)
   Next i

End Sub
```

```vb
Private Sub cmdResultCls_Click( )

    Dim i                As Integer

    For i = 0 To 4
        txtMatC(i).Text = ""
        txtMatD(i).Text = ""
    Next i

    txtMatA(0).SetFocus

End Sub

Private Sub cmdAllCls_Click( )

    Dim i                As Integer

    For i = 0 To 4
        txtMatA(i).Text = ""
        txtMatB(i).Text = ""
        txtMatC(i).Text = ""
        txtMatD(i).Text = ""
    Next i

    txtMatA(0).SetFocus

End Sub

Private Sub cmdEnd_Click( )
    End
End Sub
```

예제 10개의 정수를 입력받아 이들 중 최댓값과 최솟값을 구하는 프로그램을 작성하시오.

1 인터페이스 설계

 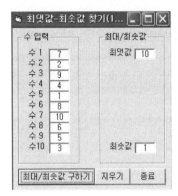

2 객체와 속성 정의

객체	속성 값
폼	이름=Arr1_MaxMin_form, Caption= 최댓값-최솟값 찾기(1차원 배열)
프레임1,2	Caption=수 입력, 최대/최솟값
레이블	Caption=수1~수10, Index=0~9, Text= Caption= 최댓값, 최솟값, Text=
텍스트박스	이름=txtInputSu, Index=0~9, Text= 이름=txtMax, txtMin, Text=
명령버튼1~3	이름=cmdMaxMin, cmdCls, cmdEnd Caption=최대/최솟값 구하기, 지우기, 종료

3 코드 작성

```
Option Explicit
' 최댓값- 최솟값 찾기(1차원 배열)
Private iMax, iMin        As Integer
Private Sub cmdMaxMin_Click( )
```

```
        Dim iSu(1 To 10)        As Integer

        Call Accept_Su(iSu)
        Call Find_MaxMin(iSu)
        Call Display_MaxMin

End Sub

Private Sub Accept_Su(iSu)

        Dim i                As Integer

    For i = 1 To 10
        iSu(i) = Val(txtInputSu(i - 1).Text)
    Next i

End Sub

Private Sub Find_MaxMin(iSu)

        Dim i                As Integer

    iMax = iSu(1)
    iMin = iSu(1)

    For i = 2 To 10
        If iSu(i) > iMax Then
            iMax = iSu(i)
        ElseIf iSu(i) < iMin Then
            iMin = iSu(i)
        End If
    Next i

End Sub

Private Sub Display_MaxMin( )

        txtMax.Text = iMax
```

```
                txtMin.Text = iMin

        End Sub

        Private Sub cmdCls_Click( )

            Dim i                   As Integer

            For i = 0 To 9
                txtInputSu(i).Text = ""
            Next i
            txtMax.Text = ""
            txtMin.Text = ""
            txtInputSu(0).SetFocus

        End Sub

        Private Sub cmdEnd_Click( )
            End
        End Sub
```

예제 1차원 배열의 원소를 다음과 같이 교환하는 프로그램을 작성하시오.

1 인터페이스 설계

2 객체와 속성 정의

객체	속성 값
폼	이름=Item_exchange_form, Caption=1차원배열 원소 교환
레이블	Caption=배열A, 배열B
텍스트박스	이름=txtMatA, Index=0~4, Text= 이름=txtMatB, Index=0~4, Text=
명령버튼1~3	이름=cmdExchange, cmdClear, cmdEnd Caption=교환, 지우기, 종료

3 코드 작성

Coding

```
Option Explicit
'1차원배열 원소 교환
'TEXTBOX A,B : Alignment = 가운데 맞춤
'               MaxLength = 3
'               Text = ""
'TEXTBOX A :Locked = False
'TEXTBOX B :Locked = True
Private iMat(4)           As Integer


Private Sub cmdExchange_Click( )

    Call Mat_Accept
    Call Mat_Exchange
    Call Mat_Display


End Sub


Private Sub Mat_Accept( )

    Dim i                 As Integer

    For i = 0 To 4
        iMat(i) = Val(txtMatA(i).Text)
```

```
    Next i

End Sub

Private Sub Mat_Exchange( )

    Dim i, iTemp            As Integer

    For i = 0 To 2
        iTemp = iMat(i)
        iMat(i) = iMat(4 - i)
        iMat(4 - i) = iTemp
    Next i

End Sub

Private Sub Mat_Display( )

    Dim i                   As Integer

    For i = 0 To 4
        txtMatB(i).Text = iMat(i)
    Next i

End Sub

Private Sub cmdClear_Click( )

    Dim i                   As Integer

    For i = 0 To 4
        txtMatA(i).Text = ""
        txtMatB(i).Text = ""
    Next i
    txtMatA(0).SetFocus

End Sub
```

```
Private Sub cmdEnd_Click( )
    End
End Sub
```

예제 10개의 정수를 입력받아 오름차순(Ascending Sort) 또는 내림차순(Descending Sort)으로 정렬하는 프로그램을 작성하시오.

1 인터페이스 설계

 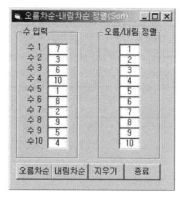

2 객체와 속성 정의

객체	속성 값
폼	이름=Sort_form, Caption=오름차순-내림차순 정렬(Sort)
프레임1,2	Caption=수 입력, 오름/내림 정렬
레이블	Caption=수1~수10, Index=0~9, Text=
텍스트박스	이름=txtInputSu, Index=0~9, Text= 이름=txtOutputSu, Index=0~9, Text=
명령버튼1~4	이름=cmdAscSort, cmdDescSort, cmdCls, cmdEnd Caption=오름차순, 내림차순, 지우기, 종료

3 코드 작성

```
Option Explicit
'1차원배열의 오름차순-내림차순 정렬(Sort)
Private iSu(1 To 10)        As Integer

Private Sub cmdAscSort_Click( )    '오름차순 정렬

    Call Data_Accept
    Call Asc_Sort
    Call Result_Display

End Sub

Private Sub Data_Accept( )

    Dim i                 As Integer

    For i = 1 To 10
        iSu(i) = Val(txtInputSu(i - 1).Text)
    Next i

End Sub

Private Sub Asc_Sort( )

    Dim i, j, iTemp       As Integer

    For i = 1 To 9

        For j = (i + 1) To 10
            If iSu(i) > iSu(j) Then
                iTemp = iSu(i)
                iSu(i) = iSu(j)
                iSu(j) = iTemp
            End If
        Next j
```

```
        Next i

End Sub

Private Sub Result_Display( )

    Dim i                As Integer

    For i = 1 To 10
        txtOutputSu(i - 1).Text = iSu(i)
    Next i

End Sub

Private Sub cmdDescSort_Click( )    '내림차순 정렬

    Call Data_Accept
    Call Desc_Sort
    Call Result_Display

End Sub

Private Sub Desc_Sort( )

    Dim i, j, iTemp     As Integer

    For i = 1 To 9

      For j = (i + 1) To 10
        If iSu(i) < iSu(j) Then
            iTemp = iSu(i)
            iSu(i) = iSu(j)
            iSu(j) = iTemp
        End If
      Next j

    Next i
```

```
End Sub

Private Sub cmdCls_Click( )

    Dim i                   As Integer

    For i = 0 To 9
        txtInputSu(i).Text = ""
        txtOutputSu(i).Text = ""
    Next i
    txtInputSu(0).SetFocus

End Sub

Private Sub cmdEnd_Click( )
    End
End Sub
```

예제 10 문항의 객관식 정답과 답안을 입력하여 성적 처리하는 프로그램을 작성하시오. (단순화하기 위해 문제 및 답 항은 생략하였음)

1 인터페이스 설계

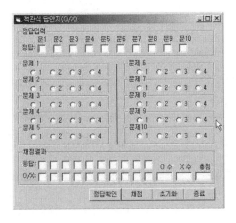
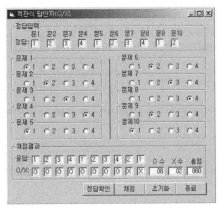

2 객체와 속성 정의

객체	속성 값
폼	이름=Dap_ox_form, Caption=객관식 답안지(O/X)
프레임	이름=fraJungDap, Caption=정답입력 이름=fraDap, Index=0~9, Caption=문제 1~문제 10 이름=fraResult, Caption=채점결과
레이블	Caption=문1~문10, Index=0~9 Caption=정답 :,응답 :, O/X:, O수, X수, 총점
옵션버튼	이름=optDap0, Caption=1, Index=0~9 이름=optDap1, Caption=2, Index=0~9 이름=optDap2, Caption=3, Index=0~9 이름=optDap3, Caption=4, Index=0~9
텍스트박스	이름=txtJungDap, Index=0~9, Text= 이름=txtAnsDap, Index=0~9, Text= 이름=txtOx, Index=0~9, Text= 이름=txtO_cnt, txtX_cnt, txtTotal, Text=
명령버튼1~4	이름=cmdJungDap_Check, cmdCheajum, cmdClear, cmdEnd Caption=정답확인, 채점, 초기화, 종료

3 코드 작성

Coding

```
Option Explicit
' 객관식 답안지(O / X)
Private Const conEndFor    As Integer = 9    ' 문항 수
Private Const conJum       As Integer = 10   ' 문항당 점수


Private Sub Form_Load( )

  Dim i              As Integer

  For i = 0 To conEndFor
    txtJungDap(i).MaxLength = 1             ' 정답: 1자리 입력
  Next i

End Sub
```

```
Private Sub cmdJungDap_Check_Click( )

    Dim i                As Integer

    For i = 0 To conEndFor

       Select Case txtJungDap(i).Text
          Case "1" To "4"
          Case Else
              MsgBox "정답에 오류가 있습니다 !", , "정답입력 오류"
              Exit Sub
       End Select

    Next i
    MsgBox "답 입력한 후 채점하시오 !", , "답 입력"

End Sub

Private Sub cmdCheajum_Click( )

    Dim O_cnt, X_cnt        As Integer

    Call Accept_Data
    Call Processing_Data(O_cnt, X_cnt)
    Call Result_Display(O_cnt, X_cnt)

End Sub

Private Sub Accept_Data( )

    Dim i                As Integer

    For i = 0 To conEndFor

       If optDap0(i).Value = True Then
          txtAnsDap(i).Text = "1"
       ElseIf optDap1(i).Value = True Then
              txtAnsDap(i).Text = "2"
```

```
            ElseIf optDap2(i).Value = True Then
                 txtAnsDap(i).Text = "3"
               ElseIf optDap3(i).Value = True Then
                    txtAnsDap(i).Text = "4"
                Else
                     txtAnsDap(i).Text = "0"
        End If


    Next i


End Sub


Private Sub Processing_Data(O_cnt, X_cnt)

    Dim i                As Integer

    O_cnt = 0
    X_cnt = 0

    For i = 0 To conEndFor

        If txtJungDap(i).Text = txtAnsDap(i).Text Then
          txtOx(i).Text = "O"
           O_cnt = O_cnt + 1
        Else
          txtOx(i).Text = "X"
           X_cnt = X_cnt + 1
        End If


    Next i


End Sub


Private Sub Result_Display(O_cnt, X_cnt)

    Dim iJumsu            As Integer

    txtO_cnt.Text = Format(O_cnt, "00")
```

```
    txtX_cnt.Text = Format(X_cnt, "00")
    txtTotal.Text = Format(O_cnt * conJum, "000")


End Sub


Private Sub cmdClear_Click( )

  Dim i                As Integer

  For i = 0 To conEndFor
     txtAnsDap(i).Text = ""
     txtOx(i).Text = ""
     optDap0(i).Value = False
     optDap1(i).Value = False
     optDap2(i).Value = False
     optDap3(i).Value = False
  Next i
  txtO_cnt.Text = ""
  txtX_cnt.Text = ""
  txtTotal.Text = ""
  MsgBox "새로운 답 입력한 후 채점하시오 !", , "답 입력"


End Sub


Private Sub cmdEnd_Click( )
   End
End Sub
```

5.2.6 2차원 배열 실습

> **예제** 2개의 행렬에 정수 값을 입력받아 행렬의 덧셈 결과를 구하는 프로그램을 작성하시오.

1 인터페이스 설계

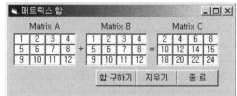

2 객체와 속성 정의

객체	속성 값
폼	이름=AddMatrix_form, Caption=매트릭스 합
레이블	Caption=Matrix A, Matrix B, Matrix C
텍스트박스	이름=txtMatA, Index=0~11, Text= 이름=txtMatB, Index=0~11, Text= 이름=txtMatC, Index=0~11, Text=
명령버튼1~3	이름=cmdAdd, cmdClear, cmdEnd Caption=합 구하기, 지우기, 종료

3 코드 작성

Coding

```
Option Explicit
'매트릭스 합
Private iMatA(1 To 3, 1 To 4)    As Integer
Private iMatB(1 To 3, 1 To 4)    As Integer
Private iMatC(1 To 3, 1 To 4)    As Integer
```

```
Private Sub cmdAdd_Click( )
    Call Input_Matrix
    Call Add_Matrix
    Call Result_Display

End Sub

Private Sub Input_Matrix( )

    Dim i, j, k                 As Integer

    k = 0
    For i = 1 To 3

        For j = 1 To 4
            iMatA(i, j) = Val(txtMatA(k).Text)
            iMatB(i, j) = Val(txtMatB(k).Text)
            k = k + 1
        Next j

    Next i

End Sub

Private Sub Add_Matrix( )

    Dim i, j                    As Integer

    For i = 1 To 3

        For j = 1 To 4
            iMatC(i, j) = iMatA(i, j) + iMatB(i, j)
        Next j

    Next i

End Sub
```

```
Private Sub Result_Display( )
    Dim i, j, k                As Integer

    k = 0
    For i = 1 To 3

        For j = 1 To 4
            txtMatC(k).Text = iMatC(i, j)
            k = k + 1
        Next j

    Next i

End Sub

Private Sub cmdClear_Click( )

    Dim i                      As Integer

    For i = 0 To 11
        txtMatA(i).Text = ""
        txtMatB(i).Text = ""
        txtMatC(i).Text = ""
    Next i
    txtMatA(0).SetFocus

End Sub

Private Sub cmdEnd_Click( )
    End
End Sub
```

예제 성별과 나이를 입력받아 성별 연령별 통계 처리하는 프로그램을 작성하시오.

1 인터페이스 설계

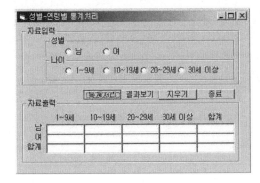 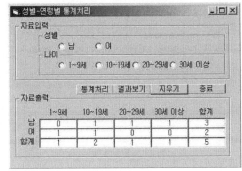

2 객체와 속성 정의

객체	속성 값
폼	이름=Statistics_form, Caption=성별-연령별 통계처리
프레임	Caption=자료입력, 성별, 나이, 자료출력
레이블	Caption=1~9세, ~ , 합계, Index=0~4 Caption=남, 여, 합계, Index=0~2
옵션버튼	이름=optSex, Caption=남, 여, Index=0~1 이름=optAge, Caption=1~9세, ~, 30세이상, Index=0~3
텍스트박스	이름=txtResult, Index=0~14, Text=
명령버튼1~4	이름=cmdArrayAdd, cmdArrayCalcDisplay, cmdClear, cmd End Caption=통계처리, 결과보기, 지우기, 종료

3 코드 작성

Coding

```
Option Explicit
'성별-연령별 통계처리
Private iSex, iAge, iMat(1 To 3, 1 To 5)  As Integer
```

```vb
Private Sub Form_Load( )

    Call Data_Input_Clear
    Call Array_Clear                    ' Erase iMat

End Sub

Private Sub Data_Input_Clear( )

    Dim i                       As Integer

    For i = 0 To 1
        optSex(i).Value = False
    Next i

    For i = 0 To 3
        optAge(i).Value = False
    Next i

End Sub

Private Sub Array_Clear( )           ' Erase iMat

    Dim i, j                    As Integer

    For i = 1 To 3

        For j = 1 To 5
            iMat(i, j) = 0
        Next j

    Next i

End Sub

Private Sub cmdArrayAdd_Click( )     '통계처리

    Call Data_Check
```

```
   If iSex = 0 Then
      MsgBox "성별을 입력하시오 !", vbInformation, "성별 확인"
      Exit Sub
   End If


   If iAge = 0 Then
      MsgBox "나이를 입력하시오 !", vbInformation, "나이 확인"
      Exit Sub
   End If


   iMat(iSex, iAge) = iMat(iSex, iAge) + 1
   Call Data_Input_Clear

End Sub

Private Sub Data_Check( )

   If optSex(0).Value = True Then
      iSex = 1
   ElseIf optSex(1).Value = True Then
        iSex = 2
      Else
         iSex = 0
   End If


   If optAge(0).Value = True Then
      iAge = 1
   ElseIf optAge(1).Value = True Then
        iAge = 2
      ElseIf optAge(2).Value = True Then
           iAge = 3
         ElseIf optAge(3).Value = True Then
              iAge = 4
            Else
               iAge = 0
   End If

End Sub
```

```vb
Private Sub cmdArrayCalcDisplay_Click( )    '결과보기

    Call Array_Calc
    Call Result_Display

End Sub

Private Sub Array_Calc( )

    Dim i, j                        As Integer

    For i = 1 To 2

        For j = 1 To 4
            iMat(i, 5) = iMat(i, 5) + iMat(i, j)
            iMat(3, j) = iMat(3, j) + iMat(i, j)
            iMat(3, 5) = iMat(3, 5) + iMat(i, j)
        Next j

    Next i

End Sub

Private Sub Result_Display( )

    Dim i, j, k                     As Integer

    k = 0
    For i = 1 To 3

        For j = 1 To 5
            txtResult(k).Text = iMat(i, j)
            k = k + 1
        Next j

    Next i

End Sub
```

```vb
Private Sub cmdClear_Click( )

    Dim i                          As Integer

    Call Data_Input_Clear
    Call Data_Output_Clear
    Call Array_Clear               ' Erase iMat

End Sub

Private Sub Data_Output_Clear( )

    Dim i                          As Integer

    For i = 0 To 14
        txtResult(i).Text = ""
    Next i

End Sub

Private Sub cmdEnd_Click( )
    End
End Sub
```

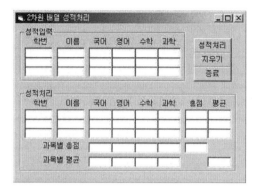

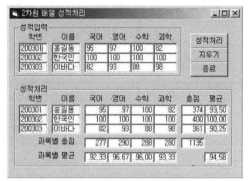

예제 2차원 배열을 이용한 성적처리 프로그램을 작성하시오.

1 인터페이스 설계

2 객체와 속성 정의

객체	속성 값
폼	이름=Arr2_Sungjuk_form, Caption=2차원 배열 성적처리
프레임	Caption=성적입력, 성적처리
레이블	Caption=학번, ~ , 과학, Index=0~5 Caption=학번, ~ , 평균, Index=0~7 Caption=과목별 총점, 과목별 평균
텍스트박스	이름=txtInNum, Index=0~2, Text= 이름=txtInName, Index=0~2, Text= 이름=txtInJum, Index=0~11, Text= 이름=txtOutNum, Index=0~2, Text= 이름=txtOutName, Index=0~2, Text= 이름=txtOutJum, Index=0~19, Text= 이름=txtV_Ave, Index=0~2, Text= 이름=txtH_Ave, Index=0~3, Text= 이름=txtVH_Ave, Text=
명령버튼1~3	이름=cmdSungjuk, cmdClear, cmdEnd Caption=성적처리, 지우기, 종료

3 코드 작성

```
Option Explicit
'2차원 배열 성적처리
Private Const conStdSu          As Integer = 3   '학생 수
Private Const conKwaSu          As Integer = 4   '교과목 수


Private Sub cmdSungjuk_Click( )

  Dim iJum(3, 4)               As Integer
  Dim sV_Ave(2), sH_Ave(3)     As Single
  Dim sVH_Ave                  As Single

  Call Array_Clear(iJum)
  Call Input_Sungjuk(iJum)
  Call Process_Sungjuk(iJum, sV_Ave, sH_Ave, sVH_Ave)
  Call Output_Sungjuk(iJum, sV_Ave, sH_Ave, sVH_Ave)

End Sub

Private Sub Array_Clear(iJum)

  Dim i, j                 As Integer

  For i = 0 To 3

    For j = 0 To 4
       iJum(i, j) = 0
    Next j

  Next i

End Sub

Private Sub Input_Sungjuk(iJum)

  Dim i, j, k              As Integer
```

```vb
        k = 0
    For i = 0 To 2

        For j = 0 To 3
            iJum(i, j) = Val(txtInJum(k).Text)
            k = k + 1
        Next j

    Next i

End Sub

Private Sub Process_Sungjuk(iJum, sV_Ave, sH_Ave, sVH_Ave)

    Dim i, j                As Integer

    For i = 0 To 2

        For j = 0 To 3
            iJum(i, 4) = iJum(i, 4) + iJum(i, j)
            iJum(3, j) = iJum(3, j) + iJum(i, j)
            iJum(3, 4) = iJum(3, 4) + iJum(i, j)
        Next j

    Next i

    For i = 0 To 2
        sV_Ave(i) = iJum(i, 4) / conKwaSu
    Next i

    For j = 0 To 3
        sH_Ave(j) = iJum(3, j) / conStdsu
    Next j

    sVH_Ave = iJum(3, 4) / (conKwaSu * conStdsu)

End Sub
```

```
Private Sub Output_Sungjuk(iJum, sV_Ave, sH_Ave, sVH_Ave)

    Dim i, j, k             As Integer

    For i = 0 To 2
        txtOutNum(i).Text = txtInNum(i).Text
        txtOutName(i).Text = txtInName(i).Text
    Next i

    k = 0
    For i = 0 To 3

        For j = 0 To 4
            txtOutJum(k).Text = iJum(i, j)
            k = k + 1
        Next j

    Next i

    For i = 0 To 2
        txtV_Ave(i).Text = Format(sV_Ave(i), "##0.00")
    Next i

    For j = 0 To 3
        txtH_Ave(j).Text = Format(sH_Ave(j), "##0.00")
    Next j

    txtVH_Ave.Text = Format(sVH_Ave, "##0.00")

End Sub

Private Sub cmdClear_Click( )

    Dim i               As Integer

    For i = 0 To 2
        txtInNum(i).Text = ""
        txtInName(i).Text = ""
```

```
            txtOutNum(i).Text = ""
            txtOutName(i).Text = ""
        Next i

        For i = 0 To 11
            txtInJum(i).Text = ""
        Next i

        For i = 0 To 19
            txtOutJum(i).Text = ""
        Next i

        For i = 0 To 2
            txtV_Ave(i).Text = ""
        Next i

        For i = 0 To 3
            txtH_Ave(i).Text = ""
        Next i

        txtVH_Ave.Text = ""
        txtInNum(0).SetFocus

End Sub

Private Sub cmdEnd_Click( )
    End
End Sub
```

한번 프로그램 선언부에서 배열을 선언하면 배열의 크기가 고정되는 배열을 정적배열 (Static Array)이라 한다. 만일 배열의 크기를 정확히 정의할 수 없을 경우, 최대 크기로 선언하게 되면 메모리 낭비를 가져오게 되고, 너무 작게 선언하게 되면 자료를 기억하기 어렵게 된다. 따라서 배열의 크기를 정확히 정할 수 없을 경우나 프로그램 실행 도중 배열의 크기를 변경하고자 할 때, 배열의 크기를 동적으로 늘렸다 줄였다 할 수 있는 동적배열 (Dynamic Array)을 정의하여 사용하면 편리하다.

동적배열 사용 방법은 배열 선언시 배열의 크기를 정의하지 않고 선언한 후 프로그램 실행 도중에 배열 구성 요소의 개수를 증가 또는 감소시킨다. 이때 배열의 개수를 증가 또는 감소를 위해 ReDim 문을 이용한다. ReDim 문은 프로그램 선언부가 아닌 프로시저 내에서만 사용 가능하다. 그리고 동적 배열의 크기를 임의로 조정하면서 기존 자료를 그대로 보존하려면 ReDim Preserve 라는 예약어를 사용하면 된다.

5.3.1 동적배열 선언

동적 배열은 배열의 크기를 정의하지 않고 선언한 후 프로그램 실행 도중에 원하는 크기 만큼 배열의 크기 늘리거나 줄여서 정의하고 사용한다. 이때 ReDim 문을 이용한다. 동적 배열의 선언과 정의는 다음과 같다.

[Dim|Static||Private|Public] 배열이름( ) **As** 자료형

---

① 배열의 첨자 부분을 빈 공간으로 정의한다.

② ReDim 문을 사용하여 실제 배열의 크기를 정의한다.

    예 동적배열 선언

```
Private sub Cal_val( )

    Dim DynArray( )    As  Integer
        :
        :
```

```
      ReDim DynArray(10)
         :

End Sub
```

5.3.2 동적배열 내용 보존

ReDim 문을 사용하여 배열을 다시 선언하면 현재 배열에 기억된 값은 모두 사라진다. 비주얼베이직에서 가변형으로 선언된 동적 배열은 Empty로, 문자열형으로 선언된 동적 배열은 길이가 0인 문자열을 그리고 숫자형으로 선언된 동적 배열이면 숫자 0으로 초기화된다. 따라서 배열의 크기를 변경하면서 기존의 자료를 그대로 유지하려면 ReDim Preserve 예약어를 사용하면 가능하게 된다.

예 동적배열 기존자료 보존

```
Private sub Cal_val( )

    Dim DynArray( )     As  Integer
       :
    ReDim DynArray(10)
       :
    ReDim Preserve DynArray(8)      ' 전에 저장된 값 보존
       :
End Sub
```

예제 가로, 세로, 대각선의 합이 모두 같도록 요술사각형(마방진) 만들기 프로그램을 작성하시오.

1 인터페이스 설계

2 객체와 속성 정의

객체	속성 값
폼	이름=MagicSquare_form, Caption=요술사각형 만들기
레이블1, 2	Caption=원하는 행/열을 입력하시오(단, 홀수(3~9))
텍스트박스	이름=txtRowCol, Text= 이름=txtMag, Index=0~80, Text=
명령버튼1~3	이름=cmdMakeSquare, Caption=요술상자 만들기 이름=cmdClear, Caption=지우기 이름=cmdEnd, Caption=종료

3 코드 작성

Coding

```
Option Explicit
'요술사각형 만들기(동적배열)
Private n                As Integer   '요술사각형 크기
```

```
Private Sub cmdMakeSquare_Click( )

    Dim iMag( )                    As Integer  '동적배열 선언

    n = Val(txtRowCol.Text)

    If (n < 3) Or (n > 9) Or ((n Mod 2) = 0) Then
        MsgBox "원하는 행/열을 입력하시오!(단, 홀수(3~9))", , "행/열 입력"
        txtRowCol.Text = ""
        txtRowCol.SetFocus
        Exit Sub
    End If

    ReDim iMag(1 To n, 1 To n)              '동적배열 정의

    Call Make_Magic(iMag)
    Call Display_Magic(iMag)

End Sub

Private Sub Make_Magic(iMag)

    Dim i, j, iConflict_Cnt        As Integer
    Dim iSu, iLastSu, iConflictSu  As Integer

    i = 1
    j = (n + 1) \ 2

    iMag(i, j) = 1

    iLastSu = n ^ 2
    iConflict_Cnt = 1
    iConflictSu = iConflict_Cnt * n + 1

    For iSu = 2 To iLastSu

        i = i - 1
        j = j - 1
```

```
        If iSu = iConflictSu Then
            i = i + 2
            j = j + 1
            iConflict_Cnt = iConflict_Cnt + 1
            iConflictSu = iConflict_Cnt * n + 1
        End If


        If i = 0 Then
            i = i + n
        End If


        If j = 0 Then
            j = j + n
        End If


        iMag(i, j) = iSu


    Next iSu


End Sub


Private Sub Display_Magic(iMag)

    Dim i, j, k                As Integer

    k = 0
    For i = 1 To n

        For j = 1 To n
            txtMag(k).Text = iMag(i, j)
            k = k + 1
            If ((k Mod 9) >= n) Then
                k = i * 9
            End If

        Next j

    Next i
```

```
    End Sub

    Private Sub cmdClear_click( )

        Dim i                        As Integer

        For i = 0 To 80
            txtMag(i).Text = ""
        Next i

        txtRowCol.Text = ""
        txtRowCol.SetFocus

    End Sub

    Private Sub cmdEnd_Click( )
        End
    End Sub
```

Chapter 06 | 프로시저

6.1 프로시저 개요

6.2 서브 프로시저

6.3 이벤트 프로시저

6.4 함수 프로시저

6.5 매개변수

6.6 내장 함수

6.7 프로시저 사용 관련 팁

같은 작업을 여러 번 반복해야 하는 경우 함수와 프로시저를 잘 이용하면 보다 효율적인 작업을 할 수 있다. 비주얼베이직에서는 모듈화된 프로그래밍을 위해 함수와 프로시저를 지원한다.

프로그램을 작성하다보면, 동일한 처리를 프로그램의 여러 부분에서 반복해서 코딩하거나 또는 유사한 기능을 반복하여 코딩하는 경우가 있다. 이러한 경우 불필요하게 프로그램의 길이가 길어지고 복잡해져, 차 후 프로그램의 유지 보수가 어렵게 된다. 이런 문제점은 프로시저를 사용하면 쉽게 해결할 수 있다. 프로시저를 사용하는 프로그램은 여러 번 반복되는 동일한 처리를 하나의 프로시저로 정의하여 두고, 반복 또는 동일한 부분에서 프로시저를 호출(procedure call)하여 실행시키는 프로그래밍 기법이다.

아무리 크고 복잡한 문제라도 작은 단위로 세분화하여 분해하면 보다 쉽고 간결하게 해결할 수가 있다. 컴퓨터 프로그램을 작성하는데 있어서도 해결해야 될 문제를 기능에 따라 여러 개의 작은 단위로 분해하면 프로그램 작성이 보다 간결하고 관리하기 쉽게 된다.

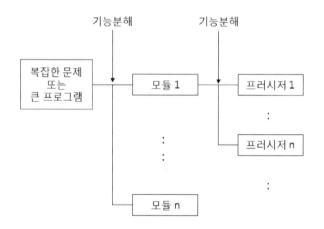

예를 들어 1권의 책을 집필하려고 한다면, 먼저 책의 전체적인 주제와 내용을 생각하게 된다. 다음으로 주제에 맞는 내용을 어떻게 전개할 것인가에 따라 장으로 구분하고 순서화한다. 그리고 난 후 각 장안에 절을 만들고 구체적인 책을 집필하게 된다.

비주얼베이직 프로그램도 한 권의 책을 쓰는 과정으로 이해한다면 누구나 쉽게 프로그램을 작성할 수 있고 유능한 프로그래머가 될 수 있을 것이다.

보통 하나의 큰 프로그램을 한 개 이상의 논리적 기능 단위로 나눌 수 있는데, 그 각각을 모듈(module)이라 한다. 모듈을 더 작은 논리적 기능 단위로 분해한 것을 프로시저

(procedure)라 한다. 특히 비주얼베이직에서 사용할 수 있는 모듈에는 폼 모듈, 표준모듈 그리고 클래스 모듈이 있다.

또한 비주얼베이직에서 사용되는 프로시저는 크게 세 가지인 서브(Sub) 프로시저, 함수 (Function) 프로시저 그리고 프러퍼티(Property) 프로시저로 구분된다. 프로시저의 유형과 특징은 다음과 같다.

프로시저 유형		특징
Sub 프로시저	일반 프로시저	값을 반환하지 않는다
	이벤트 프로시저	
Function 프로시저	내장 함수	값을 반환한다.
	사용자 정의 함수	
Property 프로시저		값을 반환하거나 지정하고, 객체에 값을 지정한다.

이 책의 가장 큰 특징은 프로시저 정의와 프로시저 호출을 이용한 구조적 프로그래밍 기법을 도입하고 있다는 것이다. 이러한 프로시저를 이용한 순차구조 형식의 프로그램은 프로그램의 논리적 구조를 단순 명료화하여 읽기 쉬운, 이해하기 쉬운, 그리고 유지보수 노력을 줄일 수 있다는 장점을 갖는다.

예 3개의 정수 중 최댓값, 중간값, 최솟값 찾기

자료입력
찾기(최댓값, 중간값, 최솟값)
결과출력

```
Private Sub cmdMaxMidMin_Click( )


    자료 입력
    최댓값-중간값- 최솟값 찾기
    결과 출력


End Sub
```

예제 3개의 정수를 입력받아 이중 최댓값, 중간값, 그리고 최솟값을 찾는 프로그램을 작성하시오.

1 인터페이스 설계

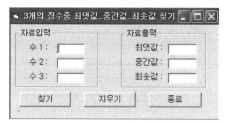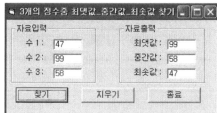

2 객체와 속성 정의

객체	속성 값
폼	이름=Findmax_form Caption=3개의 정수중 최댓값_중간값_ 최솟값 찾기
프레임	Caption=자료입력, 자료출력
레이블	Caption=수 1:, 수 2:, 수 3:, 최댓값 :, 중간값 :, 최솟값 :
텍스트박스	이름=txtSu1, txtSu2, txtSu3, txtMax, txtMid, txtMin Text=
명령버튼1~3	이름=cmdMaxMidMin, cmdClear, cmdEnd Caption=찾기, 지우기, 종료

3 코드 작성

Coding

```
Option Explicit
' 3개의 정수중 최댓값_중간값_최솟값 찾기
Private iSu1, iSu2, iSu3, iMax, iMid, iMin   As Integer

Private Sub cmdMaxMidMin_Click( )

    Call Convert_InputData
    Call Find_Max_Mid_Min
    Call Display_Max_Mid_Min
```

```vb
End Sub

Private Sub Convert_InputData( )

   iSu1 = Val(txtSu1.Text)
   iSu2 = Val(txtSu2.Text)
   iSu3 = Val(txtSu3.Text)

End Sub

Private Sub Find_Max_Mid_Min( )

   If iSu1 >= iSu2 Then
      If iSu1 >= iSu3 Then
         iMax = iSu1
         If iSu2 >= iSu3 Then
            iMid = iSu2
            iMin = iSu3
         Else
            iMid = iSu3
            iMin = iSu2
         End If
      Else
         iMax = iSu3
         iMid = iSu1          '          If iSu1 >= iSu2 Then
         iMin = iSu2          '             iMid = iSu1
                              '             iMin = iSu2
                              '          Else
                              '             iMid = iSu2
                              '             iMin = iSu1
                              '          End If
      End If
   Else
      If iSu2 >= iSu3 Then
         iMax = iSu2
         If iSu1 >= iSu3 Then
            iMid = iSu1
            iMin = iSu3
         Else
```

```
            iMid = iSu3
            iMin = iSu1
        End If
    Else
        iMax = iSu3
        iMid = iSu2      '        If iSu1 >= iSu2 Then
        iMin = iSu1      '            iMid = iSu1
                         '            iMin = iSu2
                         '        Else
                         '            iMid = iSu2
                         '            iMin = iSu1
                         '        End If
    End If
  End If

End Sub

Private Sub Display_Max_Mid_Min( )

  txtMax.Text = iMax
  txtMid.Text = iMid
  txtMin.Text = iMin

End Sub

Private Sub cmdClear_Click( )

  txtSu1.Text = ""
  txtSu2.Text = ""
  txtSu3.Text = ""
  txtMax.Text = ""
  txtMid.Text = ""
  txtMin.Text = ""
  txtSu1.SetFocus
End Sub

Private Sub cmdEnd_Click( )
  End
End Sub
```

비주얼베이직에서는 서브 프로시저를 크게 2가지인 일반 프로시저(General Procedure)와 이벤트 프로시저(Event Procedure)로 구분한다.

이벤트 프로시저는 일반 프로시저의 일종이나 마우스 버튼 클릭이나 키보드 조작과 같은 이벤트가 발생했을 때만 호출되어 실행되는 프로시저를 말한다.

일반 프로시저(이하 서브 프로시저로 기술)는 특정 단위 작업을 처리하기 위한 부분이나 반복되는 부분을 단위 프로시저로 만들어 놓은 후 호출이 발생했을 때만 호출되어 실행되는 프로시저를 말한다.

하나의 프로그램을 하나 이상의 모듈로 분해하고, 모듈을 다시 하나 이상의 프로시저로 분해하여 프로그램하면 순차 제어구조를 갖는 단순한 프로그램 작성이 가능하게 된다. 따라서 프로시저를 잘 이용하면 프로그램의 가독성(readability)을 높여줄 뿐만 아니라 디버깅 및 유지보수를 쉽게 할 수 있다. 또한 재사용(reuse)도 가능하다. 서브 프로시저는 표준 모듈, 클래스 모듈, 폼 모듈 등에 배치할 수 있다.

1 서브 프로시저 정의

서브 프로시저 정의 형식은 다음과 같다.

```
[Private |Public | Static] Sub  프로시저 이름 ([매개변수리스트])
   statements-1
      :
     [Exit Sub]
      :
   statements-n
End Sub
```

프로시저가 호출되면 Sub와 End Sub 사이의 문장들이 실행된다. 프로시저 이름은 프로시저의 기능을 함축적으로 나타내는 알기 쉬운 이름을 쓰면 된다. 서브 프로시저도 변수와 마찬가지로 적용되는 범위에 따라 공용(Public), 모듈(Private), 그리고 정적(Static) 프로시저로 구분된다.

㉠ Public : 모든 모듈에서 사용 가능한 프로시저
㉡ Private : 해당 모듈 내에서만 사용하는 프로시저
㉢ Static : 정적 프로시저

프로시저 정의 앞에 Private/Public/Static 예약어가 생략 될 경우에는 전역인 Public으로 간주한다. 그리고 프로시저의 매개변수 리스트는 호출 프로시저에서 전달 되는 값으로 변수 선언과 유사하다.

2 서브 프로시저 호출

서브 프로시저 호출에 따른 프로시저는 호출 프로시저(calling procedure)와 호출되 어지는 프로시저(called procedure)로 구분한다.

서브 프로시저를 호출하는 방식 중 하나는 Call 예약어 다음에 프로시저 이름을 적어 주는 방법과 또 다른 하나는 프로시저 이름만 사용하는 방법이 있다. 특히 Call 문을 사용하여 매개변수를 표시 할 때는 괄호 안에 기술하여야 하지만, Call 문을 생략할 경우에는 괄호도 생략 가능하다.

호출되어지는 프로시저를 빠져 나오려면 프로시저 내에 'Exit Sub' 문 또는 마지막 End Sub 문을 실행한 후 호출 프로시저로 실행 제어를 넘긴다.

서브 프로시저는 식(expression)에서 그 이름을 사용하여 호출될 수 없다는 점이 함수 프로시저와 다르다. 서브 프로시저는 함수처럼 값을 반환할 수는 없지만 함수 프로시저와 마찬가지로 전달되는 매개변수의 값을 수정할 수 있다.

```
            :
    [ Call ]   프로시저이름 [ (매개변수리스트) ]
            :
```

예 서브 프로시저의 호출 방법

```
Call  ExProcedure( para1, para2 )      ' Call 문 사용할 경우
Call  ExProcedure
ExProcedure  para1, para2              ' Call 문 사용안할 경우
ExProcedure
```

3 실행제어

호출 프로시저에서 호출이 발생하면 해당 호출되어지는 프로시저로 실행 제어가 넘어 가 호출되어지는 프로시저가 실행된다. 그 후 호출되어지는 프로시저의 실행이 완료 되면 다시 호출 프로시저의 호출한 다음 명령문으로 실행제어가 넘어와 호출 프로시저 가 계속 실행되고 완료된다. 호출 프로시저와 호출되어지는 프로시저 사이의 실행제어 구조는 다음 그림과 같다.

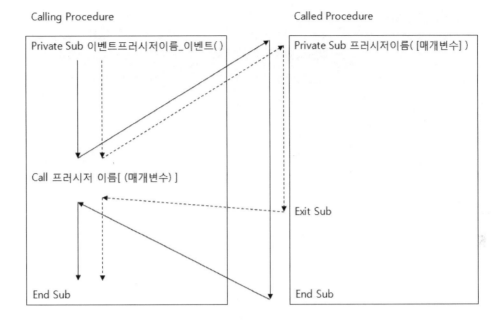

Calling Procedure	Called Procedure
Private Sub 이벤트프러시저이름_이벤트( )	Private Sub 프러시저이름([매개변수])
Call 프러시저 이름[(매개변수)]	Exit Sub
End Sub	End Sub

4 서브 프로시저 작성법

서로 다른 이벤트가 동일한 기능 수행을 필요로 하는 경우가 있다. 이때 좋은 프로그램을 작성하려면 동일한 기능을 별도의 서브 프로시저로 작성 한 후, 이것을 호출하는 이벤트 프로시저에서 공유하도록 한다. 이렇게 함으로써 코드의 중복을 없애고 응용 프로그램의 관리를 쉽게 할 수 있다. 서브 프로시저 작성은 메뉴를 이용하거나 직접 코드창에서 입력하면 된다.

ⓒ 메뉴 이용

코드창이 열린 상황에서 [도구]-[프로시저 추가] 메뉴를 클릭 한다. 그리고 프로시저 추가 대화상자에서 프로시저 이름을 입력한 후 일반 프로시저인 Sub 형식과 모든 모듈에서 사용 가능토록 Public 범위를 선택하고 확인 버튼을 클릭 한다.

 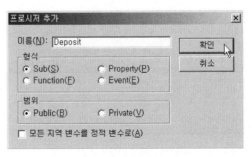

코드창에 해당 프로시저가 정의되면 프로그램을 코딩한다.

ⓛ 코드창에서 해당 서브 프로시저를 직접 코딩한다.

```
Project1 - Form1 (코드)                                      _ □ ×
Command1                      ▼    Click                        ▼
Option Explicit

Public Sub Deposit(Saving As Long, rate As Single, tax As Single)
    Dim temp As Double
    Dim total As Double
    temp = Saving * (rate / 100)
    Print "세금 전 이자 : " & temp
    temp = temp - (temp * (tax / 100))
    Print "세금 후 이자 : " & temp
    total = Saving + temp
    Print "받는 금액     : " & total
End Sub

Private Sub Command1_Click()
    Call Deposit(100000, 5, 10.5)
End Sub
```

이벤트 프로시저는 사용자나 시스템에 의해서 발생되는 이벤트(마우스나 키보드 조작 또는 프로그램이 종료된다거나 하는 이벤트)에 응답하기 위해 호출된다. 비주얼베이직에서 객체는 이벤트가 발생한 것을 인지하면 자동으로 이벤트의 이름을 사용하는 프로시저를 호출한다. 따라서 특정 객체에 대한 이벤트 프로시저를 작성한 후 컨트롤의 이름을 바꾸면 컨트롤의 새 이름과 일치되도록 프로시저 이름도 변경해 주어야 한다. 이벤트 프로시저를 작성하기 전에 컨트롤의 이름 속성을 잘 설정하는 것이 바람직하다. 이벤트 프로시저의 이름은 객체인 폼과 컨트롤 객체 이름 다음에 밑줄 그리고 이벤트 이름으로 구성된다.

```
Private Sub  객체이름_이벤트이름([매개변수리스트])
  statements-1
     :
  [Exit Sub]
     :
  statements-n
End Sub
```

이벤트 프로시저 작성하는 방법은 다음과 같다.

① 코드창의 왼쪽 콤보박스의 버튼을 클릭 하여 해당 객체를 클릭 한 후 오른쪽 콤보박스의 리스트에서 해당 객체의 이벤트를 선택한다. 그러면 이벤트 프로시저의 형태가 만들어진다.

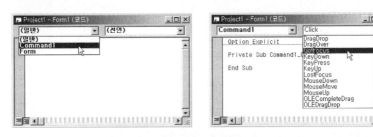

② 코드창에서 해당 이벤트 프러시저를 코딩한다.

함수 프로시저(Function Procedure)에는 Sqr( ), Chr( ) 같은 비주얼베이직에서 기본
적으로 제공하는 내장함수(library function)와 사용자가 직접 함수를 만드는 사용자 정의
함수(user-defined function)가 있다. 일반적으로 함수 프로시저는 1개 이상의 값을 매개
변수로 넘겨받아 함수 이름의 자료형 값 1개를 되돌려 준다. 이때 함수 프로시저 안에는 함
수 이름에 값을 할당하는 문장이 최소한 하나는 존재해야 한다. 서브 프로시저는 값은 되돌
려 주지 않고 단지 여러 작업을 수행하는데 그치지만 반면에 함수프로시저는 여러 작업도
수행하고 동시에 되돌림 값도 가지고 있다.

예 함수 프로시저 y = f(x)

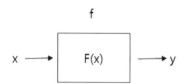

1 함수 프로시저 정의

함수 프로시저 정의 형식은 다음과 같다.

```
[Private|Public][Static] Function 프로시저이름([매개변수리스트]) [As 자료형]
    statements-1
        :
    프로시저 이름= 표현식
        :
    [Exit Function]
        :
    statements-n
End Function
```

프로시저가 호출되면 Function와 End Function 사이의 문장들이 실행된다. 프로시
저 이름은 프로시저의 기능을 함축적으로 나타내는 알기 쉬운 이름을 쓰면 된다. 함수
프로시저도 변수와 마찬가지로 적용되는 범위에 따라 공용(Public), 모듈(Private),
그리고 정적(Static) 프로시저로 구분된다.

㉠ Public : 모든 모듈에서 사용 가능한 프로시저

ⓛ Private : 해당 모듈 내에서만 사용하는 프로시저

ⓒ Static : 정적 프로시저

2 함수 프로시저 호출

함수 프로시저를 호출하는 방법은 비주얼베이직의 내장 함수를 호출하여 사용하는 방식과 동일하게 매개변수와 함께 함수 프로시저 이름으로 호출한다.

```
      :
변수 = 함수 프로시저 이름 [ ( 매개변수리스트 ) ]
      :
```

예 함수 프로시저 호출

```
iMaxSu = FindMax(iSu1, iSu2)  'FindMax 값을 iMaxSu에 할당
Print  Hap(8,9)              '함수프로시저명인 Hap에 결과 값 반환
tmp = Hap(10,5)              'tmp에 10과 5를 더한 결과를 할당
If Hap(24,10) > tmp Then     '조건식에 함수 사용
   Print  Hap(24,10)
End If
x= Abs(Hap(12,10))          '함수 내 매개변수로 함수 사용
```

3 실행제어

호출 프로시저에서 호출이 발생하면 해당 호출되어지는 프로시저로 실행 제어가 넘어가 호출되어지는 프로시저가 실행된다. 그 후 호출되어지는 프로시저의 실행이 완료되면 다시 호출 프로시저의 호출한 다음 명령문으로 실행제어가 넘어와 호출 프로시저가 계속 실행되고 완료된다.

호출되어지는 프로시저를 빠져 나오려면 프로시저 내에 Exit Function 문 또는 마지막 End Function 문을 실행한 후 호출 프로시저로 실행 제어를 넘긴다. 이때 호출 되어지는 프로시저를 벗어나기 이전에 프로시저 안에는 함수 이름에 값을 할당하는 문장이 최소한 하나는 존재해야 한다. 왜냐하면 함수 프러시저는 호출되어 실행된 후, 함수이름의 자료형 결과 값 1개를 호출 프러시저에 되돌려 주기 때문이다. 호출 프로시저와 호출되어지는 프로시저 사이의 실행제어 구조는 다음 그림과 같다.

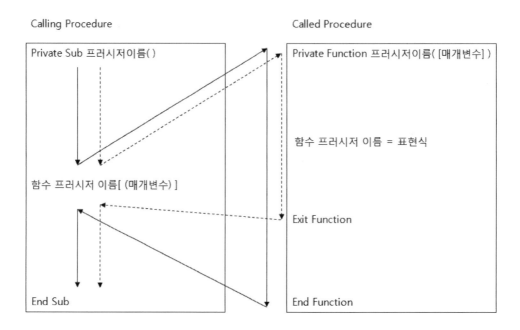

예제 3과목 점수 입력받아 등급, 총점, 평균을 구하는 프로그램을 프로시저를 이용하여 프로그램 하시오.

점수입력
등급계산
총점계산
총점계산
총점계산

Coding

```
Option Explicit
' 3과목 점수 입력_등급-총점-평균구하기(프로시저)
Private Sub cmdGrdTotAve_Click( )
```

```
    Const conCnt = 3                        ' 교과목 수
    Dim iKor, iEng, iMat, iTot          As Intege
    Dim strKorGrd, strEngGrd, strMatGrd     As String
    Dim sAve                            As Single

    Call InputData_Convert(iKor, iEng, iMat)    ' 점수입력
    Call Grade_Check(iKor, strKorGrd)           ' 등급계산
    Call Grade_Check(iEng, strEngGrd)
    Call Grade_Check(iMat, strMatGrd)
    iTot = Calc_Total(iKor, iEng, iMat)         ' 총점계산
    sAve = Calc_Average(iTot, conCnt)           ' 평균계산
    Call Display_Result(strKorGrd, strEngGrd, strMatGrd, iTot, sAve)

End Sub


Private Sub InputData_Convert(iKor, iEng, iMat)     ' 점수입력

    iKor = Val(txtKor.Text)
    iEng = Val(txtEng.Text)
    iMat = Val(txtMat.Text)

End Sub


Private Sub Grade_Check(iJumsu, strGrade)                   ' 등급계산

    If iJumsu >= 90 Then
        strGrade = "A"
    ElseIf iJumsu >= 80 Then
            strGrade = "B"
        ElseIf iJumsu >= 70 Then
                strGrade = "C"
            ElseIf iJumsu >= 60 Then
                    strGrade = "D"
                Else
                    strGrade = "F"
    End If

End Sub
```

```
Private Function Calc_Total(iKor, iEng, iMat) As Integer  ' 총점계산
    Calc_Total = iKor + iEng + iMat
End Function


Private Function Calc_Average(iTot, conCnt) As Single      ' 평균계산
    Calc_Average = iTot / conCnt
End Function


Private Sub Display_Result(strKorGrd, strEngGrd, strMatGrd, iTot, sAve)
                                                  ' 결과출력
    txtKorGrd.Text = strKorGrd
    txtEngGrd.Text = strEngGrd
    txtMatGrd.Text = strMatGrd
    txtTot.Text = iTot
    txtAve.Text = Format(sAve, "#00.00")

End Sub


Private Sub cmdClear_Click( )

    txtKor.Text = ""
    txtEng.Text = ""
    txtMat.Text = ""
    txtKorGrd.Text = ""
    txtEngGrd.Text = ""
    txtMatGrd.Text = ""
    txtTot.Text = ""
    txtAve.Text = ""
    txtKor.SetFocus


End Sub


Private Sub cmdEnd_Click( )
    End
End Sub
```

프로시저간의 정보 교환의 수단을 매개변수(Parameter) 또는 아규먼트(Argument)라 한다. 매개변수는 실인수와 가인수가 위치(정의된 순서)에 의한 1:1로 대응되어야 하며, 대응되는 매개변수의 자료형도 서로 일치해야 한다. 그러나 대응되는 매개변수의 이름은 같을 필요가 없다. 기본적으로 매개변수는 가변형이지만 다른 자료형을 사용할 수 있다.

■1 매개변수 종류

매개변수 종류에는 실 인수(actual parameter / argument)와 가 인수(dummy parameter / argument)가 있다.

㉠ 실인수

프로시저가 호출될 때 호출 프로시저에서 정의되어 호출되어 지는 프로시저로 넘겨지는 식, 상수, 변수, 배열을 말한다.

㉡ 가인수

호출되어지는 프로시저에 정의된, 호출 프로시저로부터 처리할 자료인 실인수를 받아들일 변수를 말한다.

■2 매개변수 전달 방법

매개변수 전달 방법(Parameter Passing)은 프로시저를 호출할 경우 매개변수가 전달되는 방식에 따라 값에 의한 호출(Call by Value)과 참조에 의한 호출(Call by Reference/ Call by Address)로 구분된다.

㉠ 값에 의한 호출

값에 의한 호출은 변수의 복사본이 전달되므로 호출 된 프로시저 내에서 값을 변경하더라도 변수의 복사본이 변경되므로 원래의 변수에는 영향을 미치지 않는다. 또한 ByVal 예약어를 사용한다.

예 값에 의한 호출

```
Private Sub cmdByVal_Click( )
   Call Add_su
End Sub

Private Sub Add_su( )

   Dim iSu    As Integer
```

```
        iSu = 10
        Print "호출 전 iSu ==> " & iSu
        Call add_num(iSu)
        Print "호출 후 iSu ==> " & iSu

End Sub

Private Sub add_num(ByVal iSu As Integer)

    iSu = iSu + 70
'    Print iSu

End Sub
```

ⓛ 참조에 의한 호출

참조에 의한 호출은 변수의 값을 넘기는 것이 아니라 해당 변수의 메모리 주소를 넘기는 것으로 프로시저에서 값을 변경하면 변수에 반영된다. 비주얼베이직에서는 참조에 의한 호출이 기본적으로 제공되는 매개변수 전달방법이다.

예 참조에 의한 호출

```
Private Sub cmdByRef_Click( )

    Dim iNum1        As Integer
    Dim iNum2        As Integer

    iNum1 = 10
    iNum2 = 30
    Print "호출 전 iNum1:iNum2 ==> " & iNum1, iNum2
    Call Calc_Num(iNum1, iNum2)
    Print "호출 후 iNum1:iNum2 ==> " & iNum1, iNum2

End Sub

Private Sub Calc_Num(x As Integer, y As Integer)

    x = x + 50
    y = y - 10
```

```
'    Print x, y

End Sub
```

ⓒ 선택 매개변수

매개변수는 실인수와 가인수가 위치(정의된 순서)에 의한 1:1로 대응되어야 하며, 대응되는 매개변수의 자료형도 서로 일치해야 한다. 그러나 선택 매개변수(Option Parameter)는 매개변수 중에서 사용자가 선택적으로 전달할 수 있는 매개변수를 가리킨다. 즉, 필요에 따라서 매개변수를 전달하고 싶지 않을 경우에 사용할 수 있다. 전달하고 싶지 않을 매개변수를 정의하려면 Optional 키워드와 함께 자료형은 가변형으로 지정해야 한다. 또한 선택 매개변수가 프로시저로 전달되었는지 알려주는 비주얼베이직 함수인 IsMissing( ) 함수를 사용하여 전달 여부를 확인한다. 이때 선택 매개변수가 프로시저로 전달되지 않으면 IsMissing( ) 함수는 True를 반환하고, 전달되면 False를 반환한다. 따라서 선택 매개변수의 전달 여부에 따라 다르게 명령문을 작성할 수 있다.

예 선택 매개변수

```
Private Sub  Main_Click( )        ' 호출 프로시저
    Dim  a1, a2, a3     As  Integer

    Call  Opt-Para(a1, a2)

End Sub

Private Sub Opt-Para(d1 As Integer, d2 As Integer, Optional d3 As
            Variant)     ' 호출되어 지는 프로시저

    If IsMissing(d3) Then
        d3 생략                   ' 선택 매개변수 생략(true)
    Else
        d3 전달                   ' 선택 매개변수 전달(false)
    End If

End Sub
```

6.6 내장 함수

내장함수는 프로그램 도중 빈번히 사용되는 기능들을 미리 만들어 시스템에 저장해 놓은 시스템 함수 프로시저이다. 비주얼베이직에서는 형 변환 함수, 날짜/시간 함수, 수학용 내장함수, 문자열 내장함수 등 다양한 내장함수들을 제공하고 있다.

6.6.1 형 변환 함수

형변환 함수	기능
CBool	부울(Boolean)형으로 형 변환한다
CByte	바이트(Byte)형으로 형 변환한다
CCur	통화(Currency)형으로 형 변환한다
CDate	날짜(Date)형으로 형 변환한다
CDbl	실수(Double)형으로 형 변환한다
CInt	정수(Integer)형으로 형 변환한다
CLng	정수(Long)형으로 형 변환한다
CSng	실수(Single)형으로 형 변환한다
CStr	문자열(String)형으로 형 변환한다
CVar	가변(Variant)형으로 형 변환한다

1 **Date**

현재 시스템의 날짜를 반환한다.

2 **Time**

현재 시스템의 시간을 반환한다.

3 **Now**

현재 시스템의 날짜와 시간을 반환한다.

예 Now 함수

```
Private Sub cmdNow_Click( )

    Dim dtDate    As  Date

    dtDate = Now
    MsgBox dtDate

End Sub
```

4 **Year(date)**

년도를 나타내는 정수 값을 반환한다.

5 **Month(date)**

달을 나타내는 1에서 12사이의 정수 값을 반환한다.

6 **Day(date)**

주어진 날짜 정보에서 날짜 부분을 분리하여 반환한다.

7 **Hour(date)**

주어진 시간 정보에서 시 부분을 분리하여 반환한다.

8 **Minute(date)**

주어진 시간 정보에서 분 부분을 분리하여 반환한다.

9 Second(date)

주어진 시간 정보에서 초 부분을 분리하여 반환한다.

10 WeekDay(date, [Firstdayofweek])

Firstdayofweek로 지정된 요일부터 현재 요일이 몇 번째 요일인가 계산하는 함수이다.

예 WeekDay 함수

```
Private Sub cmdWeekDay_Click( )

    Dim dtDate    As  Date

    dtDate = WeekDay(#3/15/2010#)
    MsgBox dtDate

End Sub
```

11 DateSerial(year As Integer, month As Integer, day As Integer)

입력된 년, 월, 일을 Date 형으로 변환하는 함수이다.

12 TimeSerial(hour As Integer, minute As Integer, second As Integer)

시, 분, 초가 숫자로 입력될 때 Date 형으로 변경하는 함수이다.

13 DateValue(date As String)

문자열로 표현된 자료를 Date 형으로 변환하는 함수이다.

예 DateValue 함수

```
Private Sub cmdDateValue_Click( )

    Dim dtDate    As  Date

    dtDate = DateValue("3월 15일 2010년")
    MsgBox dtDate

End Sub
```

14 TimeValue(time As String)

문자열로 되어있는 시간을 Date형으로 반환한다.

15 Format (expression[, format])

날짜와 시간 표시는 Format 함수를 이용하여 여러 가지 형태로 표현할 수 있다.
Format 함수 안의 첫 번째 인수는 Date형으로 표현된 것이면 되고 [,format]은 생략
해도 되지만 사용자가 지정하는 형태로 날짜와 시간을 표현해야 할 때는 필요한 부분
이다.

예 Format 함수

```
Private Sub cmdFormat_Click( )

    Dim dtDate    As  Date

    dtDate = #3/15/2010 9:30:45 AM#
    MsgBox Format(dtDate, "yyyy-mm-dd hh:mm:ss a/p")


End Sub
```

format(서식지정)	기능
:	시간 구분자
/	날짜 구분자
aaa	요일을 약어로 (월~일) 등으로 표시
aaaa	요일을 (월요일~일요일) 등으로 표시
m, d, yy	달(1~12), 일(1~31), 년(1~12) 등으로 표시
mmm	달을 (Jan~Dec) 등으로 표시
mmmm	달을 (January~December) 등으로 표시
hh, mm, ss	시, 분, 초를 표시하며 한자리수 앞에는 '0'이 붙음
ddd	요일을 (Sun~Sat) 등으로 표시
AM/PM	시간에 따라 AM 또는 PM 표기됨
a/p	시간에 따라 a 또는 p로 표기됨

6.6.3 수학용 내장함수

함수	기능
Abs(number)	수치 값의 절대 값을 반환한다.
Int(number)	정수 부분만을 반환하다. 특히 음수인 경우 주어진 수보다 작거나 같은 최초의 음의 정수를 반환한다. 예) Int(-5.45) = -6
Fix(number)	소숫점 이하 생략하고 정수 부분만을 반환한다. 특히 음수인 경우 주어진 수보다 크거나 같은 최초의 음의 정수를 반환한다. 예) Fix(-5.45) = -5
Sgn(number)	주어진 수의 부호를 검사하여 그 결과를 반환한다. 예) 양수: 1, 0: 0, 음수: -1)
Sqr(number)	숫자의 제곱근 값을 지정하는 Double을 반환
Exp(number)	e의 거듭제곱을 지정하는 Double을 반환한다.
Log(number)	특정한 수의 자연 로그 값을 반환하는데 주어진 수는 양수여야 한다.
Val(number)	문자열 인수를 받아 그 문자열에서 숫자 문자를 골라내어 수로 반환한다.
Sin(number)	주어진 수식의 각의 사인 값을 구하는 함수이다.
Cos(number)	특정한 각의 코사인 값을 지정하는 Double을 반환한다.
Tan(number)	각도의 탄젠트값을 지정하는 Double을 반환한다
Atn(number)	특정한 수의 아크탄젠트 값을 지정하는 Double을 반환한다
Rnd(number)	0과 1사이의 실수를 난수(Random Number)로 발생 시킨다.

1 Asc(char)

인수로 주어진 문자의 아스키(ASCII) 코드 값을 반환한다.

예 `iNum = Asc("B")` \`66을 반환한다.

2 Chr(num|exp)

Asc( ) 함수와 반대되는 기능을 갖는다. 즉, 아스키(ASCII) 코드 값을 해당하는 문자로 변환하는 함수이다.

예 `sCode = Chr(66)` \`B를 반환한다.

3 Chr$(num | exp)

숫자나 수식의 코드 값을 문자열로 변환하는 함수이다.

4 Len(string)

변수를 저장하기 위해 필요한 문자열의 길이를 반환한다. 한글의 경우도 글자 수 그대로 반환한다. 그러나 문자열의 바이트 수를 알고 싶다면 Len( ) 함수를 사용한다.

5 Left(string, length)

문자열의 왼쪽에서부터 지정된 숫자만큼의 문자를 반환한다.

다음 결과를 실행시키면 'Ch'를 표시 해준다.

예 Left 함수

```
Private Sub cmdLeft_Click( )

    Dim strName   As String

    strName = "Chonnam"
    MsgBox Left(strName, 2)

End Sub
```

6 Right(string, length)

문자열의 오른쪽에서부터 지정된 숫자만큼의 문자를 반환한다.

7 Mid(string, start[,length])

문자열에서 지정된 수만큼의 문자들을 반환한다.

다음결과에선 'on'을 반환한다.

예 Mid 함수

```
Private Sub cmdMid_Click( )

    Dim  strName    As  String

    strName = "Chonnam"
    MsgBox Mid(strName, 3, 2)

End Sub
```

8 Space(number)

지정된 개수만큼의 공백으로 구성된 문자열을 반환한다.

9 String(number,character)

지정된 길이의 반복되는 문자열을 반환한다.

예 String 함수

```
Private Sub cmdString_Click( )
    MsgBox String(3, "K")
End Sub
```

10 Trim(string)

왼쪽과 오른쪽 공백 없이 문자열의 사본을 반환한다.

11 Ltrim(string)

왼쪽 공백 없이 문자열의 사본을 반환한다.

12 Rtrim(string)

오른쪽 공백 없이 문자열의 사본을 반환한다.

13 Ucase(string)

지정 문자열을 대문자로 변환하여 반환한다.

14 Lcase(string)

지정 문자열을 소문자로 변환하여 반환한다.

15 StrComp(String1, String2, [Compare])

두 개의 문자열을 비교하여 그 결과를 반환한다. 두 문자열이 서로 같으면('=') 반환 결과는 '0'이고, 작으면('〈') '-1'이며, 크면('〉') '1'이다.

16 Format(expression[, format])

출력 시 출력되는 결과가 어떤 특정한 범위나 형식 안에서 제한되도록 제어하기를 원하는 경우에 사용한다. 예를 들어 Format(1/3, "#.##") 은 소수점 이하 두 자리까지만 나타내라는 의미로 결과는 0.33 이 된다. 출력 형태를 지정하는 것에는 다음과 같은 것들이 있다.

format(형식지정)	기능
0	0 혹은 어떤 수를 의미한다.
#	숫자를 의미한다. 값이 없을 경우 공백 출력
%	백분율을 의미한다.
.	소수점을 의미한다.
,	세자리 수 표시를 의미한다.
@	하나의 문자를 의미한다.
&	문자열을 의미한다.
〈	소문자로 만들어 출력한다.
〉	대문자로 만들어 출력한다.

17 Val(String)

문자열을 숫자로 반환하여 준다.

18 Str(Number)

숫자를 문자열로 반환하여 준다.

6.6.5 기타 함수

1 Timer( )

Timer 함수는 그 날의 자정 이후로 경과한 시간을 백분의 일초 단위로 반환한다.

2 Pset( )

폼에 점을 표시(Point Set)한다. step 예약어 사용은 최근에 접근한 좌표와의 상대 좌표를 사용한다는 의미이다.

```
Pset [step] (x좌표, y좌표) , [색]
```

3 Line( )

직선을 그리는 함수이다. B옵션은 직사각형을 그린다는 의미이고, BF 옵션은 지정된 직사각형의 영역을 지정된 색으로 채운다는 의미이다.

```
Line [step] (x좌표, y좌표) - [step] (x좌표, y좌표), [색], [B|BF]
```

4 Circle 함수

원, 타원, 호를 그리는 함수이다. 좌표는 원의 중심점을 의미하며 비율은 가로/세로 비율을 의미한다.

```
Circle [step](x좌표, y좌표),반지름,[색],[시작 각위치],[끝 각위치],[비율]
```

예 Pset, Line, Circle 함수

```
Private Sub Form_Click( )

    Pset (800, 700)
    Line (1000, 1200)-(800, 2000)
    Circle (800, 700), 700

End Sub
```

프로시저중 사용 범위가 공용(Public)으로 선언된 프로시저는 프로그램 상의 어떤 위치에 있든지 간에 호출해서 사용할 수 있다. 공용 프로시저 이름은 유일하게 정의하는 것이 좋다. 그러나 같은 공용 프로시저 이름이 여러 곳에 있다면 어느 공용 프로시저를 호출하는가를 명확히 해야 된다. 따라서 공용 프로시저 호출 방식은 프로시저가 폼, 클래스, 표준 모듈이냐에 따라 다르다.

1 폼 모듈에 있는 프로시저 호출

현재 사용 중인 폼이 아닌 다른 폼에 있는 공용 프로시저를 호출하려면 그 폼의 이름을 지정하여 사용한다.

예 **Call   OtherForm.ComProcedure**(매개변수)

다른 폼의 이름이 OtherForm 이고 그 폼 상에 있는 공용 프로시저 이름이 ComProcedure 라는 의미이다.

2 클래스 모듈에 있는 프로시저 호출

클래스 모듈에 있는 공용 프로시저를 호출하려면 클래스 내의 객체에 포함된 프로시저를 호출한다.

특히 클래스 모듈에 있는 프로시저를 메소드라고 부른다. 클래스를 통해서 객체가 만들어지고 객체는 자신만의 자료와 행동을 가진다. 즉 메소드도 일종의 공용 프로시저로서 다른 프로시저에 의해 호출되는 것과 같다.

예를 들어 Class1이라는 클래스에 MyClass라는 객체가 있고 그 객체에 AnyProcedure 인 공용 프로시저가 있다면 다음과 같이 클래스 모듈에 있는 프로시저를 호출할 수 있다.

예 Dim MyClass As Class1
   MyClass.AnyProcedure

3 표준 모듈에 있는 프로시저 호출

프로시저 이름이 유일하면 프로시저 호출시 프로시저 이름만 명기되면 된다. 그러나 같은 이름을 가진 프로시저가 다른 모듈에 여러 개 존재할 경우 모듈이름을 프로시저 이름 앞에 명시 해 주어야 한다.

예 Module3.MyProcedure (매개변수)

4 이미 만들어진 프로시저 찾기

여러 프로그램을 작성하다 보면 이미 제작된 프로시저가 어디에 있는지 확인 할 필요가 있다. 다음은 이를 확인해 보는 과정이다.

① [보기]-[개체 찾아보기] 메뉴를 선택한다.

② 개체 찾아보기 대화 상자에서 왼쪽 창에서 찾고자 하는 모듈을 선택하고 보고자 하는 프로시저를 선택하고 정의보기 아이콘을 클릭 한다.

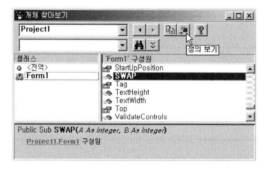

③ 코드창에 해당 프로시저의 코드가 표시된다.

```
Option Explicit
Private Sub Swap(A As Integer, B As Integer)

    Dim Temp    As Integer

    Temp = A
    A = B
    B = Temp

End Sub
```

또한 현재 모듈에서 일반 프로시저를 보려면 코드창의 [객체] 상자에서 [일반]을 선택한 후 [프로시저] 상자에서 프로시저를 선택하고, 이벤트 프로시저를 보려면 코드창의 [객체] 상자에서 해당 객체를 선택하고 [프로시저] 상자에서 이벤트를 선택한다.

사용자 인터페이스

사용자가 컴퓨터 시스템과 상호 작용하는 방법은 사용자와 응용시스템 사이의 정보 교환 수단인 사용자 인터페이스에 따라 다르다. 사용자 인터페이스는 사용자와 사용자가 사용하는 프로그램 사이에 있으며 외형과 동작을 결정한다.

사용자 인터페이스 유형에는 문자 위주의 명령어 기반인 CUI(Command User Interface)와 그래픽 기반인 GUI(Graphic User Interface)로 분류 할 수 있다. 특히 GUI 요소들은 메뉴, 창(윈도우), 아이콘 이미지, 마우스 등을 포함하며 앞으로는 소리, 음성, 동영상 및 가상현실 인터페이스도 GUI의 일부가 될 것으로 보인다.

1 명령어

명령어(command) 기반 인터페이스는 문자에 기반을 두는 것으로 키보드로부터 입력된 명령에 의해 사용자의 처리 요건이 수행되는 방식이다. UNIX, Linux, DOS 명령어 같은 인터페이스가 대표적인 명령어 기반 인터페이스라 할 수 있다.

예 `C:\> COPY A:MYFILE.vbp B:YOURFILE.vbp`

예 `$ cp myfile.c yourfile.c`

2 메뉴

메뉴(menu)에 있는 항목(명령어)을 이용해서 원하는 명령을 바로 실행하는 것으로 가장 기본이 되는 풀다운 메뉴(Pull-down menu), 또는 일명 드롭다운 메뉴(drop-down menu)가 있다. 메뉴의 제목이 표시되어 있는 곳을 마우스로 클릭하면 해당되는 위치에서 메뉴가 아래도 펼쳐지도록 되어 있어서, 마치 두루마리처럼 말려있던 메뉴를 밑으로 죽 잡아당겨 펼치는 듯하다 해서 붙여진 이름이다. 메뉴 내의 항목으로 마우스의 포인터를 옮기면 그에 따라 각 항목이 반전되고, 클릭하면 그 항목이 선택된다.

그리고 특정 객체 위에서 마우스 버튼을 눌렀을 때 출력되는 팝업 메뉴(Pop-up menu) 등이 있다.

3 창과 대화상자

창(Window)은 운영체제에서 모든 프로그램의 실행 기본 단위이며, 아이콘이나 프로그램을 실행시키면 창이 만들어진다. 이 창에서 작업을 할 수 있다. 그 중 단일 폼에서 독립적인 작업이 가능한 창을 단일문서 인터페이스(SDI : Single Document Interface)라 한다. 또한 여러 개의 폼에서 동시에 여러 개의 문서 작업을 할 수 있는 것을 다중문서 인터페이스(MDI : Multiple Document Interface)라고 한다.

대화 상자(Dialog Box)는 창과 모양은 비슷하나 작업을 하는 공간이 아니고 작업을 위해 필요한 도움을 주기 위한 공간이다. 대화 상자는 매우 다양한 종류가 있는데, 외형적으로 창과 다른 점이 있다면 첫째, 최소화, 최대화 버튼이 존재하지 않고 둘째, 상자의 크기를 조절할 수 없고 셋째, 메뉴가 존재하지 않고 탭이 존재한다는 점이다.

대화상자는 임의의 값을 입력받거나, 응용 또는 처리의 중간 결과, 주의 사항 등을 사용자에게 표시하는 역할을 하는 것으로 함수 대화상자인(InputBox, MsgBox), 공용대화상자(common dialog box), 사용자 정의 대화상자(user defined dialog box)등이 있다. 다음 그림은 대화상자의 예이다.

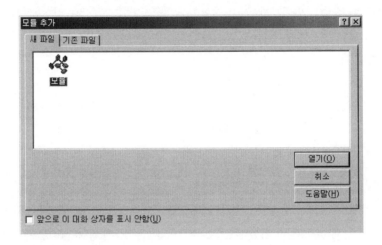

4 아이콘

메뉴에서 자주 사용하는 기능을 작은 그림 즉, 아이콘(icon)으로 표현하여 나열한 것으로 아이콘을 클릭 하면 원하는 기능이 바로 실행된다.

대화 상자는 응용 프로그램에서 작업 진행 중에 사용자에게 정보를 제공하거나 사용자의 정보를 입력으로 받아들이기 위해 사용된다.

대화상자의 유형에는 크게 모달(Modal)과 모달리스(Modaless) 대화 상자가 있다.

1 모달 (Modal) 대화상자

모달은 대화상자의 작업이 완료되어야 다른 작업이 가능하다. 폼을 모달 대화상자로 표시하려면 Show 메소드 실행시 vbModal을 인수로 사용한다.

> 예 `DialogForm.Show vbModal`

2 모달리스(Modaless) 대화상자

모달리스는 대화상자의 작업이 완료되지 않은 상태로 다른 작업이 가능하다. 폼을 모달리스 대화 상자로 표시하려면 인수를 지정하지 않거나 vbModaless 인수를 사용한다. 인수가 생략되었을 경우에 생략시 값은 vbModaless이다.

> 예 `DialogForm.Show vbModaless`
> 예 `DialogForm.Show`

비주얼베이직에서 사용되는 대화상자는 세 가지로 분류 할 수 있다.

㉠ 함수 대화상자를 이용한다.
㉡ 이미 활용되고 있는 대화상자인 공용 대화상자를 이용한다.
㉢ 원하는 모양의 대화상자를 직접 작성하는 사용자 정의 대화상자 이용한다.

7.2.1 메시지박스

함수 대화상자는 이미 정의된 대화상자로 정의된 형태로만 이용할 수 있는 MsgBox, InputBox가 있다. MsgBox는 대화상자에 메시지를 출력하여 사용자로부터 예/아니오 답변을 얻거나 오류, 주의, 경고 등과 같은 메시지를 제공하기 위해 사용되는 함수이다.

```
MsgBox(prompt, [buttons], [title])
- prompt : 대화 상자에 메시지를 표시한다.
```

- title : 메시지 상자의 제목줄의 타이틀을 변경한다.
- buttons: 메시지 상자에 버튼 값을 표시한다. 기본값은 0이다

예 함수 대화상자(MsgBox)

```
Private  Sub  Form_Load( )


    Dim  Ans  As  Integer
    Ans = MsgBox("폼이 로드 되었습니다.", Title:="공지사항")


End sub
```

1 MsgBox 대화상자 버튼 수와 형태

상수	값	의미
vbOkOnly	0	[확인] 버튼 표시
vbOkCancel	1	[확인], [취소] 버튼 표시
vbAbortRetryIgnore	2	[중단], [다시시도], [무시] 버튼 표시
vbYesNoCancel	3	[예], [아니오], [취소] 버튼 표시
vbYesNo	4	[예], [아니오] 버튼 표시
vbRetryCancel	5	[다시시도], [취소] 버튼 표시

2 MsgBox 대화상자 아이콘의 형태

상수	값	의미
vbCritical	16	❌ (중대메시지) 아이콘 표시
vbQuestion	32	❓ (질의 경고) 아이콘 표시
vbExclamation	48	⚠️ (메시지 경고) 아이콘 표시
vbInformation	64	ℹ️ (메시지 정보) 아이콘 표시

예 MsgBox 대화상자 버튼 수와 아이콘

```
Private Sub Form_Load( )

    Dim Ans As Integer
    Ans = MsgBox("20대 입니까?", 2 + 32)

End sub
```

3 기본 버튼 설정(focus) 형태

상수	값	의미
vbDefaultButton1	0	첫째 버튼이 기본 값이다.
vbDefaultButton2	256	둘째 버튼이 기본 값이다.
vbDefaultButton3	512	셋째 버튼이 기본 값이다.
vbDefaultButton4	768	넷째 버튼이 기본 값이다.

예 셋째 버튼 기본 값 설정

```
Private Sub Form_Load( )

    Dim Ans As Integer
    Ans = MsgBox("20대 입니까?", 2 + 32 + 512)

End sub
```

예 Msgbox 에 암호 값을 입력받아 비교 후 메시지를 출력하는 코드이다. Chr(13) & Chr(10)(CR + LF)은 다음라인으로 이동해 주는 역할을 한다.

```vb
Private Sub cmdMsgBox_Click( )

    Static Fail_cnt    As Integer

    If txtPass.Text = "passwd" Then
        MsgBox "암호가 맞습니다 !" + Chr(13) & Chr(10) & _
            "접근을 허용합니다", vbInformation, "성공"
    Else
        MsgBox "암호가 맞지 않습니다 !" + Chr(13) & Chr(10) & _
            " 맞는 암호를 다시 입력하시오 !", vbExclamation, "실패"

        txtPass.SelStart = 0
        txtPass.SelLength = Len(txtPass.Text)
        txtPass.SetFocus

        Fail_cnt = Fail_cnt + 1

        If Fail_cnt >= 3 Then
            MsgBox "3번 실패로 종료합니다 !" + Chr(13) & Chr(10) & _
                "암호를 확인한 후 재시도하십시오 !", vbCritical, "재시도"
            Fail_cnt = 0
        End If
    End If

End Sub

Private Sub cmdEnd_Click( )

    Dim iResult        As Integer

    iResult = MsgBox("정말 종료하시겠습니까 ?", vbYesNo + vbQuestion, _
            "종료확인")
    If iResult = vbYes Then          '
        End
    End If

End Sub
```

7.2.2 입력상자

응용 프로그램 실행 중간에 사용자로부터 값을 입력받을 수 있다.

> **InputBox (prompt [,title] [,default] [,xpos] [,ypos] [,helpfile, context])**
> - prompt : 대화 상자에 메시지를 표시한다.
> - title   : 대화상자의 제목 표시 줄에 제목을 표시한다.
> - default : 입력 부분에 기본 값을 표시한다.
> - xpos, ypos : 대화상자가 표시될 위치를 좌표로 지정한다.
> - helpfile : 도움말 파일을 이용하여 상세한 도움말을 대화상자에 제공한다.
> - context : 도움말 항목에 부여된 문 번호.

📖 함수 대화상자(InputBox)

```
Private Sub cmdInputBox_Click( )

    Dim iSu   As Integer

    iSu = InputBox("나이를 입력하시오!", "나이 입력")
    Print iSu

End Sub
```

공용 대화상자는 윈도우즈용 프로그램에서 공통으로 사용하는 대화상자들을 말한다. 이 것으로는 파일 열기, 파일 저장하기, 인쇄하기, 글꼴선택, 색 지정 등의 대화상자가 있다. 비주얼 베이직에서 공용 대화상자를 사용하기 위해서는 Active X 공용 대화상자 컨트롤 (Common Dialog Control)을 이용한다. 이는 비주얼베이직과 윈도우즈 동적 연결 라이브 러리 COMMDLG.DLL(c:\windows\system\commdlg.dll) 간의 인터페이스를 제공한 다. 공용 대화상자 컨트롤 사용은 표준 컨트롤과 같은 방법으로 폼 설계시 이용되지만 타이 머 컨트롤처럼 실행시에는 보이지 않는다.

1 공용 대화상자 컨트롤 도구상자에 추가하기

① [프로젝트]–[구성요소] 메뉴를 선택한다. 또는 Ctrl+T 단축키를 누른다.

② 구성요소 대화 상자가 나타난다. 컨트롤 탭에서 Microsoft Common Dialog Control 6.0 을 선택한 후 확인 버튼을 누른다.

③ 도구상자에 컨트롤이 추가되어 나타난다.

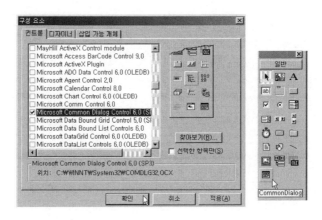

2 공용 대화상자 컨트롤 주요 메소드

메소드	값	기능
ShowOpen	1	열기 대화 상자를 표시한다.
ShowSave	2	다른 이름으로 저장 대화 상자를 표시한다.
ShowColor	3	색상 대화 상자를 표시한다.
ShowFont	4	글꼴 대화 상자를 표시한다.
ShowPrinter	5	인쇄 대화상자를 표시한다.
ShowHelp	6	윈도우즈 도움말 대화 상자를 표시한다.

3 파일 열기 대화상자(ShowOpen)

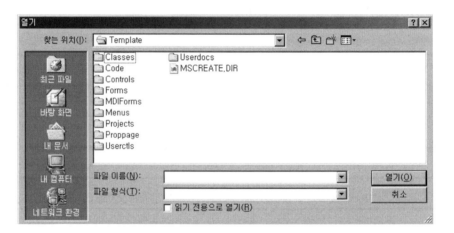

① 파일열기 대화상자의 주요 속성

속성	의미
Name	컨트롤의 이름을 지정
DefaultExt	디폴트 확장자를 지정
FileName	대화상자에서 선택한 파일 이름을 지정
Filter	대화 상자의 파일 형식의 항목으로 표시될 파일 종류 지정 사용형식) 파일형식 설명 | Filter 예) 텍스트 화일(*.txt) | *.txt | 모든 화일(*.*) | *.*

Flags	대화상자의 옵션 지정 열기, 다른 이름으로 저장, 색, 글꼴, 인쇄 에 따른 Flags 속성 값
DialogTitle	제목 줄에 표시될 문자열을 지정

② 열기 및 다른 이름으로 저장 Flags 속성 상수

상수	값	의미
CdlOFNAllowMultiselect	&H200	Shift와 화살표를 이용하여 여러개의 파일 선택 가능
CdlOFNFileMustExist	&H1000	기존 파일의 이름만 입력토록 지원
CdlOFNHelpButton	&H10	도움말 버튼을 표시
CdlOFNNoChangeDir	&H8	현재 디렉토리로 대화 상자를 연다.
CdlOFNOverwritePrompt	&H2	파일이 존재 할 경우 다른 이름으로 저장 대화상자 표시
CdlOFNPathMustExist	&H800	사용자가 유효한 경로만을 입력하도록 한다.

③ 파일 열기

㉠ 폼 창에 텍스트박스, 명령버튼, 공용 대화상자 컨트롤을 다음과 같이 배치한다.

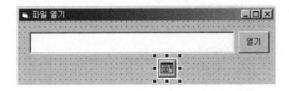

㉡ 코드 창에서 다음 내용을 입력한다.

```
Private Sub Command1_Click( )
    CommonDialog1.Filter = "문서파일(*.txt)|*.txt|" + "아래한글파일(*.hwp)|*.hwp|"
    CommonDialog1.DialogTitle = "열기 대화상자"
    CommonDialog1.Flags = cdlOFNHelpButton
    CommonDialog1.ShowOpen
    Text1.Text = CommonDialog1.FileName
End Sub
```

㉢ 실행 버튼을 누른다.

ㄹ 열기 버튼을 누르면 윈도우즈 응용프로그램에서 사용하는 열기 대화상자가 나타난다.

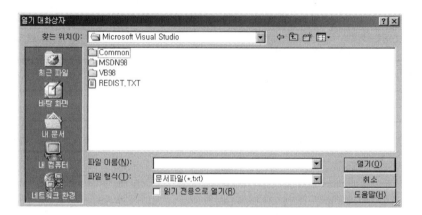

ㅁ 파일 형식은 Filter에서 정의한 것에 의해 표시되고 해당 텍스트 파일을 선택하고 열기 버튼을 누른다.

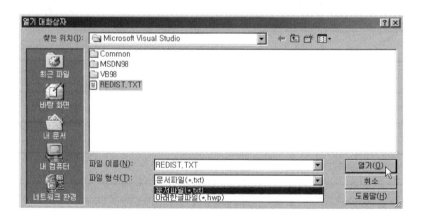

ㅂ 텍스트박스 안에 선택한 파일의 경로 및 이름이 표시된다.

4 다른 이름으로 저장 대화상자(ShowSave)

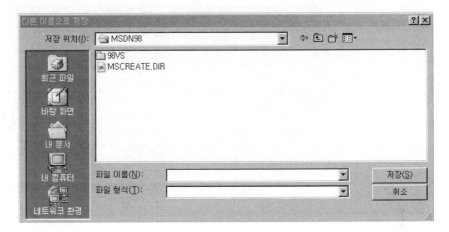

5 색상 대화상자(ShowColor)

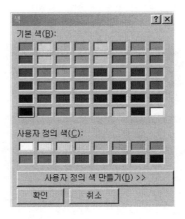

① 색상 대화상자 Flags 속성 상수

상수	값	설명
cdlCCFullOpen	&H2&	사용자 색 정의를 포함한 전체 대화상자가 표시
cdlCCPreventFullOpen	&H4&	사용자 색 정의 명령어 버튼을 비 활성화 한다.
cdlCCRGBInit	&H1&	대화 상자에 대한 초기 색상을 설정한다.

예 Flags 속성 상수로 cdlCCFullOpen로 사용한 색상 대화상자

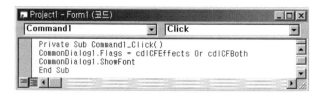

6 글꼴 대화 상자(ShowFont)

문서 작성시 글꼴의 크기나 색상, 유형 등을 변경 하고자 할 때 공용 대화상자 컨트롤
을 이용한 글꼴 대화 상자를 이용할 수 있다.

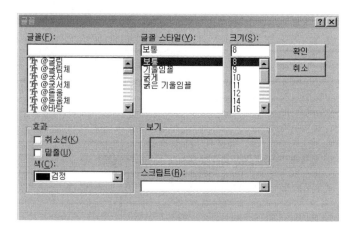

① 글꼴 대화 상자의 주요 속성

속성	설명
Color	선택한 색상을 나타냄. Flags 속성을 cdlCFEffects 로 설정
FontBold	굵은 글꼴 유형을 리턴하거나 설정
FontItalic	이탤릭체를 선택 했는지의 여부 표시
FontName	주어진 단계의 각 행에 나타나는 글꼴의 이름을 지정
FontSize	선택한 글꼴 크기를 포인트 단위로 지정
FontUnderline	밑줄을 선택 했는지의 여부 결정
Flags	대화상자의 옵션을 설정 하는 것

② 글꼴 대화 상자 Flags 속성 상수

상수	값	설명
cdlCFANSIOnly	&H400	Windows 문자 집합을 사용하는 글꼴을 허용
cdlCFBoth	&H3	프린터와 화면 글꼴을 나열
cdlCFEffects	&H100	취소선, 밑줄 등의 효과, 색상을 지정
cdlCFForceFontExist	&H10000	존재하지 않는 글꼴이나 유형에 대해 오류 메시지 출력
cdlCFHelpButton	&H4	도움말 버튼 표시
cdlCFScalableOnly	&H20000	크기 조절 가능한 글꼴만을 허용
cdlCFScreenFonts	&H1	시스템이 지원하는 화면 글꼴만을 나열
cdlCFPrinterFonts	&H2	지정한 프린터가 지원하는 글꼴만 나열
cdlCFTTOnly	&H40000	TrueType 글꼴의 선택만 허용
cdlCFWYSIWYG	&H8000	프린터와 화면에 사용할 수 있는 글꼴의 선택만 허용. CdlCFBoth, CdlCFScalableOnly도 설정 되어야 함

③ 글꼴 오류 메시지 발생하는 경우

글꼴 대화 상자를 열기 전 즉, ShowFont 메소드를 사용하기 전 공용 대화상자 컨트롤의 Flags 속성에서 cdlCFBoth, cdlCFPrinterFonts, cdlCFScreenFonts 중 한 가지를 반드시 지정해야 한다. 그렇지 않으면 다음과 같은 오류 메시지가 발생한다.

7 인쇄 대화상자(ShowPrinter)

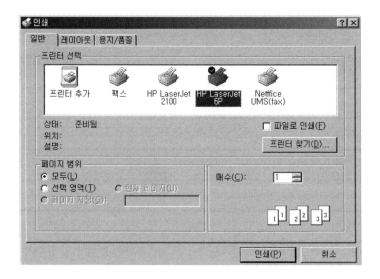

① 인쇄 대화상자의 주요 속성

속성	설명
Copies	인쇄 하고자 하는 데이터의 인쇄 매수를 결정
FromPage	인쇄 시작 페이지 결정
ToPage	인쇄 끝 페이지 결정
Hdc	프린터에 대한 장치 구문을 리턴
Orientation	문서를 가로, 세로방향으로 인쇄 여부를 설정하거나 반환한다. '1-vbPROR Portrait'이면 문서가 세로방향으로 인쇄되고 '2-vbPRORLandscape'이면 문서가 가로방향으로 인쇄된다.
Zoom	출력물의 확대, 축소를 백분율로 반환하거나 설정한다.

② Printer 객체의 메소드

메소드	설명
EndDoc	프린터로 인쇄 할 내용을 보낸다.
KillDoc	인쇄 작업 처리 시 현재 인쇄 작업 삭제
NewPage	다음 페이지로 진행
Print	프린터로 출력한다.

Print 메소드는 출력할 내용을 화면이나 프린터로 출력해주는 메소드이다. 일반적으로 Print만 사용하면 화면에 출력하고 Printer 객체와 함께 사용하면 프린터로 출력한다.

예 화면 및 프린터 출력

```
Print  "테스트"           '화면에 출력한다.
Printer.print  "테스트"    '프린터에 출력한다.
```

예 Printer 객체 사용

㉠ 폼 창 위에 텍스트 박스, 명령버튼, 공용대화상자 컨트롤 배치한다.

㉡ 코드 창에서 다음 내용을 입력한다.

```
Private Sub cmdPrinter_Click( )

    Dim i, iNumCopies     As  Integer

    comDialog.ShowPrinter
    iNumCopies = comDialog.copies

    For i = 1 To iNumCopies
        Printer.Print txtInput.Text
    Next i

    Printer.EndDoc

End Sub
```

7.2.4 사용자 정의 대화상자

공용 대화상자는 윈도우즈용 프로그램에서 미리 정의된 대화상자를 간단하게 사용할 수 있으나 이미 정의된 표준 형태로만 사용되기 때문에 다양한 사용자 요구들을 모두 만족시킬 수는 없다. 따라서 비주얼베이직은 사용자가 직접 폼을 디자인하는 등 대화 상자를 새롭게 제작할 수 있고 또한 공용 대화상자를 사용자의 요구에 맞게 수정할 수 있는 기능을 제공한다.

1 사용자 정의 대화상자 만들기

① [프로젝트]- [폼 추가] 메뉴를 선택한다. 또는 도구막대의 [폼 추가] 아이콘을 클릭한다.

② 폼 추가 대화상자에서 폼을 선택하고 열기 버튼을 클릭 한다. 그러면 프로젝트 탐색기 창에 추가된 폼이 나타난다.

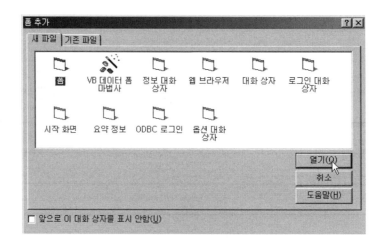

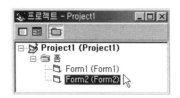

③ 대화상자 폼 설계

　㉠ 제목막대에 제목, 최소/최대/종료 버튼 표시

```
Caption = "사용자 정의 대화상자"
ControlBox = True
```

　㉡ 제목막대에 제목만 표시

```
Caption = "사용자 정의 대화상자"
ControlBox = False
```

　㉢ 제목막대에 제목과 종료 버튼 표시

```
Caption = "사용자 정의 대화상자"
ControlBox = True
MaxButton = False
MinButton = False
```

　㉣ 제목막대 없음

```
Caption = " "
ControlBox = false
```

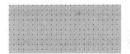

④ 이벤트 프로시저 코딩

폼에 배치된 각 컨트롤에 대한 이벤트 프로시저를 작성한다.

⑤ 폼 동작 코딩

코드 작성이 완료되면 대화상자를 화면에 보이도록 하기 위해 Show 메소드를 사용하거나 Hide, Unload, Load 메소드 등을 이용할 수 있다. Show 메소드로 폼을 호출할 때 어떤 형태로 동작할 것인지 vbModal 또는 vbModaless 인수를 사용한다. 인수가 생략되었을 경우에 생략시 값은 vbModaless이다.

　㉈ 모달과 모달리스 대화상자 예

　　㉠ 세 개의 폼을 생성한다.

ⓛ Form1 창 위에 다음과 같은 컨트롤 배치하고 코드창에 다음 내용을 입력한다.

ⓒ Form2 창 위에 다음과 같은 컨트롤 배치하고 코드창에 다음 내용을 입력한다.

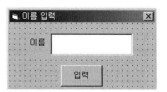

ⓔ Form3 창 위에 다음과 같은 컨트롤 배치하고 코드창에 다음 내용을 입력한다.

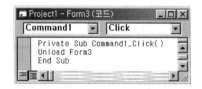

7.3 메뉴

응용 프로그램에서 메뉴는 실행 가능한 명령어를 찾기 쉽게 그룹화 하여 사용자에게 좀 더 편리한 사용자 인터페이스 환경을 제공한다. 이러한 메뉴를 만들 수 있도록 비주얼베이직에서는 메뉴편집기가 제공된다. 메뉴편집기를 이용하여 5단계까지 서브 메뉴를 만들 수 있으나 너무 많은 서브 메뉴는 오히려 복잡함을 가중시키는 우려가 있다. 메뉴 설계가 완성되면 모든 메뉴항목 각각에 대한 이벤트 프러시저를 코딩한다. 다음은 메뉴 편집기의 사용법 및 속성들을 살펴보자.

7.3.1 메뉴 편집기

1 메뉴 편집기 표시

메뉴 편집기는 표준 EXE 폼이나, MDI폼에서 마우스 오른쪽 버튼을 눌러 메뉴 편집기를 선택한다. 또는 [도구]-[메뉴 편집기] 메뉴를 선택할 수도 있고 도구막대의 메뉴 편집기 아이콘을 클릭하거나 단축키 Ctrl+E 키를 눌러도 된다.

메뉴 편집기를 선택하면 다음과 같은 메뉴 편집기 창이 나타난다.

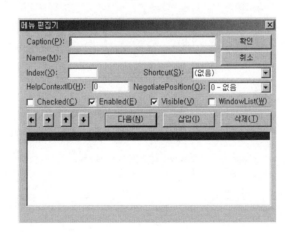

2 메뉴 편집기의 주요 속성과 의미

메뉴 편집기 창에서 가장 중요 부분은 Caption과 Name 부분이다. 또한 나머지 속성과 의미를 표에 나타내었다.

속성	의미
Caption(P)	화면에 나타나는 메뉴의 항목 이름을 표시한다. 선택키와 구분선 기능을 Caption 부분에서 표시 가능하다. – 선택키(&) : 메뉴 이름 다음에 밑줄이 붙는 문자를 표시할 때 메뉴항목 이름 다음의 괄호안에 '&'와 영문자를 넣는다. 예) 파일(**&F**) – 구분선(–) : 하이픈('–') 기호를 넣어 다른 메뉴 항목과 구분하기 위해 사용한다.
Name(M)	프로그램 코딩에 사용되는 이름이다. 즉, 컨트롤들의 이름 속성과 같다.
Index(X)	메뉴 항목을 같은 이름을 가진 배열로 만들 때 색인 값이다.
Shortcut(S)	메뉴 편집기에서 단축키를 설정 때 사용한다.
HelpContextID(H)	도움말 파일에서 해당 메뉴의 도움말로 사용 될 도움말 ID를 설정한다.
NegotiatePosition(O)	메뉴의 위치를 설정 하는데 최 상위 항목에서만 설정 가능하다.
Checked(C)	메뉴 항목에 선택 표시 여부를 결정한다.
Enabled(E)	메뉴 항목을 활성화 여부를 결정한다.
Visible(V)	메뉴 항목을 보이게 할지 여부를 결정한다.
WindowList(W)	MDI폼일 경우 하위 폼의 목록을 메뉴에 표시 여부를 결정한다.
버튼	← : 한 단계 상위 메뉴로 이동한다. → : 한 단계 하위 메뉴로 이동한다. ↑ : 메뉴를 위로 이동 한다. ↓ : 메뉴를 아래로 이동한다. 다음(N) : 다음 메뉴 항목으로 이동한다. 삽입(I) : 현재 메뉴 항목 위치 상단에 새로운 메뉴 항목을 삽입한다. 삭제(T) : 메뉴 항목을 삭제한다.

7.3.2 메뉴 작성 하기

다음과 같은 메뉴를 작성해 보자. 파일과 편집 메뉴가 있고
[파일] 메뉴의 하위메뉴에는 새 파일, 구분선, 종료가 있으며
[편집] 메뉴에는 복사, 붙여넣기 메뉴가 있는 예제이다.

① 메뉴 편집기를 열어 [파일] 메뉴를 작성하기 위해 Caption(P)부분에 '파일(&F)'를 입력하고
Name(M) 부분에 mnuFile 이라 입력한 후 다음 버튼을 누른다. 메뉴 이름은 접두어 mnu로 시작
한다.

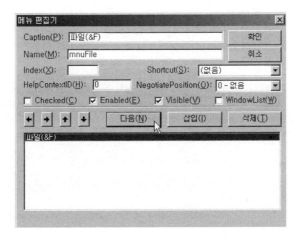

② 새 파일 메뉴를 다음과 같이 입력하고 다음 버튼을 누른다.

③ 구분선을 표시하기 위해 Caption(P) 부분에 하이픈 기호('￣')를 넣는다.

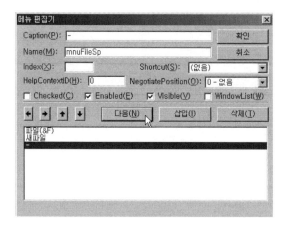

④ 종료 메뉴를 다음과 같이 작성한 후 다음 버튼을 누른다.

⑤ 새파일, ￣, 종료 부분을 파일메뉴의 한 단계 하위 메뉴로 설정하기 위해 ➡ 버튼을 누른다.

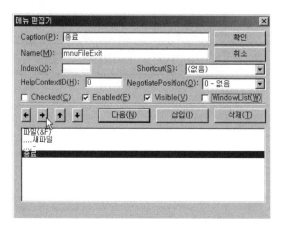

⑥ 같은 방법으로 [편집] 메뉴의 복사, 붙여넣기를 입력한 후 한 단계 하위 메뉴로 설정하기 위해 ➡ 버튼을 누른다.

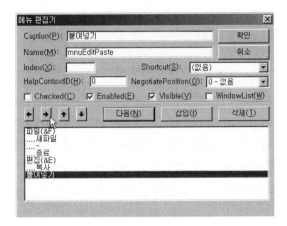

⑦ 새 파일에 단축키를 설정하기 위해 Shortcut(S)의 콤보상자 리스트에서 해당 키를 선택한다.

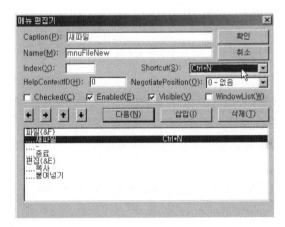

예제 다음과 같은 메뉴를 메뉴 편집기를 사용하여 만들어 보시오.

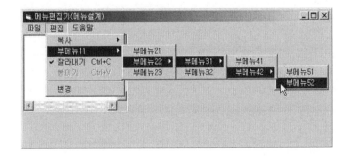

7.3.3 메뉴 컨트롤 배열

모든 메뉴에는 각각의 이벤트 프로시저가 존재해야 하기 때문에 코드가 복잡해 질 수 있다. 따라서 동일기능이나 유사기능 메뉴에는 메뉴 컨트롤 배열을 사용하여 중복되는 코드를 단순하게 하면, 프로그램이 훨씬 간결해 보인다. 메뉴 컨트롤 배열은 메뉴편집기의 Index 속성 값에 의해 서로 구분된다. 즉 메뉴 컨트롤 배열을 사용자가 선택해서 이벤트가 발생하면 비주얼베이직은 그 이벤트 프로시저에 Index 값을 매개변수 값으로 넘겨준다. 넘겨받은 Index 값에 따라 어느 메뉴 컨트롤이 선택되었는지 결정되므로 그에 맞는 일을 하도록 코딩하면 된다. 메뉴 컨트롤 배열에서 모든 메뉴 항목은 같은 이벤트 프로시저를 공유하기 때문에 If 문이나 Select Case 문과 같은 조건문을 사용하여 코드를 작성해야 된다.

예 메뉴 컨트롤 배열 사용 예

Caption	Name	메뉴컨트롤 배열 Name	Index
복사	mnuEditCopy		0
잘라내기	mnuEditCut	mnuEdit	1
붙여넣기	mnuEditPaste		2

```
Private Sub mnuEdit_Click(Index As Integer)

    Select Case Index
      Case 0
        Clipboard.Clear
        Clipboard.SetText txt1.SelText
      Case 1
        Clipboard.Clear
        Clipboard.SetText txt1.SelText
        txt1.SelText = ""
      Case 2
        txt1.SelText = Clipboard.GetText( )
    End Select

End Sub
```

7.3.4 팝업 메뉴

팝업 메뉴는 마우스의 클릭 이벤트를 사용한다는 점과 메뉴를 화면의 원하는 위치에 나타낼 수 있다는 차이점을 제외하고는 일반 메뉴 작성과 동일하다. 팝업 메뉴를 표시하기 위해서는 PopupMenu 메소드를 사용하여 코드로 구현한다. 이때 팝업 메뉴는 하나 이상의 하위 메뉴가 있어야 한다. 왜냐하면 팝업 메뉴 대상은 최 상위 메뉴 항목이기 때문이다. 또한 마우스의 클릭 이벤트를 사용하기 위해서는 사용자가 마우스의 어떤 버튼을 클릭했는지 검사되어야 한다.

예 팝업 메뉴

```
Private Sub cmdPopUp_Click( )

    mnuFile.Enabled = False
    Form1.PopupMenu mnuFile


End Sub
```

1 PopupMenu 메소드 형식

> [객체이름.] **PopupMenu** 메뉴이름[, [flags], [x], [y], [boldcommand]]
>
> - 메뉴 이름 : 표시되는 팝업 메뉴의 이름으로 적어도 하나 이상의 하위
>   메뉴를 가진 것 이여야 한다.
> - flags : 팝업 메뉴의 위치와 작용을 지정하는 값이나 상수를 표시한다.
> - x : 팝업 메뉴가 표시되는 x 좌표 지정한다.
> - y : 팝업 메뉴가 표시되는 y 좌표 지정한다.

2 flag 상수

상수	값	설명
vbPopupMenuLeftAlign	0	x 좌표가 팝업메뉴 왼쪽에 위치
vbPopupMenuCenterAlign	4	x 좌표가 팝업메뉴 중심에 위치
vbPopupMenuRightAlign	8	x 좌표가 팝업메뉴 오른쪽에 위치

3 Mouse Button 상수

상수	값	설명
vbLeftButton	1	마우스 왼쪽 버튼
vbRightButton	2	마우스 오른쪽 버튼
vbMiddleButton	4	마우스 가운데 버튼

예 팝업 메뉴 만들기

① 인터페이스 설계

② 코드 작성

```
Private Sub Form_MouseUp(Button As Integer, Shift As Integer, X As
       Single, Y As Single)

If Button = vbLeftButton Then         'popupmenu 대상은 최 상위 메뉴아이템 뿐
    PopupMenu mnuEdit, vbPopupMenuLeftAlign
                                      'MouseUp 또는 MouseDown event중 사용
    ElseIf Button = vbRightButton Then    '예) mouse 오른쪽버튼 click확인(=2)
        PopupMenu mnuFile, vbPopupMenuRightAlign
End If

End Sub
```

7.4 다중문서 인터페이스

단일문서 인터페이스(SDI : Single Document Interface) 응용 프로그램은 한 번에 하나의 문서만 작업할 수 있는 형태이다. 그러나 다중문서 인터페이스(MDI : Multiple Document Interface)는 하나의 폼 안에 여러 개의 폼을 사용할 수 있다. 다시 말하면, SDI는 새로운 문서를 작성하거나 기존의 문서를 열기 위해서는 반드시 현재 작업 중인 문서를 닫아야 한다. 그러나 MDI는 하나의 폼 안에 여러 개의 폼을 사용하는 컨테이너 기능을 가지고 있다.

마이크로소프트의 엑셀, 워드나 비주얼베이직 등이 대표적인 MDI 응용프로그램이라 할 수 있다. 간단하게 비주얼베이직을 예로 들면 전체 창안에 도구상자, 속성 창, 프로젝트 창, 폼 레이아웃 창 등이 있는데 이들은 각각 폼이라 할 수 있다. 즉 비주얼베이직의 전체 창을 MDI 폼이라 하고 그 안의 도구상자, 속성창, 프로젝트 창을 MDI 자식 폼이라 할 수 있다.

MDI는 두 종류의 폼으로 구성되는데 한 개의 MDI폼과 여러 개의 자식 폼으로 구성된다. 자식 폼은 일반 폼에서 MDIChild 속성을 True로 설정한다. 자식 폼은 MDI폼을 벗어날 수 없으며 MDI폼 안에서 폼을 이동, 폼 크기를 조정, 폼 열기, 폼 닫기 등을 할 수 있다. 다음은 MDI응용 프로그램인 비주얼베이직의 모습이다.

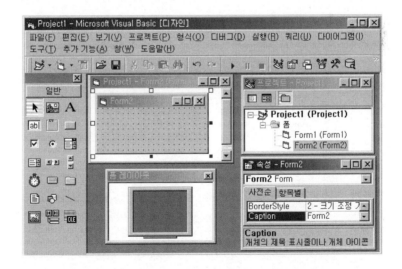

7.4.1 MDI 폼 만들기

① 비주얼베이직의 [프로젝트] 메뉴에서 MDI 폼 추가를 선택한다. 또는 프로젝트 창의 팝업 메뉴에서 추가의 MDI 폼을 선택한다.

② MDI 폼 추가를 선택하면 다음과 같은 MDI 폼 추가 대화 상자가 나타난다.

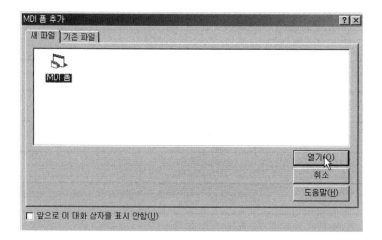

③ 위의 대화상자에서 MDI 폼을 선택하고 열기 버튼을 누르면 MDI 폼 창이 나타난다.

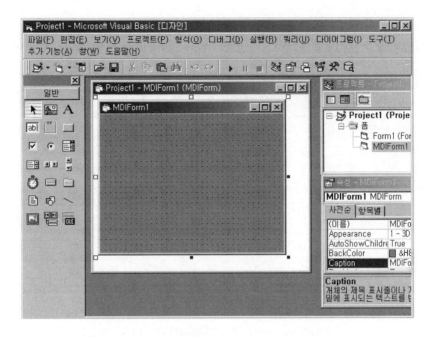

④ 다음은 MDI의 자식 폼을 만든다. 프로젝트 메뉴에서 폼 추가를 선택한다. 또는 기존에 생성된 폼을 그대로 사용할 수 있다.

⑤ MDI 자식 폼의 속성 창에서 MDIChild 속성을 True로 설정한다.

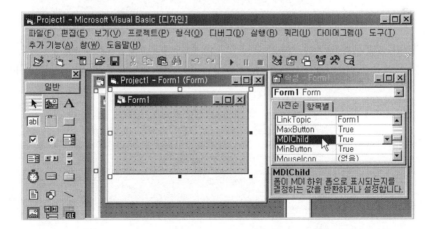

이렇게 하면 MDI 응용 프로그램을 만들기 위한 기본 단계는 완성된 것이다. 다음과 같이 MDI 폼에서 자식 폼을 최소화하면 작업 표시 줄만 표시되어 나타난다. 또한 프로젝트 창에서는 MDIChild 속성이 True인 자식 폼은 흐리게 표시된다.

7.4.2 MDI 폼의 기능

MDI 폼의 자식 폼은 이동과 크기가 조정되지만 MDI 폼의 작업 공간을 넘을 수는 없다. MDI 폼의 자식 폼을 최소화하면 제목 표시 줄만 표시되어 MDI 폼 작업공간에 표시된다.

MDI 폼의 자식 폼을 최대화하면 MDI 폼의 캡션과 결합되어 MDI 폼의 제목 표시 줄에 표시된다.

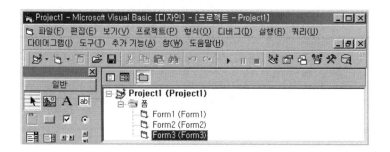

MDI 폼의 AutoShowChildren 속성 값이 True이면 자식 폼을 자동으로 표시한다.

활성화된 자식 폼에 메뉴가 있으면 자식 폼이 아닌 MDI 폼의 메뉴 표시 줄에 이 메뉴가 나타난다.

7.4.3 MDI 폼을 이용한 메모장 만들기

① MDI 폼 추가로 MDI 폼을 생성하고 일반 폼에서 MDIChild 속성을 True로 하여 자식 폼인 Form1을 만든다. 프로젝트 탐색기 창에 생성된 모습이다.

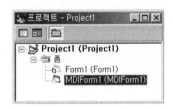

② MDI 폼의 속성 중 AutoShowChildren 속성을 True로 한다.

③ 자식 폼인 Form1 위에 텍스트박스 컨트롤을 배치하고 메뉴 편집기를 이용하여 [파일] 메뉴와 하위 메뉴인 새 파일과 종료 메뉴를 생성한다. 또한 Form1의 Caption 속성은 공백으로 하고, 텍스트박스 컨트롤의 MultiLine 속성도 True로 설정한다.

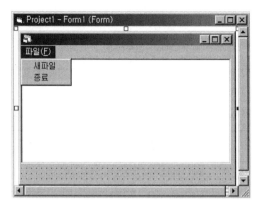

```
Option Explicit
Private Sub Form_Load( )

'   Text1.MultiLine = True
  Text1.Text = ""
  Text1.Left = 0
  Text1.Top = 0

End Sub

Private Sub Form_Resize( )

  Text1.Height = Form1.ScaleHeight
  Text1.Width = Form1.ScaleWidth

End Sub

Private Sub mnuFileExit_Click( )
  Unload Me
End Sub

Private Sub mnuFileNew_Click( )

  Dim  NewDoc  As  New  Form1
  NewDoc.Show

End Sub
```

새 파일 명령을 선택할 경우, 자식 폼(Form1)인 인스턴스를 모달리스 대화상자로 표시하게하고 자식 폼(Form1)의 크기를 조절하면 텍스트 박스의 크기도 같이 변하게 하는 코드가 들어 있다.

④ 실행 버튼을 누르면 다음과 같이 표시된다.

⑤ 파일의 새 파일 메뉴를 클릭하면 새로운 메모장 창이 나타난다.

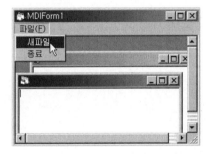

Chapter

08 | 파일처리

지금까지 우리는 폼과 컨트롤을 사용한 자료 처리에 대해 학습하였다. 응용 프로그램을 실행한 후 입·출력 자료에 대한 보관 방법이 없었다. 즉, 응용 프로그램을 실행할 때마다 자료를 입력한 후 실행 결과만을 확인하는 과정을 반복하였다. 따라서 입력 자료와 출력 자료의 저장 및 관리가 요구된다. 응용 프로그램과 함께 입·출력 자료에 대한 저장 방법으로 파일 시스템과 데이터베이스 시스템이 널리 활용되고 있다.

응용 프로그램을 제작할 경우, 데이터베이스 기능이 필요 없거나 개발 중에 파일을 임시적으로 생성하여 응용한다거나 기존에 있는 파일의 정보를 읽어 올 때는 텍스트와 다른 자료를 직접 만들어 조작하고 저장하는 파일처리 방법이 유용하게 활용된다.

이 장에서 우리는 비주얼베이직에서 "자료를 어떻게 파일로 저장할 것인가?", "저장된 파일로부터 어떻게 자료를 읽을 것인가?", "읽은 자료에 대한 자료 처리는 어떻게 할 것인가?"에 대해 설명한다.

먼저 파일 처리와 관련된 주요 용어에 대해 간략히 설명하면 다음과 같다.

ㄱ 파일(File) : 서로 관련된 레코드들의 집합을 말한다.
ㄴ 레코드(Record) : 서로 관련된 필드들의 집합을 말한다.
ㄷ 필드(Field) : 정보를 나타내는 최소 단위로 변수 개념과 같다.

예 학생 파일

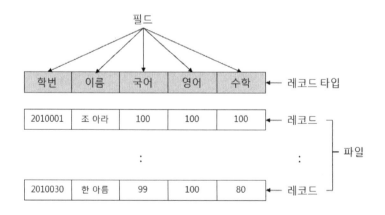

비주얼베이직에서는 파일 액세스 형식에 따라 순차파일(Sequential File), 랜덤파일(Random / Direct File), 이진파일(Binary File)과 같은 파일 편성법(File Oranization)이 제공된다. 이들 파일의 특성과 주로 사용되는 명령문들에 대해 간단히 요약 정리하면 다음과 같다.

액세스 종류	특성
순차파일 (Sequential File)	자료의 입력 순서대로 읽고, 저장하며 텍스트 자료 처리에 유용하다.
랜덤파일 (Random/Direct File)	고정된 크기 레코드로 구조화된 텍스트나 이진 파일을 임의의 위치에서 읽고, 저장하는데 사용한다.
이진파일 (Binary File)	모든 형태의 자료를 표현할 수 있는 바이트 단위로 자료를 처리하기 때문에 파일을 완전하게 제어할 수 있다.

명령문	순차 파일	랜덤 파일	이진 파일
Open	○	○	○
Close	○	○	○
Input( )	○		○
Input #	○		○
Line Input #	○		
Get		○	○
Print #	○		○
Write #	○		○
Put		○	○
Type ... End Type		○	

모든 파일을 액세스하기 위해서는 먼저 파일을 열어야 한다. 그리고 파일을 사용한 후에는 사용한 모든 파일을 닫아 주어야 한다. 순차 파일(Sequential File)은 자료를 입력 순서대로 저장하고 읽을 수 있는 특성을 갖는다. 일명 SAM(Sequential Access Method) 파일이라고 한다.

1 순차 파일 열기

순차 파일을 액세스하기 위해 파일을 열 때는 Open 명령과 함께 파일 모드로 입력(Input), 출력(Output), 추가(Append) 중 하나를 지정해야 한다.

파일 모드가 Input이면 파일이 이미 존재해야 한다. Output과 Append 모드는 파일이 이미 존재하지 않을 경우, 새로운 파일을 생성한 후 그 파일을 열어 준다. 그러나 파일이 존재할 경우에는, Append 모드는 기존 파일의 맨 끝에 입력 레코드가 추가되지만 Output 모드는 기존의 파일 내용을 모두 삭제하고 난 후 새로운 파일을 생성하므로 자료 손실에 주의해야 한다. Open 명령문의 형식은 다음과 같다.

Open 경로이름 For 모드 [접근제어] As [#] 파일번호 [Len = 버퍼길이]

- 경로이름 : 열고자 하는 파일이 존재하는 드라이브, 디렉토리(폴더) 및 대상 파일이름을 정의한다.
- 모드 : 파일 모드 Input(입력),Output(출력),Append(추가) 중 하나를 지정한다.
- 접근제어 : 현재 사용 중인 파일을 다른 사용자가 그 파일을 사용할 수 있게 하거나 사용하지 못하도록 제한한다.

Lockshared	허용
LockRead	읽기만 금지
LockWrite	쓰기만 금지
LockReadWrite	일기, 쓰기 금지

- 파일번호: 1 ~ 511 사이에 있는 파일 번호를 지정한다. 다른 프로그램이 액세스 할 수 없는 파일번호는 1 ~ 255까지를 사용하고 다른 프로그램이 액세스 할 수 있는 파일번호는 256 ~ 511까지 사용한다.
- 버퍼크기 : 32,768 바이트(Byte)보다 작은 수를 사용한다. 순차 방식인 경우에는 이 값이 버퍼에 있는 문자수가 된다.

---

2 순차 파일 읽기

텍스트 파일의 내용을 검색하려면 Input 모드로 파일을 열어야 한다. 그런 다음

Input #이나 Line Input # 또는 Input( )을 사용하여 자료를 프로그램 변수에 복사한다.

① Line Input

캐리지리턴과 라인피드는 읽어 들이지 않고 한 번에 한 줄씩 읽어 들인다. 캐리지리턴(Chr(13))과 라인피드(Chr(10))를 의미하는 상수는 vbCrLf이고 상수를 사용하지 않으려면 Chr(13)과 Chr(10)을 같이 사용하면 된다.

> **Line Input** # 파일번호, 변수이름

예 순차 파일을 연 후 EOF(End of File)를 만날 때까지 파일 자료를 읽어 오는 예제이다. Line Input # 이 캐리지리턴 및 라인피드를 보고 한 줄의 마지막이라는 것을 알고 있지만 변수로 한 줄을 읽을 때는 캐리지리턴과 라인피드를 포함하지 않는다. 따라서 캐리지 리턴까지 포함 시키려면 Chr(13) + Chr(10)을 넣어주어야 한다.

```
Dim strLinesFromFile, strNextLine          As String

Open C:\VB\data\SAM\test.txt For Input As #5

Do Until EOF(5)
    Line Input #5, strNextLine
    strNextLine =strNextLine + Chr(13) + Chr(10)
    strLinesFromFile = strLinesFromFile + strNextLine
Loop

Close #5
```

② Input

파일에 저장된 문자열 또는 숫자를 읽어 변수들에 기억시킬 때 Input # 문을 사용한다. 이때 읽어 들이는 자료의 자료형과 변수의 자료형은 서로 일치해야 한다.

> **Input** # 파일번호, 변수이름1, 변수이름2, ...

③ Input( )

저장된 파일에서 읽어 들일 문자의 개수만큼 변수로 복사할 때 Input( ) 함수를 사용한다. Input( ) 함수는 Line Input #나 Input # 명령과 달리 컴마, 캐리지리턴,

라인피드, 기호 공백 등을 포함하여 읽어 들인다. 따라서 자료를 저장하는 변수는 충분히 커야한다.

> **Input (num, [#] 파일번호)**
> - num : 읽어 들일 문자 개수

예 Input( ) 함수
```
variable = Input(LOF(#5), #5)        ' Length Of File
```

3 순차 파일 저장

순차 파일에 자료를 저장하려면 Output이나 Append 모드로 파일을 연 후, Print# 또는 Write# 명령을 사용한다. 텍스트파일은 일반적으로 다음 라인에 문자열을 출력할 경우 캐리지리턴과 라인피드를 인식하여 다음 라인에 출력한다.

① print
Print # 문을 사용하여 순차 파일에 변수의 내용을 저장한다.

> **Print # 파일번호, [데이터 저장소]**

예 Print # 문
C드라이브의 VB 폴더에 output2.txt 파일이 생성되어 있다.

```
Private Sub cmdIns2_Click( )

    Open "C:\VB\output2.txt" For Output As #1

    Print #1, "전산", 99
    Print #1, "영어", 88

    Close #1

End Sub
```

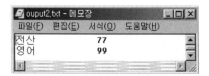

② Write

Write # 문을 지원하여 파일에 문자열이나 숫자를 저장하는 것으로 여러 개의 변수 내용을 한 번에 저장하고자 할 때 사용한다.

> **Write** # 파일번호, [데이터 저장소]

예 Write 문

C드라이브의 VB 폴더에 output3.txt 파일이 생성되어 있다.

```
Private Sub cmdIns3_Click( )
    Dim  AnyString  As  String
    Dim  AnyNumber  As  Integer

    Open "C:\VB\output3.txt" For Output As #1

    AnyString = "안녕 !"
    AnyNumber = 23445
    Write #1, AnyString, AnyNumber

    Close #1

End Sub
```

③ Print # 명령과 Write # 명령의 차이

```
7,"7",7,7,7              ' Write #2, lHakbun, strName, iJum1, iJum2, iJum3
7 7 7 7 7                ' Print #2, lHakbun; strName; iJum1; iJum2; iJum3


7         7         7         7         7
                        ' Print #2, lHakbun, strName, iJum1, iJum2, iJum3
```

4 레코드의 삭제

순차 파일에서 특정 레코드의 삭제는 어렵고 복잡하다. 특정 레코드를 삭제하는 방법은 다음과 같은 단계를 거쳐야 가능하다.

㉠ 새로운 임시 파일을 하나 생성한다.

㉡ 삭제 할 레코드를 제외한 원본 파일의 나머지 레코드를 새로운 파일에 복사한다.

㉢ 원본 파일을 Kill 명령을 사용해서 삭제한다.

㉣ Name 명령어를 사용해서 새로 생성된 파일을 원본 파일의 이름으로 변경한다.

5 순차 파일 닫기

파일은 항상 사용 후 닫아 주어야 한다. 파일을 닫을 때에는 닫고자 하는 파일 번호를 지정하고 파일을 닫아야 한다. 만일 파일 번호를 생략했을 경우에는 Open 문으로 열린 모든 파일이 닫힌다. Input 모드로 열린 파일은 닫지 않은 상태로 다른 파일 번호로 열 수 있으나, Output이나 Append 모드로 열린 파일은 닫지 않은 상태로 다른 파일 번호로 열 수 없다.

> **close** [파일번호]

> **예제** 순차 파일을 이용한 레코드 입력 프로그램을 작성하시오.

① 인터페이스 설계

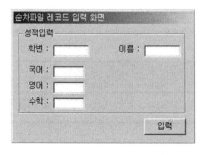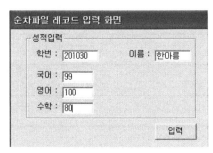

② 코드 작성

㉠ 순차파일 모듈 정의

```
Option Explicit
' 순차파일처리 모듈 정의
Public Const Sam_Dat    As String = "C:\VB\data\SAM\Sam_Dat.dat"
```

```
Option Explicit
' 순차파일 레코드 입력
' 이름 : IMEmode - 9(한글전자)
'        MaxLength - 3
Private lHakbun          As Long
Private strName          As String
Private iJum(2)          As Integer
Private Cur_cnt          As Integer
' Private iFileNum         As Integer


Private Sub cmdIns_Click( )

   Call File_Open_Accept
   Call File_Write_Close
   Call Data_Clear

End Sub


Private Sub File_Open_Accept( )

   Dim i               As Integer

   ' iFileNum = FreeFile
   Open Sam_Dat For Append As #2

   lHakbun = Val(txtHakbun.Text)
   strName = txtName.Text
   For i = 0 To 2
      iJum(i) = Val(txtJum(i).Text)
   Next i

End Sub


Private Sub File_Write_Close( )
```

```
Cur_cnt = Cur_cnt + 1
    Write #2, lHakbun, strName, iJum(0), iJum(1), iJum(2)
    Close #2
    MsgBox Cur_cnt & "건의 레코드가 입력되었습니다 !"

End Sub

Private Sub Data_Clear( )

    Dim i                As Integer

    txtHakbun.Text = ""
    txtName.Text = ""
    For i = 0 To 2
        txtJum(i).Text = ""
    Next i
    txtHakbun.SetFocus
End Sub
```

예제 순차 파일에서 특정 레코드를 삭제하는 프로그램을 작성하시오.

① 인터페이스 설계

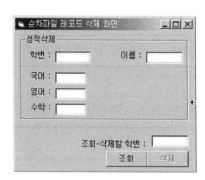

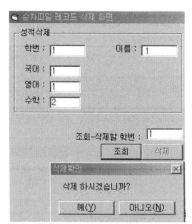

② 코드 작성

㉠ 순차파일 모듈 정의

```
Option Explicit
' 순차파일처리 모듈 정의
Public Const Sam_Dat    As String = "C:\VB\data\SAM\Sam_Dat.dat"
Public Const Del_Dat    As String = "C:\VB\data\SAM\Del_Dat.dat"
Public Const Temp_Dat   As String = "C:\VB\data\SAM\Temp_Dat.dat"
```

㉡ 순차파일 레코드 삭제

```
Option Explicit
' 순차파일 레코드 삭제
' 레코드항목 : Locked - true(출력만 가능)
Private lHakbun          As Long
Private strName          As String
Private iJum(2)          As Integer
Private Del_Hakbun       As Long

Private Sub cmdRanInq_Click( )
  Dim iAns               As Integer

  Del_Hakbun = Val(txtDHakbun.Text)

  If Del_Hakbun = 0 Then
    MsgBox "삭제할 학번을 입력하시오 !", vbOKOnly, "확인"
    txtDHakbun.Text = ""
    txtDHakbun.SetFocus
    Exit Sub
  End If

  Open Sam_Dat For Input As #2
    Do Until EOF(2)
    Input #2, lHakbun, strName, iJum(0), iJum(1), iJum(2)
```

```
    If Del_Hakbun = lHakbun Then
       Call Data_Disp
       MsgBox "해당레코드를 찾았습니다"
       iAns = MsgBox("삭제 하시겠습니까?", vbYesNo, "삭제확인")

       If iAns = 7 Then                  ' No(vbNo)

          Close #2
          Call Clear_Disp
          MsgBox "삭제 취소하였습니다"
          txtDHakbun.Text = ""
          txtDHakbun.SetFocus
          Exit Sub
       Else                             'yes(vbYes)
          Close #2
          MsgBox "자료확인후 삭제명령버튼을 클릭하십시오 !"
          cmdDel.Enabled = True
          cmdRanInq.Enabled = False
          Exit Sub
       End If
    End If

Loop

Close #2

MsgBox "해당레코드가 없습니다 삭제할 레코드번호를 입력하시오 !"
MsgBox "계속삭제하시겠습니까?", vbOKOnly, "확인"
txtDHakbun.Text = ""
txtDHakbun.SetFocus
Call Clear_Disp

End Sub

Private Sub cmdDel_Click( )

   Open Sam_Dat  For Input  As #2
   Open Temp_Dat For Output As #3
```

```
    Do Until EOF(2)

        Input #2, lHakbun, strName, iJum(0), iJum(1), iJum(2)

        If Del_Hakbun = lHakbun Then
            ' 삭제레코드 Skip
        Else
            Write #3, lHakbun, strName, iJum(0), iJum(1), iJum(2)
        End If

    Loop

    Close #2
    Close #3

    Kill Sam_Dat                        ' delete 파일
    Name Temp_Dat As Sam_Dat            ' rename 파일
    MsgBox "삭제 완료하였습니다 !"
    txtDHakbun.Text = ""
    txtDHakbun.SetFocus
    cmdRanInq.Enabled = True
    cmdDel.Enabled = False

    Call Clear_Disp

End Sub

Private Sub Data_Disp( )

    Dim i                As Integer

    txtHakbun.Text = lHakbun
    txtName.Text = strName
    For i = 0 To 2
        txtJum(i).Text = iJum(i)
    Next i

End Sub
```

```vb
Private Sub Clear_Disp( )

    Dim i               As Integer

    txtHakbun.Text = ""
    txtName.Text = ""
    For i = 0 To 2
        txtJum(i).Text = ""
    Next i
    txtDHakbun.SetFocus

End Sub
```

8.3 랜덤 파일

모든 파일을 액세스하기 위해서는 먼저 파일을 열어야 한다. 그리고 파일을 사용한 후에는 사용한 모든 파일을 닫아 주어야 한다. 랜덤 파일(Random / Direct File)은 키(key) 값에 따라 임의의 순서로 자료를 직접 저장하고 읽을 수 있는 특성을 갖는다. 일명 DAM(Direct Access Method) 파일이라고 한다.

랜덤 파일은 고정된 배열이나 레코드를 저장할 때 사용한다. 예를 들어 학생 신상 기록부에 학번, 이름, 주민번호가 들어간다고 가정할 때, 학생 정보를 레코드 단위로 묶어 처리하면 효율적이다. 따라서 응용 프로그램에서 랜덤 파일을 열기 전에 레코드 형을 선언해야 한다. 비주얼베이직에서는 레코드와 일치하는 사용자 정의형(User Defined Type) 즉, 구조체를 다음과 같이 정의하고 사용한다. 구조체는 일반적으로 모듈에서 작성한다.

```
[Private|Public] Type 자료형
    변수이름1    As    자료형
    변수이름2    As    자료형
      :
End Type
```

예 레코드 형을 정의하고 응용프로그램에서 이용하는 변수 Senior를 Student Record형으로 선언한 예제이다.

```
Type Student
    Hakbun     As    Integer
    Name       As    String*20
    Juminno    As    String*15
End Type


      :
Private   Senior   As Student
      :
```

1 랜덤 파일 열기

```
Open 경로이름 [For Random] As 파일번호 Len=레코드 길이
```

- [For Random] : 만약 지정하지 않으면 랜덤(Random) 액세스 방식으로 파일을 연다.

예 **랜덤 파일 열기(Open)**

다음 예는 레코드의 길이를 Len( )함수를 이용하여 계산 한 다음, 그 크기를 사용해서 'DAM.dat' 라는 파일을 랜덤 방식으로 열어 준다. 그리고 FreeFile 함수는 파일을 사용할 때 논리적 파일 번호를 지정하여야 하는데 현재 사용하지 않은 새로운 논리적 파일 번호를 지정해 주는 함수이다.

```
Dim  iFileNo As Integer, RecLength As Long, Senior As Student

RecLength = Len(Senior)
iFileNo = Freefile

Open "DAM.dat" For Random As iFileNo Len= RecLength
```

2 랜덤 파일 읽기

Open 된 파일에서 레코드를 읽어 오기 위해서는 Get 문을 사용한다.

> **Get** 파일번호, [레코드 번호], 변수
>
> - 파일번호: 열려 있는 파일의 번호,
> - 레코드 번호: 가변형 또는 Long형으로 읽기 시작 할 레코드 번호
> - 변수 : 자료를 읽어 들이는 변수

예 **랜덤 파일 읽기**

의미는 FileNo는 파일을 열 때 필요한 파일의 번호를 가지고 있고, iLoc은 변수에 복사 할 레코드의 위치를 지정하며, Senior는 앞에서 사용자 정의형으로 선언 했던 Student의 변수로서 레코드의 실제 내용을 보관한다.

3 랜덤 파일 저장

랜덤 파일을 디스크에 저장하기 위하여 Put 명령어를 사용한다.

> **Put** [#] 파일번호, [레코드번호], 변수

예 **랜덤 파일에 레코드 추가**

```
LastRec  = LOF(iFileNo)
LastRec  = LastRec + 1
Put iFileNo, LastRec, Senior
```

파일번호의 문자를 모두 읽어 오려면 LOF(Length Of File) 함수를 사용하면 된다. LOF는 파일번호에 해당하는 문자의 길이를 구하는 함수이다.

4 **포인터 옮기기**

순차파일은 순차적으로 읽어오기 때문에 임의로 포인터 위치를 옮길 일이 없다. 그렇지만 랜덤 파일이나 이진파일은 종종 사용한다. 포인터 위치를 알아낼 때는 Seek( ) 함수를 사용하고, 포인터 위치를 이동시킬 때는 Seek 문을 사용한다. 포인터의 처음 위치는 파일이 시작하는 맨 첫 문자의 위치를 말하며 처음 위치는 1부터 시작하고 다음 문자부터 1씩 증가한다.

다음은 Seek( ) 함수와 Seek 문의 형식이다.

Seek (파일번호)

Seek 파일번호, 위치

예 **Seek 5, 20**   ' 20번째 문자 위치로 포인터를 옮긴다는 의미이다.

> 예제 랜덤 파일에 자료를 저장하고 레코드 단위로 읽어오는 프로그램을 작성하시오.

① **인터페이스 설계**

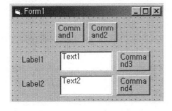 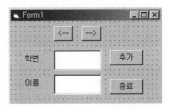

② **코드작성**

　㉠ 레코드 형 및 변수를 선언한다. CrLf 변수를 만들어준 것은 다음 라인에 다른
　　학생의 정보를 넣기 위해 만든 변수이다.

```
Option Explicit
Private Type Student
   Hakbun   As  String * 10
```

```
      Name     As  String * 20
      CrLf     As  String * 2
End Type
Private Senior  As  Student
Private CurRec  As  Integer
Private Num     As  Integer
```

ⓛ 현재의 레코드 번호에 해당하는 레코드 내용을 텍스트 박스에 출력하는
   ShowRec 함수를 선언한다. 반대로 텍스트 박스의 내용을 Senior라는 레코드
   에 레코드 번호를 입력받아 1번 파일에 저장한다.

Coding

```
Private Sub ShowRec( )

    Form1.Caption = "레코드 번호" + Str(CurRec)
    Get #1, CurRec, Senior
    txtHakbun.Text = Senior.Hakbun
    txtName.Text = Senior.Name

End Sub

Private Sub SaveRec( )

    Senior.Hakbun = txtHakbun.Text
    Senior.Name = txtName.Text
    Senior.CrLf = vbCrLf
    Put #1, CurRec, Senior

End Sub
```

ⓒ 폼이 로드 될 때 수행되는 코드들이다.

Coding

```
Private Sub Form_Load( )

    CurRec = 1
    Open "C:\imsi.dat" For Random As #1 Len = Len(Senior)
    Num = LOF(1) / Len(Senior)
```

```
If Num = 0 Then
    Num = 1
End If

End Sub
```

㉣ 이전 레코드를 표시하는 처리 코드이다.

Coding

```
Private Sub cmdPre_Click( )

    If CurRec > 1 Then
        CurRec = CurRec - 1
    Else
        MsgBox "첫 번째 레코드입니다."
    End If

    ShowRec

End Sub
```

㉤ 다음 레코드를 표시하는 처리 코드이다.

Coding

```
Private Sub cmdNext_Click( )

    If CurRec < Num Then
        CurRec = CurRec + 1
    Else
        MsgBox "마지막 레코드입니다."
    End If

    ShowRec

End Sub
```

ⓑ 현재의 레코드를 저장한 후 레코드 개수를 1 증가하고 학번란에 포커스를 둔다.

```
Private Sub cmdIns_Click( )

    SaveRec

    txtHakbun.Text = ""
    txtName.Text = ""
    Num = Num + 1
    CurRec = Num
    txtHakbun.SetFocus

End Sub
```

ⓢ 종료 버튼을 클릭 했을 때 현재 사용 중인 레코드를 저장하고 열려있는 파일을 닫는다.

```
Private Sub cmdEnd_Click( )
    Close #1
    End
End Sub
```

ⓞ 세 개의 레코드를 추가한 후 'C:Wimsi.dat' 파일을 메모장으로 읽어온 내용이다.

8.4 이진 파일

이진 파일(Binary File)은 모든 형태의 자료를 표현할 수 있고 레코드의 길이를 고정할 필요가 없기 때문에 디스크 공간을 절약할 수 있다. 그러나 이진 파일에서는 어느 레코드가 몇 번째 위치하고 있는지 알 수 있는 방법은 없다. 따라서 가변형의 레코드를 사용하고자 한다면 각 레코드의 위치 값을 따로 관리해 주는 작업이 추가로 필요하다.

1 이진파일 열기

이진파일에서는 읽거나 쓸 크기를 지정할 필요가 없다.

```
Open 경로이름 For Binary As [#] 파일번호
```

2 이진 파일 읽기

```
Get [#] 파일번호, [레코드 번호], 변수
```

예 7번째 바이트부터 10바이트 길이의 자료를 읽어 변수 Tmp에 기억한다.

```
Dim Tmp          As String*10
Get iFileNo, 7, Tmp
```

3 이진 파일 저장

```
Put [#] 파일번호, [레코드번호], 저장 내용이 있는 변수
```

예 10번째 바이트 위치에 TelNum값을 저장한다.

```
TelNum ="890-4561"
Put iFileNo, 10, TelnNum
```

> **예제** 메뉴와 이진 파일을 이용한 문서 편집기(텍스트 에디터)를 만드는 프로그램을 작
> 성하시오.

① 인터페이스 설계

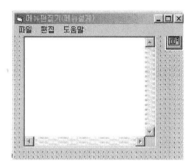 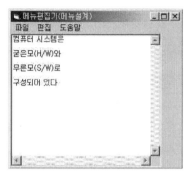

② 객체와 속성 정의

객체	속성 값
폼	이름=Menu_form, Caption=메뉴편집기(메뉴설계)
텍스트박스	이름=txtTextBox, MultiLine=True, Text=
공용 대화상자	이름=dlgFile, DefaultExe=txt, Filter=텍스트파일(*.txt)|*.txt |Document File(*.doc)|*.doc|Hwp File(*.hwp)|*.hwp|모든 파일(*.*)|*.*

③ 코드 작성

```
Option Explicit
' 문서 편집기(메뉴, 이진파일)
Private Sub Form_Resize( )
   txtTextBox.Move 0, 0, ScaleWidth - 500, ScaleHeight
End Sub


Private Sub mnuNew_Click( )
   txtTextBox.Text = ""
   txtTextBox.SetFocus
End Sub
```

```
Private Sub mnuOpen_Click( )

    Dim f          As Integer

  dlgFile.ShowOpen
  If Err.Number = cdlCancel Then
     Exit Sub
  End If


  If dlgFile.FileName <> "" Then
     f = FreeFile( )
     Open dlgFile.FileName For Binary As #f
     txtTextBox.Text = Input(LOF(f), #f)
     Close #f
  End If


End Sub


Private Sub mnuSave_Click( )

    Dim f          As Integer

  dlgFile.ShowSave

  If Err.Number = cdlCancel Then
     Exit Sub
  End If

  If dlgFile.FileName <> "" Then
     f = FreeFile( )
     Open dlgFile.FileName For Output As #f
     Print #f, txtTextBox.Text
     Close #f
  End If


End Sub


Private Sub mnuExit_Click( )
```

```
        Dim result      As Integer

        result = MsgBox("정말 종료하시겠습니까?", _
                    vbYesNo + vbQuestion, "종료확인")


    If result = vbYes Then
        End
    End If


End Sub


Private Sub mnuPaste_click()
    mnuChange.Enabled = True
    mnuPaste.Enabled = False
End Sub


Private Sub mnuChange_Click()
    mnuPaste.Enabled = True
    mnuChange.Enabled = False
End Sub
```

> **예제** 다중문서 인터페이스(MDI)와 이진 파일을 이용한 문서 편집기(텍스트 에디터)를
> 만드는 프로그램을 작성하시오.

① 인터페이스 설계

ㄱ) 부모/자식 폼

 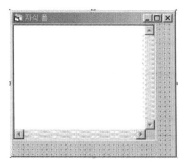

ⓛ 실행 폼

② 객체와 속성 정의

객체	속성 값
폼	이름=MDI_Parent_form, Caption=MDI 부모 폼 이름=MDI_Child_form, Caption=자식 폼, MDIChild=True
텍스트박스	이름=txtTextBox, MultiLine=True, Text=
공용 대화상자	이름=dlgFile, DefaultExe=txt, Filter=텍스트파일(*.txt)|*.txt|Document File(*.doc)|*.doc|Hwp File(*.hwp)|*.hwp|모든파일(*.*)|*.*

③ 코드 작성

ⓐ MDI 자식

Coding

```
Option Explicit

Private Sub Form_Resize( )
    txtTextBox.Move 0, 0, ScaleWidth, ScaleHeight
End Sub
```

ⓛ MDI 부모

Coding

```
Option Explicit
Private Sub mnuNew_Click( )
```

```
        Dim NewChildForm   As New MDI_Child_form  '자식 폼 개체변수

        NewChildForm.Show                          '자식 폼 인스턴스
    '   MDI_Parent_form.Arrange vbCascade          '계단식배열(0)
        MDI_Parent_form.Arrange vbTileHorizontal   '바둑판식배열(수평)(1)
    '   MDI_Parent_form.Arrange vbTileVertical     '바둑판식배열(수직)(2)
    '   MDI_Parent_form.Arrange vbArrangeIcons     '최소화된 아이콘정렬

End Sub

Private Sub mnuOpen_Click( )

        Dim f            As Integer

        dlgFile.ShowOpen

    If Err.Number = cdlCancel Then
        Exit Sub
    End If

    If dlgFile.FileName <> "" Then
        f = FreeFile( )
        Open dlgFile.FileName For Binary As #f
        ActiveForm.txtTextBox.Text = Input(LOF(f), #f) '현재 활성화된 폼(ME)
        Close #f
    End If

End Sub

Private Sub mnuSave_Click( )

        Dim f            As Integer

        dlgFile.ShowSave

    If Err.Number = cdlCancel Then
        Exit Sub
    End If

    If dlgFile.FileName <> "" Then
```

```vb
        f = FreeFile( )
        Open dlgFile.FileName For Output As #f
        Print #f, ActiveForm.txtTextBox.Text          '현재 활성화된 폼(ME)
        Close #f
    End If

End Sub

Private Sub mnuExit_Click( )
    Dim result        As Integer

    result = MsgBox("정말 종료하시겠습니까?", _
                vbYesNo + vbQuestion, "종료확인")

    If result = vbYes Then
        End
    End If

End Sub

Private Sub mnuPaste_click( )
    mnuChange.Enabled = True
    mnuPaste.Enabled = False
End Sub

Private Sub mnuChange_Click( )
    mnuPaste.Enabled = True
    mnuChange.Enabled = False
End Sub

Private Sub mnuInfo_Click( )

    Dim NewChildForm   As New MDI_Child_form  '자식 폼 개체변수

    NewChildForm.Show
    ActiveForm.txtTextBox.Text = "문서편집기 Ver. 1.0 입니다"

End Sub
```

비주얼베이직에서 제공하는 다양한 ActiveX 컨트롤 중 멀티미디어 관련 컨트롤(MMC : MicroSoft Multimedia Control)과 공용 컨트롤(Common Control)의 사용 방법에 대해 살펴본다.

멀티미디어(Multimedia)란 정보를 전달하기 위한 다양한 매체들의 집합을 의미한다. 예를 들면, 텍스트, 소리, 이미지, 영상 등이 이에 속한다. 이러한 매체들을 사용하여 정보를 전달하기 위해서는, 다양한 형태를 갖는 매체들이 일관성 있게 사용자에게 정보를 제공할 수 있는 인터페이스를 제공할 수 있어야 한다.

Visual Basic Programming 9.1 멀티미디어 컨트롤

우리는 사운드 카드, CD-롬 드라이브, DVD 드라이브가 장착된 컴퓨터로 음악을 듣고 동영상을 볼 수 있다. 컴퓨터가 텍스트 위주의 자료만 처리하는 것이 아니라 멀티미디어 자료도 가공 처리하고 있음을 의미한다.

비주얼베이직에서는 멀티미디어를 관리할 수 있는 컨트롤이 있는데 이를 매체제어 인터페이스(MCI : Media Control Interface)라 하며, 다양한 매체 저장 장치인 오디오 보드, MIDI 시퀀서, CD-롬 드라이브, 오디오 CD 재생기, 비디오 디스크 재생기 등을 사용하여 멀티미디어 파일을 재생하거나 녹음할 수 있다.

MCI는 다양한 매체 저장 장치를 제어하기 위해서 표준 인터페이스를 사용하는 함수의 집합이다. MCI는 비주얼베이직을 비롯해서 다양한 프로그래밍 언어에서 사용할 수 있는 윈도우즈용 응용 프로그램 인터페이스(API : Application Program Interface)의 일부분이다.

9.1.1 멀티미디어 컨트롤 사용

멀티미디어 컨트롤(MMC : MicroSoft Multimedia Control)을 사용하기 위해서는 컨트롤을 도구 상자에 추가시켜 주어야 한다. 구성요소 대화상자에서 MicroSoft Multimedia Control 6.0을 선택한다.

① [프로젝트]−[구성요소] 메뉴를 선택한다. 또는 Ctrl+T키를 누른다.

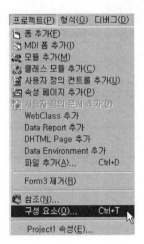

② [구성요소] 대화 상자의 [컨트롤] 탭에서 MicroSoft Multimedia Control 6.0을 선택하고 확인 버튼을 누른다.

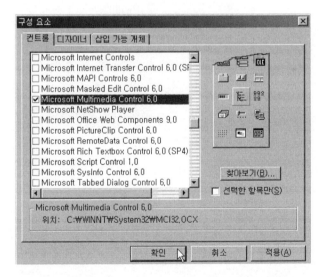

③ 도구상자에 멀티미디어 컨트롤이 추가되어 나타나고 폼 창에 멀티미디어 컨트롤을 배치한다.

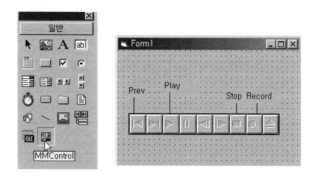

④ 폼 창의 멀티미디어 컨트롤을 선택 후 마우스 오른쪽 버튼을 누른다.

⑤ [속성페이지] 대화상자의 [컨트롤] 탭에서 속성을 볼 수 있다.

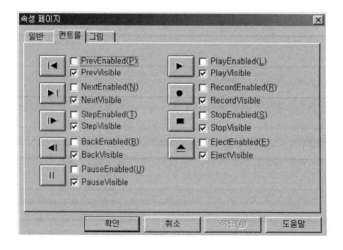

멀티미디어 컨트롤이 가지고 있는 주요 속성은 다음과 같다.

속성	의미
DeviceType	MCI 장치의 유형을 나타낸다. | 인수	의미
CDAudio	CD오디오
DAT	디지털오디오테이프
AVIVideo	디지털비디오
Scanner	스캐너
Sequencer	시퀀서
WaveAudio	웨이브오디오	
Command	실행하고자 하는 MCI 장치의 명령어 지정 | 명령	의미
Prev	Seek 명령어를 사용해서 현 트랙의 시작점으로 간다.
Next	Seek 명령어를 사용해서 다음 트랙 시작점으로 간다.
Play	재생한다.
Pause	일시 정지한다.
Back	뒤쪽 단계로 이동한다.
Step	앞쪽 단계로 이동한다.
Stop	정지한다.
Record	기록한다.
Eject	CD를 꺼낸다.
Close	MCI 장치를 닫는다.
Open	MCI 장치를 연다.
Save	현재 열려진 파일을 저장한다.
Seek	앞이나 뒤의 트랙을 찾는다.	
Frames	Step, Back 명령 버튼에 대한 프레임 수를 지정한다.
UpdateInterval	StatusUpdate 이벤트를 발생시키는 간격을 지정한다.

FileName	Save, Open 명령에 의해 지정된 파일
Shareable	두개 이상의 프로그램에서 동일 MCI 장치 공유 여부 결정(True, False)
AutoEnable	컨트롤 각 버튼을 자동 사용 여부 결정
Wait	컨트롤이 다음 MCI 명령을 기다릴지의 여부를 결정
Notify	다음 명령이 Done 이벤트를 발생시킬 것인지를 결정

예 MCI 장치를 작동시킬 준비

```
MMControl1.Command = "Open"
```

예 버튼에 대해 활성화 지정 코드(Stop 버튼에 대해)

```
MMControl1.Command.StopVisible = True
MMControl1.Command.BackEnabled = True
```

9.1.3 음악 파일 듣기

간단한 플레이어를 만들기 위해서는 멀티미디어 컨트롤뿐만 아니라 공용 대화상자 컨트롤도 필요하다. 따라서 공용 대화상자 컨트롤을 도구 상자에 추가해야 한다. 이는 [프로젝트]−[구성요소] 메뉴를 선택하여 [구성요소] 대화상자에서 MicroSoft Commmon Dialog Control 6.0을 선택 적용한다.

① 폼 창에 멀티미디어 컨트롤, 공용 대화상자 컨트롤, 명령버튼 컨트롤을 배치한다.

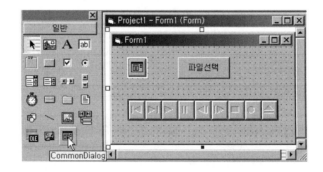

② 코드 창에서 다음 내용을 입력한다.

③ 도구막대의 시작 버튼(▶)을 눌러 실행한다.

④ 파일선택 버튼을 눌러 음악 파일을 선택한다.

⑤ 실행되고 있는 모습이다.

원도우즈 응용 프로그램에서 자주 볼 수 있는 툴 바(ToolBar), 상태 바(StatusBar), 진행 바(ProgressBar), 이미지 리스트(ImageList), 슬라이더(Slider), 탭 스트립(TabStrip), 이미지 콤보(ImageCombo), 리스트 뷰(ListView), 트리 뷰(TreeView) 등을 제작 표시할 수 있도록 비주얼베이직에서는 공용 컨트롤(Common Control)을 제공하고 있다. 따라서 이 기능을 사용하려면 공용 컨트롤을 도구상자에 추가해야 한다.

[프로젝트]-[구성요소] 메뉴를 클릭하여 [구성요소] 대화상자의 [컨트롤] 탭에서 Microsoft Windows Common Controls 6.0을 선택한다. 도구상자에 공용 컨트롤이 다음과 같이 나타난다.

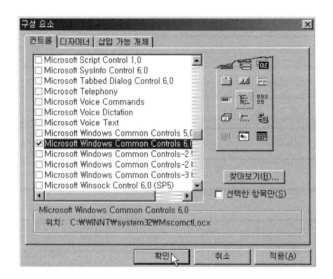

TabStrip	ToolBar	StatusBar
ProgressBar	TreeView	ListView
ImageList	Slider	ImageCombo

9.2.1 진행 바 컨트롤

진행 바 컨트롤(ProgressBar,)은 왼쪽에서 오른쪽으로 파란색 막대를 채워 가면서 작업의 진행 상태를 보여준다. 일반적으로 진행 바는 프로그램 설치시나 파일 다운받는 화면에서 많이 접할 수 있는 형태이다.

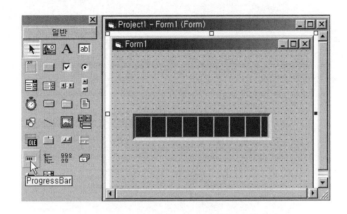

폼 창의 진행 바 컨트롤을 선택하여 마우스 오른쪽 버튼을 눌러 속성을 선택한다.

[속성페이지] 대화 상자에서 속성을 볼 수 있다.

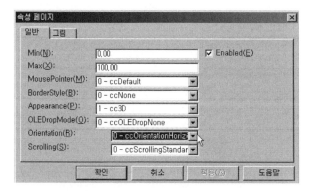

예 진행 바 컨트롤을 타이머 컨트롤과 조합하여 사용한 예제이다.

① 폼 창 위에 진행 바 컨트롤과 타이머 컨트롤을 배치한다.

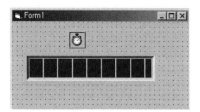

② 타이머 컨트롤의 Interval 속성을 100으로 한다.

③ 코드 창에 코딩한다.

④ 시작 버튼(▶)을 눌러 실행 시킨다.

9.2.2 상태 바 컨트롤

윈도우즈용 응용 프로그램에서 화면 하단에 표시되는 상태 표시 줄과 같은 것을 비주얼 베이직 응용 프로그램에서 나타내려면 상태 바 컨트롤(StatusBar,)을 이용한다.

① 도구상자에서 상태 바 컨트롤을 폼 창에 배치한다.

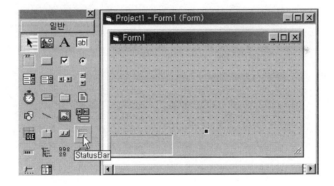

② 폼 창의 상태 바 컨트롤을 선택 후 마우스 오른쪽 버튼을 눌러 팝업 창에서 속성을 선택한다.

③ [속성페이지] 대화상자의 [패널] 탭을 클릭 한다. Index부분에 숫자가 1로 표시되어 있다. 패널삽입 (패널 삽입(N)) 버튼을 클릭 한다. 패널삽입 버튼을 클릭한 수만큼 패널이 추가되며 Index가 1씩 증가한다. ◀ ▶를 이용하여 패널 번호를 선택할 수 있다.

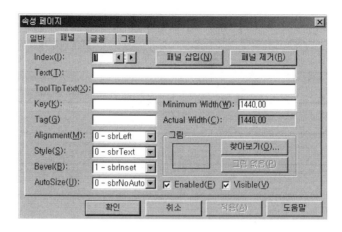

④ 패널 2개에 다음 속성을 각각 지정한다.

1번째 패널에 대한 속성 지정으로 Style 부분에 3-sbrIns을 선택하고 2번째 패널에 대한 속성 지정으로 Style 부분에 sbrTime을 클릭 한다.

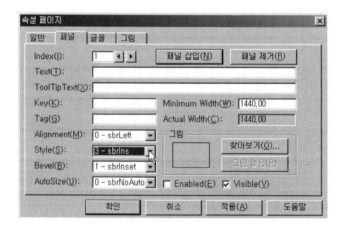

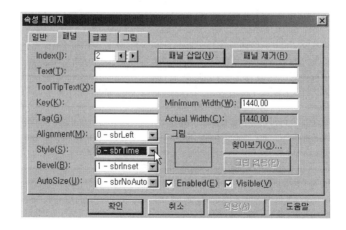

⑤ 시작 버튼()을 눌러 실행 시킨다.

9.2.3 툴 바 컨트롤

윈도우즈 응용프로그램 화면 상단의 메뉴 아래에 있는 다음과 같은 도구 막대를 만들 수 있는 컨트롤이 툴 바 컨트롤(ToolBar,) 이다.

① 툴 바 컨트롤을 폼에 추가하면 화면 상단에 자동으로 위치한다.

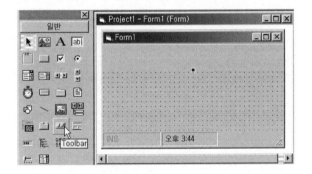

② 폼 창의 툴 바 컨트롤을 선택한 후 마우스 오른쪽 버튼을 눌러 속성을 선택한다.

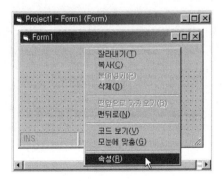

③ [속성 페이지] 대화 상자가 나타난다. 처음엔 Index 부분의 숫자가 0이고 대부분 비활성화 되어 있는 상태이지만 단추 삽입(N) 버튼을 클릭하면 새로운 단추를 추가할 수 있다. 단추 삽입(N) 버튼을 세 번 눌러 세 개의 버튼을 생성한다. 버튼의 이동은 ◀ ▶을 이용한다.

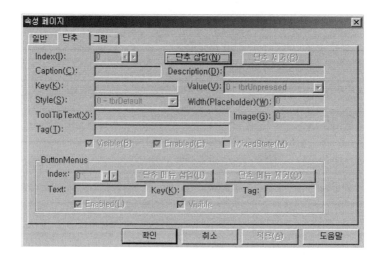

④ 3개 버튼에 대한 속성을 지정한다.

1번 단추에 대한 속성으로 Caption 즉, 단추에 표시되는 문자열을 새 파일로 입력한다. Key는 New로, ToolTipText는 도구모음의 풍선 도움말을 나타내는 것으로 새 파일로 한다.

2번 단추에 대한 속성을 지정한다. 속성을 모두 입력한 후 [적용] 버튼을 누른다. ◀ ▶을 이용하여 다른 단추로 이동 가능하다.

3번 단추에 대한 속성을 지정한다. 그리고 [확인] 버튼을 누른다.

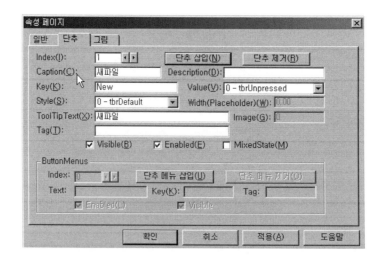

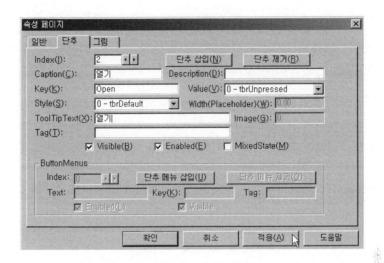

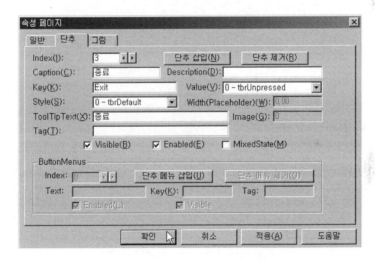

⑤ 다음은 3개의 단추에 대한 속성을 지정한 후 폼 창의 모습이다.

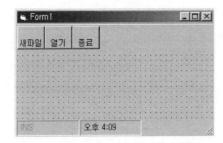

⑥ 툴 바 컨트롤을 마우스로 더블 클릭하여 나타난 코드 창에서 코딩한다.

⑦ 시작 버튼을 눌러 실행시키면 다음과 같은 창이 나타나며, [새 파일] 단추를 클릭했을 때 표시는 메시지박스가 출력된다.

9.2.4 이미지 리스트 컨트롤

Visual Basic Programming

윈도우즈 응용 프로그램에서 도구막대의 단추 아이콘에 작은 그림이 표시되는 것을 자주 볼 수 있는데 이러한 기능을 할 수 있는 것이 이미지 리스트 컨트롤(ImageList, ⬚)이다.

① 폼 창 위에 이미지 리스트 컨트롤을 배치한다.

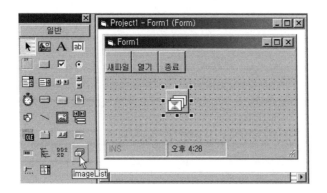

② 이미지 리스트 컨트롤이 선택 된 상황에서 마우스 오른쪽 버튼을 눌러 속성을 선택한다.

③ [속성 페이지] 대화 상자가 열린다. 그림 삽입(P)... 버튼을 클릭하면 그림을 선택할 수 있는 대화 상
자가 열린다. 툴 바에 표시하고자 하는 그림을 선택하면 된다.

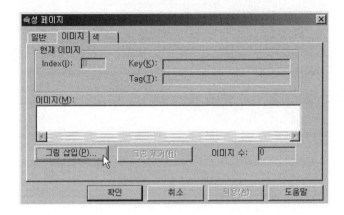

선택된 그림은 이미지 상자 안에 다음과 같이 표시된다. [확인] 버튼을 눌러 빠져 나온다.

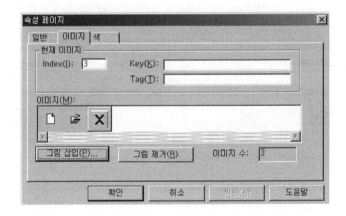

④ 이미지 리스트 컨트롤에서 선택한 그림들을 툴 바 컨트롤의 [속성페이지] 대화상자에서 연결 해 주어
야 한다.

먼저 툴 바 컨트롤을 선택한 후 마우스 오른쪽 버튼을 눌러 속성을 클릭하면 툴 바 컨트롤의 [속성
페이지] 대화 상자가 나타난다. [일반] 탭에서 ImageList 속성을 다음과 같이 선택한다.

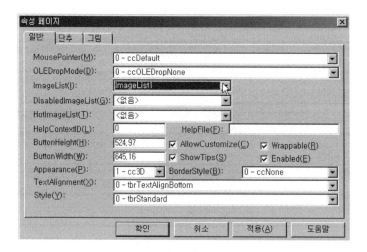

⑤ 이번에는 [단추] 탭을 선택하여 Index부분이 1인 경우, Image 부분에 1을 입력한다.
　◀▶를 사용하여 Index 부분이 2인 경우 Image 부분에 2를 입력하고, Index가 3인 경우는
Image 부분에 3을 입력한다.

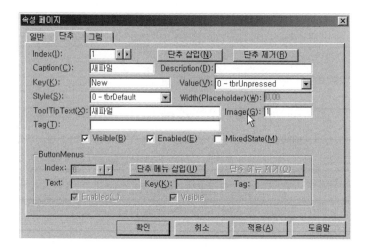

⑥ 폼 창에 다음과 같은 모습이 나타난다.

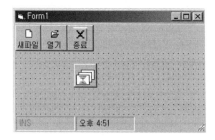

9.2.5 슬라이더 컨트롤

슬라이더 컨트롤(Slider, 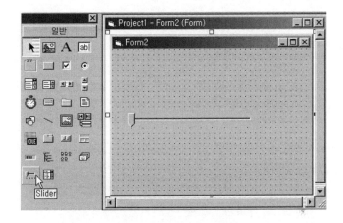)의 막대 사용은 숫자 값을 마우스 조작에 의해 자동 지정
하고자 할 때 이용된다. 윈도우즈 응용 프로그램에서 색상이나 글자의 크기를 선정할 경우
슬라이더를 이용하는 경우도 있다.

① 폼 창에 슬라이더 컨트롤을 배치하면 다음과 같은 모습이다.

② 폼 창 위에 슬라이더 컨트롤을 선택한 후 마우스 오른쪽 버튼을 눌러 속성을 선택한다.

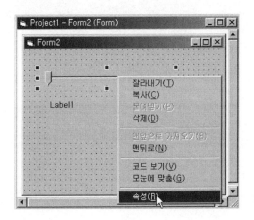

③ 슬라이더 컨트롤의 [속성 페이지] 대화 상자가 열린다. 슬라이더 컨트롤의 속성 값을 다음과 같이 지
정한다.

인수	값	의미
Min	1	최솟값
Max	100	최댓값
SelStart	5	현재값
TickFrequency	10	슬라이더 눈금 간격

④ 코드 창에서 다음과 같이 코딩한다.

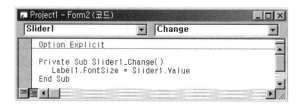

⑤ 시작 버튼을 눌러 실행하면 다음과 같은 화면이 나타난다.

9.2.6 탭 스트립 컨트롤

탭 스트립 컨트롤(TabStrip,)은 선택 탭에 따라 다른 작업을 하고자 할 때 유용하게 사용된다.

① 탭 스트립 컨트롤을 폼 창에 배치한다.

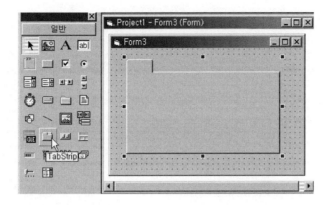

② 탭 스트립 컨트롤이 선택 된 상황에서 마우스 오른쪽 버튼을 눌러 속성을 선택한다.

③ 탭 스트립 컨트롤의 [속성페이지] 대화 상자가 표시된다. 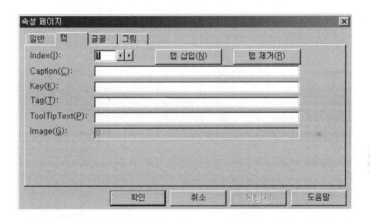 탭 삽입(N) 을 눌러 탭을 추가한다.

④ 3개 탭을 만들어 Caption/ToolTipText에 값을 다음과 같이 입력한다.
   1번째 탭의 속성 Caption/ToolTipText에 "열기"를 입력한다.
   2번째 탭의 속성 Caption/ToolTipText에 "색상"을 입력한다.
   3번째 탭의 속성 Caption/ToolTipText에 "인쇄"를 입력한다.
   그리고 공용 대화상자 컨트롤과 텍스트박스 컨트롤을 폼 창 위에 추가 배치한다.

⑤ 코드 창에서 코딩한다.

⑥ 시작 버튼을 눌러 실행한다.

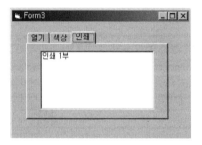

9.2.7 이미지 콤보 컨트롤

이미지 콤보 컨트롤(ImageCombo,)은 일반 콤보와 기능은 유사하나 콤보 리스트 항목 앞에 이미지를 표시할 수 있다. 이미지 콤보의 주요 속성은 다음과 같다.

속성	의미
Text	콤보박스 텍스트에 문자를 넣어준다.
Locked	True이면 텍스트에서 문자열을 입력받을 수 있고 False이면 문자열을 입력받을 수 없다
Enabled	True이면 이미지 콤보 사용 가능하다.
SelectedItem	선택된 ListItem이나 Node, Tab 개체에 대한 참조를 반환한다.
Indentation	칸수를 띄어준다.

ComboItems 객체는 콤보 박스의 항목을 추가, 삭제 등을 설정하기 위해서 사용한다. Add 메소드를 사용하여 항목을 추가할 수 있으며 형식은 다음과 같다.

```
ComboItems.Add(Index, Key, Text, Image, SelImage, Indentation) As ComboItem
```

- Index : 새 객체를 위한 위치를 지정하고 생략 시 자동으로 Index가 부여된다.
- Key : 항목을 식별하는 고유한 문자열로 Index 대신 사용한다. 생략 가능하다.
- Text : 이미지 콤보의 리스트 항목에 나타날 문자열을 말한다.
- Image : 항목과 함께 사용할 그림을 넣기 위해 이미지 리스트 컨트롤의 인덱스나 키를 지정한다.
- SelImage : 항목이 선택되었을 때 항목과 함께 사용할 그림을 식별하는 이미지 리스트 컨트롤의 인덱스나 키를 지정한다.
- Indentation : 칸수를 띄어 준다.

또한 ComboItems 객체는 Remove 메소드를 사용하여 항목을 삭제할 수 있고 괄호 안에 인덱스 번호를 사용한다. 예를 들면, ImageCombo1.ComboItems.Remove(1)은 첫 번째 항목을 삭제한다는 의미이다. 전체 항목 삭제를 하려면 Clear 메소드 사용한다.

① **폼 설계**

이미지 콤보 컨트롤을 폼에 배치한 후 이미지 리스트 컨트롤도 폼에 배치한다. 그리고 이미지 리스트 컨트롤을 선택 한 후 마우스 오른쪽 버튼을 눌러 속성을 선택한다.

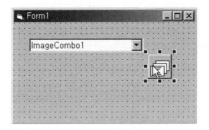

② [속성페이지] 대화 상자에서 [이미지] 탭을 선택한 후 그림 삽입(P)... 버튼을 눌러 추가 하고자 하는 이미지 파일을 선택한다. 여기서는 3개의 이미지 파일을 선택했다.

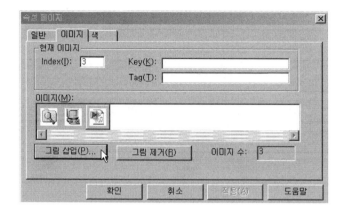

③ 코드 창에서 다음과 같이 코딩한다.

코드 중에서 Set ImageCombo1.ImageList = ImageList1은 이미지 콤보 상자에 이미지 리스트 자료를 연결함을 의미한다.

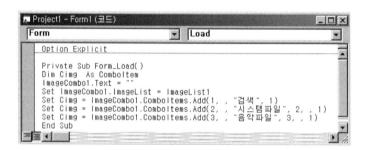

```
Option Explicit

Private Sub Form_Load( )
Dim Cimg  As ComboItem
ImageCombo1.Text = ""
Set ImageCombo1.ImageList = ImageList1
Set Cimg = ImageCombo1.ComboItems.Add(1, , "검색", 1)
Set Cimg = ImageCombo1.ComboItems.Add(2, , "시스템파일", 2, , 1)
Set Cimg = ImageCombo1.ComboItems.Add(3, , "음악파일", 3, , 1)
End Sub
```

④ 실행 화면의 결과이다.

9.2.8 리스트 뷰 컨트롤

리스트 뷰 컨트롤(ListView, ⊞)은 목록을 표준 아이콘, 작은 아이콘, 목록 형태, 자세히 등으로 나타내는 컨트롤이다. 리스트 뷰 컨트롤은 View 속성으로 4가지 형태를 사용할 수 있다.

ListItems 객체는 리스트 뷰의 항목을 설정하기 위해서 사용하고 Add 메소드를 사용하여 항목을 추가한다. 그리고 Remove 메소드를 사용하여 삭제하며 Clear 메소드를 이용하여 전체 항목을 삭제할 수 있다.

```
ListItems.Add(Index,Key,Text,Lone,SmallLone) As ListItem
```

- Index : 인덱스 번호 지정
- Key : 항목 식별하는 고유 문자열로 Index를 대신하여 지정 가능하며 생략도 가능하다.
- Text : 리스트 뷰 항목에 나타날 문자열
- Lone: 표준 아이콘 이미지의 인덱스 번호 지정, View 속성이 lvwIcon인 경우에 사용한다.
- SmallLone : 작은 아이콘 이미지의 인덱스 번호를 지정한다. View속성이 lvwSmallIcon, lvwList, lvwReport로 되어 있는 경우에 사용한다.

① 폼 설계

폼에 리스트 뷰 컨트롤과 이미지 리스트 컨트롤을 배치한다. 이미지 리스트 컨트롤을 선택 한 후 마우스 오른쪽 버튼을 눌러 속성을 선택한다.

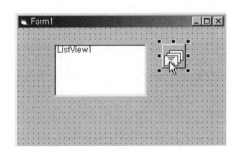

② [속성 페이지] 대화 상자에서 [이미지] 탭을 선택하고 [　그림 삽입(P)...　] 버튼을 눌러 추가 하고자 하는
이미지 파일을 선택한다. 여기서는 3개의 이미지 파일을 다음과 같이 선택한다.

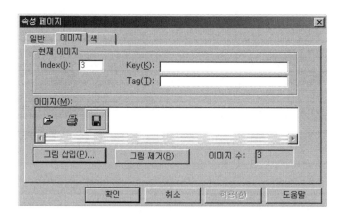

③ 리스트 뷰 컨트롤과 이미지 리스트 컨트롤을 연결하기 위해 리스트 뷰 컨트롤을 선택한 후 마우스
오른쪽 버튼을 눌러 속성을 선택한다. [이미지 목록] 탭에서 Normal 부분에 이미지 리스트의 이름
을 다음과 같이 선택한다.

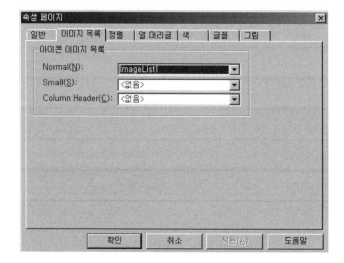

④ 코드 창에서 다음과 같이 코딩한다.

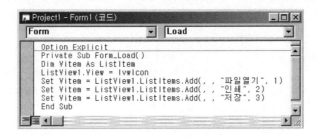

⑤ 실행 결과는 다음과 같다.

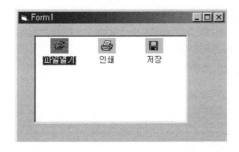

9.2.9 트리 뷰 컨트롤

트리 뷰 컨트롤(Tree View, 📭)은 이미지와 문자열로 이루어진 노드(Node) 객체로 계
층적인 트리 구조를 보여줄 수 있다. 특히 문서의 제목이나 폴더 또는 디스크 드라이브 구
조를 보여줄 때 사용한다.

Nodes 객체는 노드의 추가, 삭제 등을 설정하기 위하여 사용하며 Add 메소드를 사용하
여 노드를 추가할 수 있다. 또한 Remove 메소드를 사용하여 Node를 삭제할 수 있고 전체
Node를 삭제를 하려면 Clear 메소드를 사용한다.

```
Nodes.Add(Relation, RelationShip, Key, Text, Image, SelectedImaged) As Node
```

- Relation : 상속 받을 키의 이름을 넣는다.
- RelationShip : 상속 받을 키와의 관계 설정한다.

관계값	의미
tvwFirst	부모 노드
tvwChild	자식 노드
tvwLast	마지막 노드
tvwNext	다음 노드
tvwPrevious	전 노드

- Key : 항목을 식별하는 고유 문자열이다. 생략 가능하다.
- Text : 리스트 항목에 나타날 문자열을 말한다.
- Image : 이미지 리스트 컨트롤의 인덱스나 키를 넣는다.
- SelectedImaged : 선택한 이미지를 지정한다.

① **폼 설계**

이미지와 문자열이 있는 트리 뷰를 만들려면, 폼에 트리 뷰 컨트롤과 이미지 리스트 컨트롤을 배치한다.

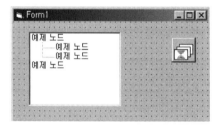

② 이미지 리스트 컨트롤을 선택한 후 마우스 오른쪽 버튼을 눌러 속성을 선택한다. [속성 페이지] 대화 상자의 [이미지] 탭에서 이미지 파일을 불러온다.

③ 그리고 트리 뷰 컨트롤과 이미지 리스트 컨트롤을 연결하기 위해 트리 뷰 컨트롤을 선택 한 후 마우스 오른쪽 버튼을 눌러 속성을 선택한다. [속성페이지] 대화상자가 나타나면 [일반] 탭의 ImageList 부분의 이미지 리스트 이름인 ImageList1을 선택한다.

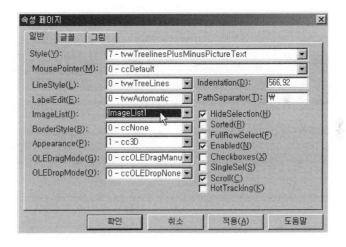

④ 코드 창에서 다음과 같이 코딩한다.

```
Private Sub Form_Load()
    Dim Cnode As Node
    Set Cnode = TreeView1.Nodes.Add(, , "New", "새문서", 1)
    Set Cnode = TreeView1.Nodes.Add("New", tvwChild, "Open", "열기", 2)
    Set Cnode = TreeView1.Nodes.Add("New", tvwChild, "Print", "인쇄", 3)
    Set Cnode = TreeView1.Nodes.Add("Print", tvwChild, "cc", "인쇄2", 3)
End Sub
```

Chapter
10 | 데이터베이스 활용

데이터베이스는 조직 내에서 사용하는 방대한 양의 자료들을 컴퓨터가 인식하고 처리 가능한 장치에 통합된 자료(integrated data), 운영자료(operational data), 공유자료(shard data), 그리고 저장된 자료(stored data)로 모아놓은 자료들의 집합체이다. 예전에는 자료를 종이문서나 파일에 저장하여 사용했다. 그러나 종이 문서에 들어있는 자료나 파일에 들어 있는 자료는 변경하거나 관리하기가 어렵고 변경할 경우에는 새롭게 작성해야 했다. 그리고 자료의 양이 많아질수록 변경 및 관리는 더 어려워져 자료를 효율적으로 관리할 수 있는 데이터베이스의 필요성은 더욱 커졌다고 할 수 있다.

데이터베이스를 생성하고, 관리하고, 사용자의 요구(Request)에 따라 응답(Response)하는 등의 통합된 운영을 담당하는 프로그램들을 데이터베이스 관리시스템 (DBMS : DataBase Management System) 이라고 부른다. 이 DBMS는 사용자가 데이터베이스에 좀 더 편리하게 접근하고 효율적으로 관리할 수 있도록 도와주는 역할을 한다.

DBMS에는 크게 관계형 데이터베이스 관리시스템 (RDBMS : Relational DBMS), 계층형 데이터베이스 관리시스템 (HDBMS : Hierarchical DBMS), 망형 데이터베이스 관리시스템 (NDBMS : Network DBMS), 그리고 객체지향 데이터베이스 관리시스템 (OODBMS : Object Oriented DBMS) 이 있다. 주로 상용화되어 있는 대부분의 DBMS는 관계형 데이터베이스이다. 예를 들면 오라클(Oracle), 인포믹스(Informix), MSSQL, MySQL, 액세스(Access) 등이 있다.

관계형 데이터베이스는 모든 자료들을 테이블(Table) 형태로 저장하고, 저장된 자료들로부터 원하는 정보를 추출할 수 있는 방법을 정의하고 있는데 이것이 SQL(Structured Query Language) 이다. SQL은 관계 데이터베이스의 표준 질의어로 1986년 미국 국립표준연구소(ANSI : American National Standards Institute)와 국제 표준화기구(ISO : International Standard Organization)에서 채택한 데이터베이스 질의어(Query language)이다.

먼저, 데이터베이스와 관련된 주요 용어에 대해 간단히 설명하면 다음과 같다.

㉠ 데이터베이스 : 테이블들의 모임을 말한다.
㉡ 테이블 : 표의 형태로 필드와 레코드로 구성된다. 즉, 레코드들의 집합을 말한다.

학번	이름	전공	나이
20015	김재석	전자공학	20
20016	손아영	인문학	22
20017	이현희	기계공학	21
20018	박서인	약학	20

ⓒ 필드 : 필드는 열(column)이라고도 하며 대상의 속성이다. 즉, 각각의 필드인 이름, 학번, 전공, 나이와 같은 일정한 열의 자료의 모임을 가리킨다.

ⓔ 레코드 : 한 행의 자료의 모임을 가리킨다. 즉, 튜플(tutple)을 말한다.

ⓜ 주 키(기본 키, Primary Key) : 튜플들을 유일하게 구별할 수 있게 하는 필드이다.

비주얼베이직의 다양한 제공 기능 중 데이터베이스로의 접근 기능은 비주얼베이직이 응용 프로그램 개발 도구로써 각광 받는 이유 중 하나이다. 즉, 액세스와 같은 Jet엔진을 탑재한 내장된 데이터베이스가 있다는 것이다.

액세스 데이터베이스 파일은 .MDB 확장자를 갖는다. MDB는 서버용 데이터베이스 파일은 아니다. 그러나 MDB 파일을 파일 서버에 놓고 몇 명이 그 파일을 사용하게는 할 수 있다.

MDB는 단순한 지역(local) 데이터베이스를 만드는 데는 적합하지만, 네트워크 환경의 데이터베이스를 사용하는 것은 부적합하다. 그러므로 클라이언트/서버 환경에서는 SQL서버(SQL Server), 오라클, 인포믹스, 사이베이스(cybase) 등의 데이터베이스를 사용한다.

데이터베이스인 MDB파일을 만들기 위해 비주얼 데이터 관리자를 이용한다. [추가 기능]-[비주얼 데이터 관리자] 메뉴를 선택하여 실행한다.

비주얼 데이터 관리자는 비주얼베이직에 내장된 일종의 관계형 데이터베이스 관리시스템이다. 따라서 우리는 비주얼 데이터 관리자를 이용하여 데이터베이스이름, 테이블이름, 필드이름, 필드의 형식, 필드의 크기 등을 정의 및 생성할 수 있다. 또한 해당 테이블에 실제 자료를 입력, 검색, 수정, 삭제 처리를 할 수 있다.

예 다음과 같은 데이터베이스와 테이블을 비주얼데이터 관리자를 사용하여 만들어 보자.

데이터베이스 이름 : 인사관리			
테이블 이름 : 사원테이블			
사번	이름	소속팀	직급
200351	채리라	인사팀	사원
200352	이석호	회계팀	사원
200355	박수군	설계팀	과장
200357	서나영	총무팀	사원
200364	정가희	홍보팀	과장

10.2.1 데이터베이스와 테이블 생성

Visual Basic Programming

① [추가 기능]-[비주얼 데이터 관리자] 메뉴를 선택한다.

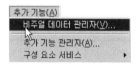

② [비주얼 데이터 관리자] 창이 나타난다.

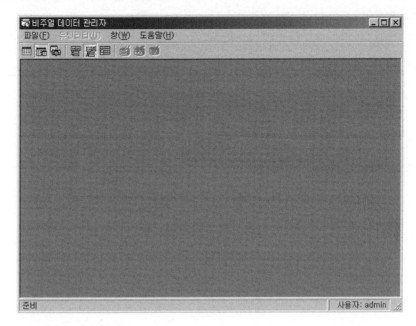

③ 비주얼 데이터 관리자 창에서 [파일]-[새 파일]의 [Microsoft Access(M)]의 [Version 7.0 MDB..]를 선택한다.

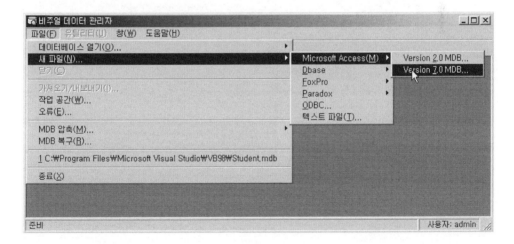

④ 액세스 데이터베이스 지정 대화 상자에서 파일 이름을 '인사관리'라 입력한다. 이것은 결국 데이터베이스 이름을 정의하는 것이라 생각하면 된다.

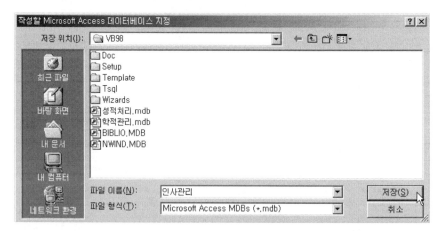

⑤ 내부 데이터 베이스 창의 [Properties]를 선택한 후 마우스 오른쪽 버튼을 눌러 [새 테이블]을 선택한다.

⑥ 테이블 이름을 '사원테이블'이라 하고 필드 이름인 '이름', '사번', '소속팀', '직급'을 추가하기 위해 [필드 추가] 버튼을 누른다.

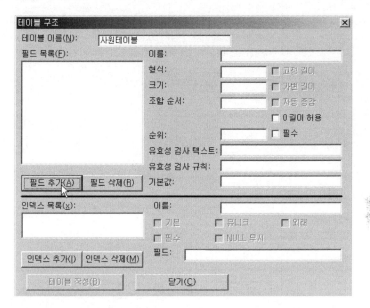

⑦ [필드 추가] 대화 상자에서 필드 이름인 사번을 입력 후 [확인] 버튼을 누른다.

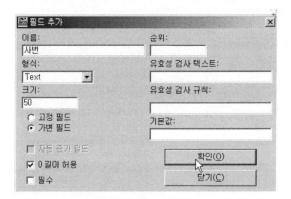

테이블 구조 대화 상자의 필드 목록에 이름이 추가된다. 다음 필드 이름인 '사번', '소속팀', '직급' 입력도 위와 동일한 방법으로 행한다. 필드이름 입력이 완료되면 닫기 버튼을 클릭한다.

필드 추가 대화 상자에 나오는 의미는 다음과 같다.

종류	설명
이름	필드의 이름
형식	자료형식으로 문자열(Text, Memo), 숫자(Byte, Integer.....), 논리(Boolean), 날짜(Date/Time), 이진(Binary) 중 선택한다.
크기	문자열을 선택하였을 경우에만 크기를 설정한다. 숫자인 경우에는 자료형 크기에 맞게 자동으로 설정된다.
가변/고정필드	고정필드는 입력에 상관없이 문자열 길이만큼 길이를 확보하고 가변필드는 입력한 길이만큼 확보한다. Text형식에서만 사용한다.
자동증가 필드	필드 값을 자동으로 증가할지 유, 무를 선택한다. Long형식인 경우에만 사용 할 수 있다.
0 길이 허용	널(Null) 문자열의 허용 유, 무를 선택한다. Memo와 Text형식의 경우에만 사용할 수 있다.
필수	필드의 값을 꼭 입력할지 유, 무를 선택한다.
순위	필드의 순서를 설정한다.
유효성검사 테스트	이 필드에 값이 들어 왔을때 유효한 값인지 아닌지를 검사한다.
기본값	필드에 값을 입력하지 않을 때 넣는 값

⑧ 테이블 구조 대화 상자의 필드 목록에 입력된 필드 이름들이 나타난다. 확인 후 [인덱스 추가] 버튼을 클릭한다.

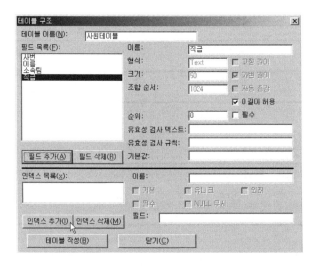

⑨ [인덱스 추가] 대화 상자에서 이름 부분에 '사번'이라 입력하고 사용할 수 있는 필드 목록에서 '사번'을 클릭한다. 그리고 [확인] 버튼을 누른다. 더 이상 인덱스 추가 사항이 없으면 [닫기] 버튼을 누른다.

⑩ 다시 [테이블 구조] 창이 나타나고 인덱스 목록 부분에 '사번'이 추가 된 사항이 표시된다. 다음은 [테이블 작성] 버튼을 누른다.

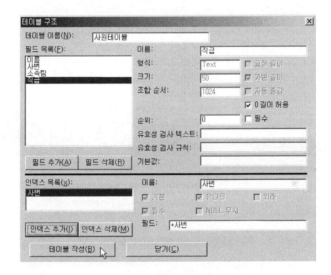

⑪ 비주얼데이터 관리자 창의 내부의 [데이터베이스 창]에 정의한 테이블 이름인 '사원테이블'이 표시된다. 여기까지의 작업이 테이블 정의 작업의 완료라고 할 수 있다.

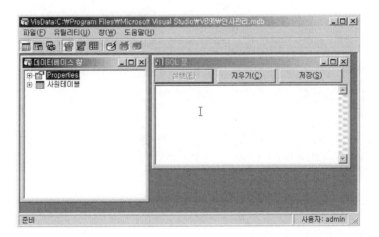

10.2.2 자료 입력 및 편집

① 다음 창에서 사원테이블을 선택한 후 마우스 오른쪽 버튼을 눌러 팝업 창에서 [열기]를 클릭 한다. 또는 사원테이블을 더블클릭해도 된다.

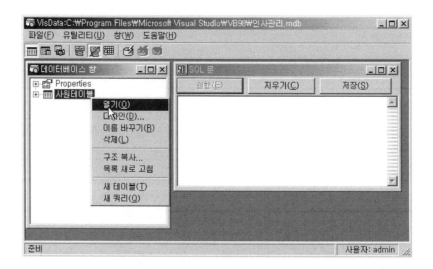

② 사원테이블 창에서 [추가] 버튼을 눌러 자료를 입력한다.

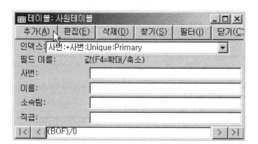

이러한 창이 나타나려면 비주얼 데이터 관리자 창의 도구 막대에서 [테이블 형식 레코드 집합]과 [새 폼의 데이터 컨트롤 사용 안 함]이 선택되어 있어야 한다.

테이블 형식 레코드 집합   새 폼의 데이터 컨트롤 사용 안함

③ 다음과 같이 자료를 입력 후 [새로 고침] 버튼을 누른다.

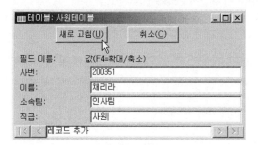

그러면 다시 다음 창이 나타난다. 계속 추가하고자 하는 자료가 있을 경우에는 [추가] 버튼을 눌러 위의 과정을 반복한다.

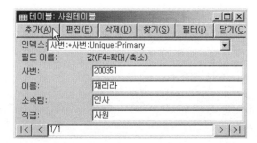

④ 모든 자료 입력이 끝나면 [닫기] 버튼을 클릭한다.

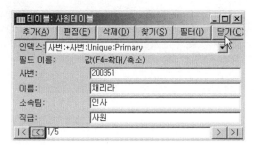

10.2.3 데이터베이스 파일 불러오기

Jet 엔진을 사용하여 액세스와 거의 유사한 비주얼베이직에 내장된 데이터베이스 시스템
인 비주얼 데이터 관리자를 통해 이미 생성된 데이터베이스를 불러오는 과정을 알아본다.

① [추가 기능]-[비주얼 데이터 관리자] 메뉴를 선택한다.

② 비주얼 데이터 관리자 창에서 [파일]-[데이터베이스 열기]를 클릭하여 Microsoft Access(M)를 선
택한다.

③ [데이터베이스 열기] 대화 상자에서 '인사관리.mdb' 파일을 선택 한 후 [열기] 버튼을 클릭한다.

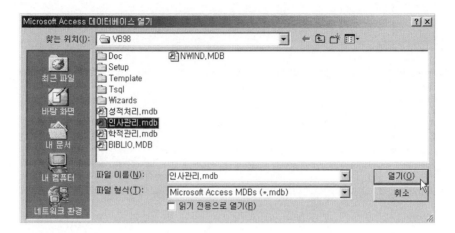

④ 인사관리 데이터베이스의 사원테이블을 더블 클릭하면 다음과 같이 표시된다.

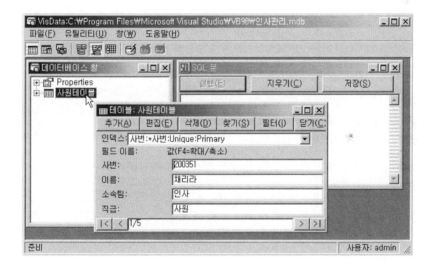

10.3 비주얼베이직의 데이터베이스 액세스

비주얼베이직에서 데이터베이스 액세스는 다음과 같은 방법을 사용할 수 있다.

㉠ DAO(Data Access Object)를 사용하는 방법

㉡ RDO(Remote Data Object)를 사용하는 방법

㉢ ADO(ActiveX Data Object)를 사용하는 방법

㉣ 데이터 컨트롤(DAC : Data Access Control)을 사용하는 방법

㉤ ADO 컨트롤을 사용하는 방법

데이터 컨트롤, ADO 컨트롤 등과 같이 컨트롤을 이용하여 데이터를 액세스하는 방법은 데이터베이스 연결부분에 대한 코딩을 하지 않고 컨트롤의 속성 값을 속성 창에서 지정함으로써 가능 하지만, 객체(Object)를 사용하는 프로그래밍은 코딩 없이는 데이터베이스 연결이 안 된다는 점이 차이점이다.

비주얼베이직 6.0에서 새롭게 선보인 ADO 방법은 기존의 DAO와 RDO의 데이터베이스 기술을 개선한 인터페이스로 데이터베이스는 물론 다양한 문서를 함께 공유할 수 있는 OLE DB기술에 근거를 두고 있다.

구분	특징
DAO	마이크로소프트사 Jet 엔진을 사용하여 데이터베이스와 ISAM 데이터베이스를 사용할 수 있다. DAO는 소규모의 단일 시스템 업무에서 가장 많이 사용된다.
RDO	관계형 데이터베이스인 SQL서버, 오라클, 사이베이스 등은 ODBC를 통해서만 데이터베이스를 액세스할 수 있다. 그러나 RDO는 마이크로소프트사 Jet 엔진이나 ISAM을 사용할 수 없다
ADO	ADO는 DHTML, RDB, 원격제어 등 여러 데이터를 동일한 방법으로 접근하여 사용할 수 있다. 인터넷/인트라넷 환경의 프로그램을 만든다면 ADO를 선택하는 것이 좋다.

10.3.1 DAO 데이터베이스 연결

DAO(Data Access Object)를 사용하려면 메인 메뉴의 [프로젝트]의 [참조]항목을 선택하면 [참조] 대화상자가 나타난다. [참조] 대화상자의 참조 리스트에서 [Microsoft DAO 3.6 Object Library]를 등록해야 한다. DAO 라이브러리를 선택한 화면은 다음과 같다.

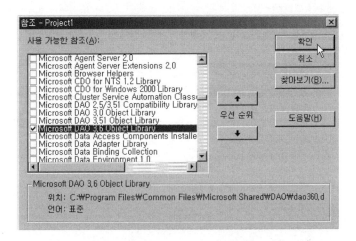

OpenDatabase 메소드를 이용하여 데이터베이스를 열어주고, OpenRecordset 메소드에는 SQL 문장을 넣은 후 레코드 셋을 열어 준다.

Coding

```
Private Sub Command1_Click( )
    Dim My_Db    As Database
    Dim My_Rs    As Recordset
    ' 데이터베이스를 연다.
    Set My_Db = OpenDatabase("C:\sample\test.MDB")
    ' 주소록에 있는 레코드를 모두 읽어 온다.
    SQL = "SELECT * FROM 주소록"
    ' SQL 문에서 스냅 샷을 만든다.
    Set My_Rs = My_Db.OpenRecordset(SQL, dbOpenDynaset)
End Sub
```

10.3.2 RDO 데이터베이스 연결

RDO(Remote Data Object)는 클라이언트/서버 환경의 데이터베이스 프로그래밍을 할 수 있는 객체 라이브러리이다. RDO는 ODBC(Open DataBase Connectivity) 미들웨어를 통하여 관계형 데이터베이스인 SQL서버, 오라클 등을 손쉽게 제어할 수 있다. 일반적으로 경영정보시스템인 회계관리, 인사관리 프로그램을 제작할 경우 사용된다. 먼저, RDO를 사용하려면 [프로젝트] 메뉴의 [참조] 대화상자의 참조 리스트에서[Microsoft Remote Data Object 2.0] 참조 라이브러리를 추가로 등록해야 한다.

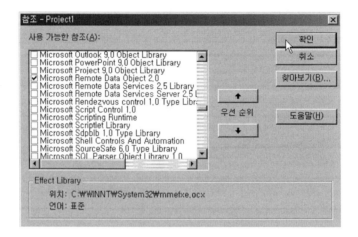

RDO에서 서버에 있는 데이터베이스를 연결하기 위해 ODBC를 사용하는데 두 가지 방법이 있다. 하나는 ODBC 드라이버를 직접 사용하는 방법과, 다른 하나는 사용자 자료원본이름(DSN: Data Source Name)을 이용하여 사용하는 방법이다. 사용자 DSN을 이용하는 경우는 ODBC의 [사용자 DSN] 페이지에서 사용할 드라이버를 등록해야 하고 등록하지 않을 경우에는 사용할 수 없다.

그러나 ODBC 드라이버를 직접 사용하는 방법은 ODBC 드라이버만 있으면 되므로 따로 등록할 필요가 없다는 점이 차이점이다.

다음은 RDO를 SQL Server ODBC 드라이버로 연결하는 방법이다.

```
Private Sub Command1_Click( )
      Dim Rdo_Env      As rdoEnvironment
      Dim Rdo_Conn    As rdoConnection
```

```
Dim Conn_Str   As String

rdoEngine.rdoDefaultCursorDriver = rdUseOdbc
Set Rdo_Env = rdoEngine.rdoEnvironments(0)
' 데이터베이스 연결 문자열을 지정한다.
Conn_Str = "uid=sa; pwd=1234; driver={SQL Server};" & _
      "server=dbserver; database=INSA;dsn="
Set Rdo_Conn = Rdo_Env.OpenConnection("", rdDriverNoPrompt, _
          False, Conn_Str)
Rdo_Conn.QueryTimeout = 30
End Sub
```

'uid' 키워드의 'sa'는 로그온 이름이고 'pwd' 키워드의 '1234'는 암호이다. 'driver'는 ODBC의 자료 원본 드라이버 이름인데 중괄호('{}')를 이용하여 묶어 준다. 생략해서는 안 된다. 주의할 사항은 드라이버 이름을 넣을 때 동일하게 적어야 한다.

대, 소문자는 동일하게 처리하지만 띄어쓰기는 다르게 처리하므로 띄어쓰기를 유의해야 한다. 'server'은 데이터베이스 서버 이름을 넣으면 되고 'database'는 사용할 데이터베이스 이름을 적으면 된다. 연결 문자열은 세미콜론(';')이용하여 구분하고, 키워드와 키워드 값은 '=' 문자를 이용해서 코딩한다.

10.3.3 ADO 데이터베이스 연결

ADO(ActiveX Data Object)로 프로그래밍을 하려면 두 개의 객체를 추가해야 합니다. [프로젝트] 메뉴의[참조] 대화상자에서 다음과 같이 선택한 후 확인 버튼을 누르면, ADO 라이브러리를 사용할 수 있다.

ADO의 Command 객체를 사용하여도 데이터베이스와 연결하여 Recordset 객체에 테이블 정보를 반환할 수 있다.

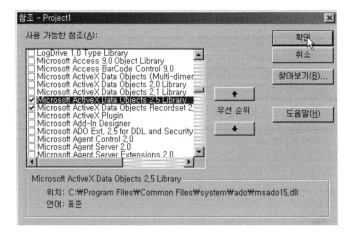

Coding

```
Dim Ado_Rs      As New ADODB.Recordset
Dim Ado_Comm   As New ADODB.Command
Dim My_Comm    As String

My_Comm = "uid=sa;pwd=12345;driver={SQL Server};" & _
         "server=server;database=INSA;dsn='' "
Ado_Comm.ActiveConnection = My_Comm
' 조회할 SQL 문을 넣는다.
Ado_Comm.CommandText = "select * from 주소록"
' SQL 문을 실행한다.
Set Ado_Rs = Ado_Comm.Execute(, , adcmdtxt)
```

10.4 DAC 데이터베이스 연결

10.4.1 데이터 컨트롤

　　DAC(Data Access Control)는 표준 컨트롤 중 데이터 컨트롤을 이용하여 데이터베이스
응용 프로그램을 만드는 것을 말한다. 데이터 컨트롤은 MDB파일과 DAO 객체를 손쉽게 사
용할 수 있는 환경을 제공하며 자주 사용하는 속성은 다음과 같다.

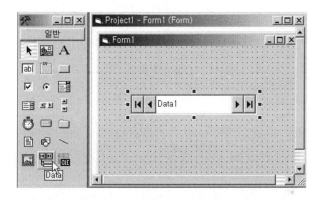

속성	의미
Connect	사용자 만든 데이터베이스 타입을 선택하는 속성이다.
DatabaseName	데이터베이스 파일의 경로를 지정한다.
RecordSource	데이터베이스 테이블 이름이 들어간다. 이 속성을 지정하기 위해선 DatabaseName, Connect 속성이 설정되어 있어야 한다.
DefaultType	ODBC를 사용할지, Jet엔진을 사용할지 선택한다. MDB파일을 사용한다면 Jet 엔진을 선택한다.

속성	의미
RecordsetType	레코드셋 타입을 설정한다.
	<table><tr><th>상수</th><th>값</th><th>의미</th></tr><tr><td>0-테이블형식 vbRSTypeTable</td><td>0</td><td>테이블을 그대로 가져오고, 테이블을 읽고 쓸 수 있다.</td></tr><tr><td>1-다이너셋 VbRSTypeDynaset</td><td>1</td><td>SQL문을 이용하여 필드를 추출하거나 부분 출력을 할 수 있고 여러 테이블을 조인 가능하다.</td></tr><tr><td>2-스냅셋 VbRSTypeSnapshot</td><td>2</td><td>위의 다이너셋 형식과 동일하게 사용할 수 있지만 테이블은 읽기만 가능하고 쓸 수는 없다.</td></tr></table>
ReadOnly	데이터베이스를 열 때, 읽기만 가능하게 할 것인지를 설정해 준다. True이면 읽기 전용이다.
Visible	True이면 데이터 컨트롤이 폼에 나타나고, False이면 폼에서 사라진다.
Caption	버튼사이의 가운데 문자열을 출력한다.

또한 데이터 컨트롤과 연결하여 자주 사용하는 컨트롤들을 연결할 경우 이용되는 속성은 다음과 같다.

컨트롤 종류	콤보박스, 텍스트박스, 리스트박스, 픽처박스, 이미지 컨트롤
연결 속성	<table><tr><th>속성</th><th>의미</th></tr><tr><td>DataSource</td><td>데이터 컨트롤을 지정하는 값을 설정한다.</td></tr><tr><td>DataField</td><td>필드를 보여주기 위해 설정한다.</td></tr></table>

콤보박스, 텍스트박스, 리스트박스 컨트롤은 문자열, 숫자, 기호 등을 보여 줄 때 사용하며, 픽처박스와 이미지박스 컨트롤은 그림을 보여줄 때 사용한다. 위 5가지 기본 컨트롤은 데이터 컨트롤과 연결하기 위해 DataSource 속성을 사용하고, 필드를 보여주기 위해 DataField 속성을 사용한다.

① 폼 창 위에 데이터 컨트롤과 텍스트 박스 컨트롤을 배치한다.

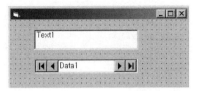

② 데이터베이스 파일을 불러온다.

데이터 컨트롤의 속성 창에서 DatabaseName 속성을 선택하면 ⏸ 버튼이 나타난다. 이 버튼을 누르면 [데이터베이스 이름]을 찾는 대화상자가 나타난다.

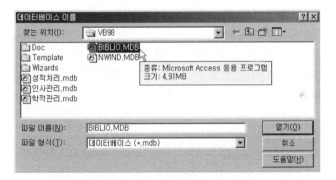

이곳에서 데이터베이스 파일을 찾는다. 비주얼베이직을 설치하면 예제로 들어 있는 'Bibio.mdb' 파일을 선택하자. 그러면 데이터 컨트롤의 DatabaseName 속성에 다음과 같이 표시된다.

③ 테이블을 읽어온다.

데이터 컨트롤의 속성 창에서 RecordSource 속성을 변경한다. 데이터베이스를 설정하면 그 데이터
베이스에 해당하는 테이블이 RecordSource 속성의 리스트 박스에 자동으로 나타난다. 이곳에서
'Authors'를 선택하자. 이때 데이터 컨트롤은 데이터베이스를 연결해 주고 테이블까지만 연결하여
준다.

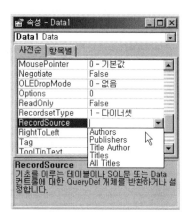

④ 데이터 컨트롤과 텍스트 박스 컨트롤을 연결해 준다.

텍스트박스 컨트롤의 속성 창에서 DataSource 속성에 데이터컨트롤 이름을 설정한다. 여기에서 데
이터 컨트롤 이름이 Data1 이므로 Data1 으로 설정한다. 이때 데이터 컨트롤에서 데이터베이스와
테이블 연결을 정확하게 설정 하였다면 텍스트박스의 DataSource 속성에 자동으로 데이터 컨트롤
이름이 나타나므로 선택만 하면 된다.

⑤ 필드를 선택한다.

텍스트박스 컨트롤의 속성 창에서 DataField 속성에 읽어올 필드를 선택한다. 데이터 컨트롤에서
설정한 필드의 모든 항목이 DataField 속성 리스트박스에 자동으로 등록되어 있다. 등록된 필드 중
에 하나를 선택하면 된다. 다음은 데이터 컨트롤에서 설정한 테이블인 'Author'의 모든 필드가 나타
난 화면이고 그 중에 'Author' 필드를 선택한 화면이다.

⑥ 도구막대의 실행 버튼을 눌러 실행하면 다음과 같다. 데이터 컨트롤의 버튼을 이용하여 현재 레코드 (Author필드)의 위치를 변경할 수 있다.

> **문제** 다음 내용을 비주얼 데이터 관리자를 이용해서 '학생관리.MDB' 파일을 생성 한 후 데이터 컨트롤을 이용한 데이터베이스 응용 프로그램을 만들어 보자.

데이터베이스 이름 :학생관리			
테이블 이름 : Student			
Hakbun	Name	Subject	Age
20015	김재석	전자공학	20
20016	김아영	인문학	22
20017	이현희	기계공학	21
20018	박서인	약학	20

① [추가기능]-[비주얼데이터 관리자] 메뉴를 선택하면 [비주얼 데이터 관리자] 창이 뜬다.

② 비주얼데이터 관리자 창의 [파일]-[새파일]-[Microsoft Access(M)]-[Version 7.0MDB]을 선택하면 다음과 같은 대화 상자가 나타난다.

③ 다음 창에서 [Properties]부분에서 마우스 오른쪽 버튼을 눌러 [새 테이블]을 선택한다.

④ [테이블 구조] 대화상자에서 테이블의 이름을 'Student'로 입력하고 [필드추가] 버튼을 누른다. 다음 내용을 참조하여 필드를 추가할 경우 해당 부분을 입력 또는 선택한다.

이름	형식	기타
Hakbun	Integer	기본 키, 인덱스 키
Name	Text	크기: 20
Subject	Text	크기: 40
Age	Integer	

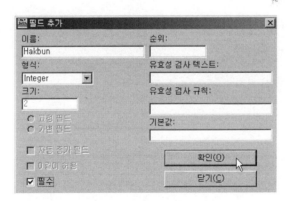

⑤ [필드추가] 대화상자에서 Hakbun 필드는 [이름] 란에 'Hakbun'으로 형식은 Integer를 선택 한 후 [확인] 버튼을 누른다. 다시 [필드 추가] 대화 상자가 나타나면 Name, Subject 필드는 문자열로 길이를 각각 20, 40 문자씩 설정하고, Age는 정수형으로 정의해 주는 과정을 세 번 반복한 후 [닫기] 버튼을 누른다.

⑥ Hakbun 필드를 기본 키와 인덱스 키로 설정하기 위해 [테이블 구조] 대화상자에서 [인덱스 추가]
버튼을 누른다. [이름] 란에 'Hakbun'을 입력하고 [사용할 수 있는 필드] 란에서 Hakbun을 선택
한 후 [확인] 버튼을 누른다. 모든 작업이 끝났으면 [테이블 구조] 대화상자에서 [테이블 작성] 버튼
을 누른다.

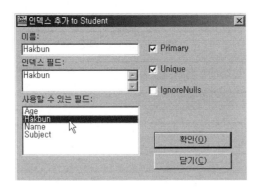

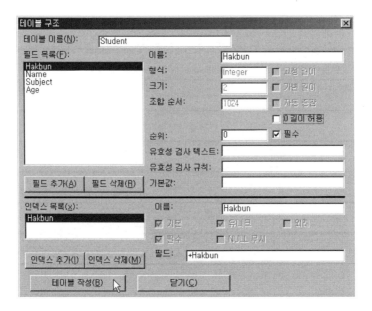

⑦ 비주얼 데이터 관리자의 메인 창으로 돌아오면, [데이터베이스 창] 내에 정의한 테이블 이름인
'Student'가 표시되어 있음이 보인다. 이 부분에서 마우스 오른쪽 버튼을 눌러 [열기]를 클릭한다.

⑧ [다이너셋]이라는 대화상자가 나타나는데 [추가] 버튼을 눌러 자료를 입력한다.

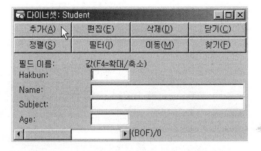

⑨ 다음과 같이 해당 필드에 데이터 값을 입력하고 [새로 고침] 버튼을 누른다.

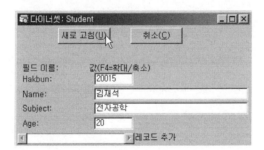

다시 [다이너셋 : Student] 대화상자로 돌아가서, [추가] 버튼을 눌러 위와 같은 작업을 되풀이 한다.

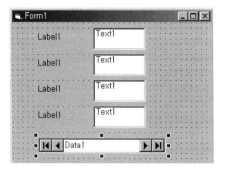

모두 입력하였으면 [다이너셋:Student] 대화상자에서 [닫기] 버튼을 누른다. 그리고 비주얼 데이터 관리자 창도 닫는다.

⑩ 폼 창에 4개의 레이블, 4개의 텍스트박스, 1개의 데이터 컨트롤을 배치하자.

⑪ 속성 창에서 각 컨트롤에 대해 다음과 같이 속성을 변경한다.

컨트롤종류	이름	속성
레이블	Label1	Index=0, Caption=학번
	Label1	Index=1, Caption=이름
	Label1	Index=2, Caption=전공
	Label1	Index=3, Caption=나이
텍스트 박스	Text1	Index=0, DataSource=Data1, DataField=Hakbun
	Text1	Index=1, DataSource=Data1, DataField=Name
	Text1	Index=2, DataSource=Data1, DataField=Subject
	Text1	Index=3, DataSource=Data1, DataField=Age

데이터	Data1	Connect=Access, DatabaseName:학생관리 데이터베이스 파일 경로 지정, RecordSource=Student

⑫ 도구 막대의 실행 버튼을 누른다.

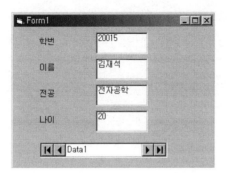

▶은 레코드 다음 단계, ▶▌은 레코드 끝 단계, ◀은 레코드 이전단계, ▐◀은 레코드의 처음 단계로 이동시킬 경우 사용한다.

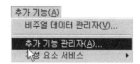

데이터 폼 마법사는 폼 창 위에 자동으로 폼을 디자인 해주고 프로그램을 실행 시켰을 때 선택된 데이터베이스의 자료들을 조회, 입력, 수정, 삭제 등을 할 수 있는 기능들을 자동 생성 해 준다.

① [추가 기능]-[추가 기능 관리자] 메뉴를 선택한다.

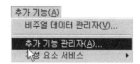

② [추가 기능 관리자] 대화상자에서 [데이터 폼 마법사]를 선택한다. [로드 동작] 탭에 로드/언로드 부분이 체크되어 있어야 한다. 그리고 [확인] 버튼을 누른다.

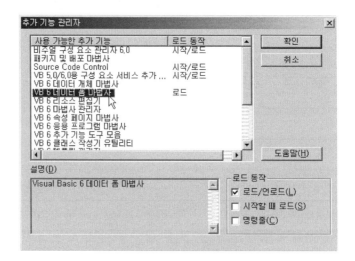

③ [추가기능] 메뉴에 표시된 [데이터 폼 마법사]를 선택한다.

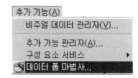

④ [데이터 폼 마법사의 개요] 창이 나타난다. 로드 할 초기화 파일이 없으면 [다음] 버튼을 누른다.

⑤ [데이터베이스 형식]을 물어보는 대화상자에서 Access를 선택한다.

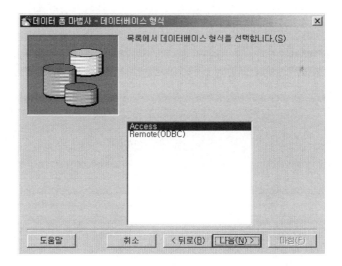

⑥ 데이터베이스 이름 경로를 정확히 알지 못할 경우에는 [찾아보기] 버튼을 눌러 해당 데이터베이스 파일을 선택 한 후 [다음] 버튼을 누른다.

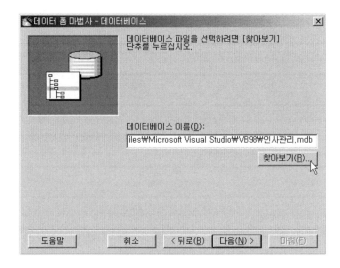

⑦ [폼의 이름]을 지정하고 [폼 레이아웃]에서 단일레코드, [바인딩 형식]은 ADO 데이터 컨트롤을 선택한 후 [다음] 버튼을 클릭한다.

⑧ [레코드 원본]을 선택하면 사용 가능한 필드에 필드 리스트들이 나타난다. 선택한 필드 란으로 컬럼들을 이동하려면 이동버튼을 이용한다.

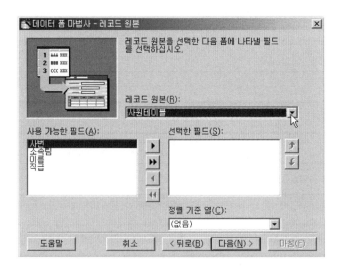

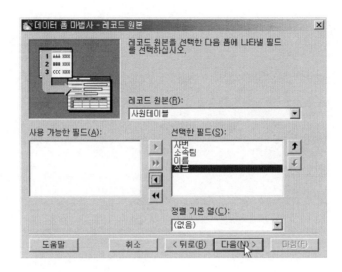

⑨ [선택 가능한 컨트롤] 중 체크되어 있는 컨트롤은 폼에 추가되는 명령 버튼들이 된다.

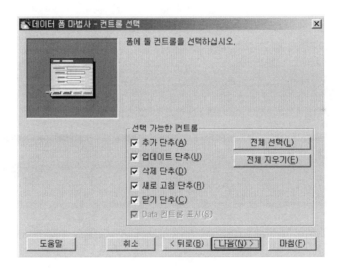

⑩ [마침] 버튼을 클릭한다.

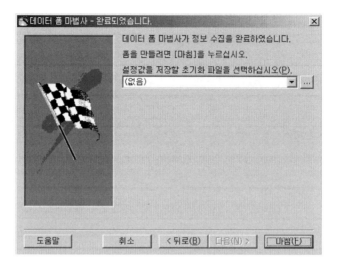

⑪ [확인] 버튼을 누른다. 이것은 새 프로젝트에 '사원정보'라는 폼이 자동 생성되었다는 것을 의미하며 프로젝트 탐색기 창에 다음과 같이 표시된다.

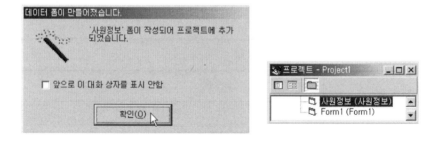

⑫ [폼 레이아웃]에서 단일 레코드를 선택했기 때문에 새 프로젝트에 생성된 사원정보 폼은 다음과 같다.

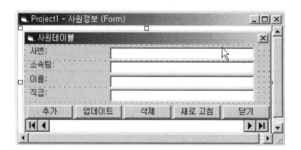

⑬ 도구막대의 시작 버튼을 눌러 응용 프로그램을 실행한다.

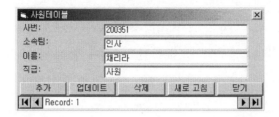

주의 할 점은 프로젝트 탐색기 창에서 폼이 두 개 이상이면 [프로젝트]-[Project 속성]을 클릭하여 다음과 같은 프로젝트 속성 창에서 시작 객체 중 사원정보를 클릭한다.

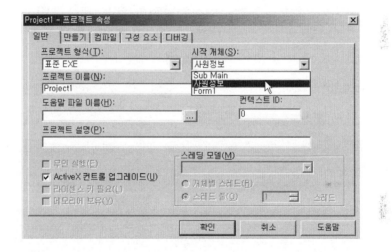

결국 데이터 폼 마법사를 이용하면 자동 디자인된 폼 창을 볼 수 있는 것처럼, 4개의 레이블, 4개의 텍스트박스, 5개의 명령버튼 그리고 1개의 ADO 데이터 컨트롤들이 자동 생성된다. 또한 객체의 속성들이 자동 설정되었으며, 프로젝트 탐색기 창의 코드보기 아이콘을 눌러 확인할 수 있듯이 코드 또한 자동 생성되었음을 알 수 있다. 이런 과정을 통해서 비주얼베이직은 데이터베이스와의 연동과 응용 프로그램 작성을 쉽게 할 수 있도록 도와주는 기능을 제공한다.

10.6 ADO 데이터 컨트롤

ADO(ActiveX Data Object) 데이터 컨트롤은 ADO를 쉽게 사용하도록 지원하는 컨트롤이다. 또한 추가적으로 ADO 2.0 라이브러리나 Recordset 라이브러리를 등록하지 않고 사용할 수 있다.

ADO 데이터 컨트롤을 사용하면 데이터 바운드 컨트롤과 자료 제공자인 데이터베이스 사이의 연결을 쉽게 만들 수 있다. 특히 연결 할 때 연결 문자열, OLE DB 파일(.MDL), ODBC 자료 원본 이름(DSN) 중 하나를 원본으로 이용할 수 있다. 데이터 바운드 컨트롤은 DataSource 속성을 갖는 컨트롤로 볼 수 있다. 이것을 통해 개발자는 데이터베이스와의 연동을 위해 복잡하게 프로그램을 코딩 할 필요가 없다. 따라서 데이터바운드 컨트롤에는 텍스트박스, 레이블, 체크박스, 콤보박스, 이미지 컨트롤 등의 표준 컨트롤과 DataGrid, DataList, DataCombo와 같은 ActiveX 컨트롤들이 이에 속한다.

예 텍스트박스, 레이블의 데이터바운드 속성 : DataSource

1 ADO 데이터 컨트롤의 용도

ADO 데이터 컨트롤의 용도는 다음과 같다.

㉠ Local 시스템이나, 원격시스템에 있는 데이터베이스에 연결하는데 사용된다.

㉡ SQL 질의나 저장 프로시저를 기반으로 하는 레코드 셋을 정의하거나, 지정된 데이터베이스 테이블이나 뷰를 열 수 있다.

㉢ 자료 필드 값을 데이터 바운드 컨트롤에 표시하거나 수정 및 추가할 수 있다.

2 ADO 데이터 컨트롤 추가 방법

① 도구 상자 창에서 마우스 오른쪽 버튼을 눌러 [구성요소]를 선택한다.

② [구성요소] 대화 상자에서 ADO Data Control 6.0을 선택한다.

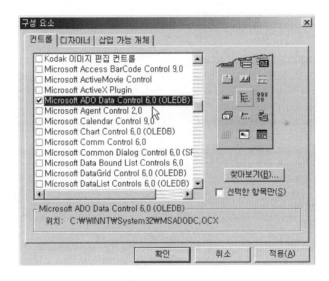

③ 도구 상자에 ADO 데이터 컨트롤이 다음과 같이 표시된다.

3 ADO 데이터 컨트롤 속성

속성	의미
UserName	사용자 이름으로서 ConnectionString 속성에서 지정될 수도 있다.
Password	암호를 지정 한다.
ConnectionString	연결을 하기 위한 연결 문자열을 설정한다.
RecordSource	검색할 내용을 결정하는 문을 포함한다. 속성 창에서 RecordSource 속성의 오른쪽에 있는 버튼을 눌러 속성 페이지 대화 상자에서 명령텍스트(SQL) 부분에 Query 문을 입력한다.
BOFAction	시작 위치에서의 처리를 설정한다.
EOFAction	끝 위치에서의 처리를 설정한다.
CommandTimeout	연결할 때 기다리는 시간을 지정한다. 네트워크를 통해서 DB Access 할 때 유용하게 사용한다.
CommandType	명령 형식을 설정한다. SQL, 테이블, 저장 프로시저, 알 수 없는 형식 중 하나를 선택 하도록 한다.
ConnectionTimeout	데이터베이스와 연결 될 때까지 기다리는 초과 시간을 설정한다.
CursorLocation	클라이언트나 서버 상에서 커서의 위치를 지정한다.
MaxRecords	열었을 때 읽을 수 있는 최대 수를 입력한다. 0으로 되어 있으면 제한 없이 읽는다.
Mode	읽어온 레코드를 읽기전용, 쓰기전용, 읽고 쓰기 등의 형태를 설정한다
LockType	잠금 형식을 설정한다.

⁴ ADO 데이터 컨트롤로 데이터베이스 연결

① ADO 데이터 컨트롤을 폼에 배치한 후 다음과 같이 팝업 창의 ADO속성을 선택한다.

② [속성 페이지] 대화상자가 나타나면, 연결 문자열사용을 선택한 후 [작성] 버튼을 클릭한다.

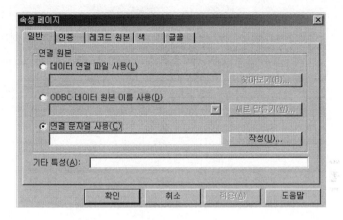

[속성 페이지]의 [일반] 탭에서 데이터베이스 원본 연결을 위해 자료 연결파일 사용, ODBC 자료원본이름 사용, 연결 문자열 사용 중에 하나를 선택하여 사용할 수 있다. 설정한 결과는 ConnectionString 속성에 자동으로 등록된다.

연결원본	의미
자료연결파일 사용	마이크로소프트 자료 링크(Microsoft Data Link)파일이나 ODBC 자료원본관리자의 파일DSN 페이지에 등록된 DSN파일을 선택하여 데이터베이스 원본을 연결한다.
ODBC 자료원본이름 사용	ODBC 자료원본 관리자의 사용자 DSN 탭에 등록한 이름을 이용하여 데이터베이스 원본과 연결한다.

[인증] 탭에서는 데이터베이스와 연결하기 위해 연결할 수 있는 사용자 이름과 암호가 있어야 한다. 인증정보 부분에 사용자이름과 암호를 넣는다.

[레코드원본] 탭에서는 데이터베이스의 테이블을 보여주기 위해 레코드원본 페이지에서 명령 텍스트의 리스트 박스에 SQL 문장을 넣으면 된다. 명령 텍스트에 넣은 SQL 문장은 RecordSource 속성에 자동으로 설정된다.

③ [데이터연결 속성] 대화상자에서 OLE DB공급자를 Jet 4.0 OLE DB Provider를 선택 후 [다음] 버튼을 클릭한다. 또한 ADO에서 SQL 서버를 제어할 수 있고, [Microsoft OLE DB Provider for Oracle]를 사용하여 Oracle 데이터베이스를 제어할 수도 있다.

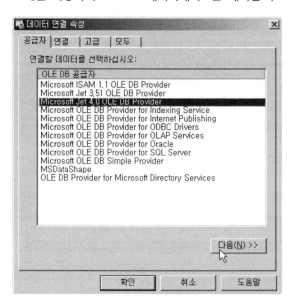

④ 데이터베이스 이름을 직접 입력하거나 경로를 정확히 모르면 [찾아보기] 버튼을 눌러 선택 입력한다. [연결 테스트] 버튼을 눌러 연결성을 체크 할 수도 있다. 마지막으로 [확인] 버튼을 누른다.

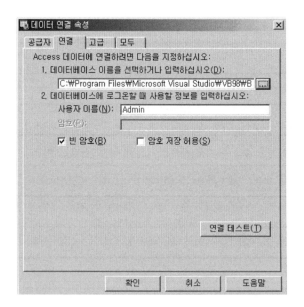

⑤ 다시 처음의 [속성페이지] 대화상자로 되돌아가면, 연결 문자열사용 부문에 선택된 OLE DB 공급자 및 데이터베이스 파일 이름이 설정되어 있다. [작성] 버튼을 누른 후 [확인] 버튼을 누른다.

데이터 그리드(DataGrid) 컨트롤은 데이터 바운드 컨트롤로써 엑셀처럼 자료를 그리드 화면에 보여주는 컨트롤이다. 그리고 데이터 그리드 컨트롤과 유사한 데이터 리스트(DataList), 데이터 콤보(DataCombo) 컨트롤 등도 있다.

데이터 그리드 컨트롤을 사용하려면 [도구상자]-[구성요소] 메뉴에서 Microsoft DataGrid Control 6.0 (OLEDB)를 선택하고 [확인] 버튼을 눌러 도구상자에 등록한 후 사용한다. 데이터 그리드 컨트롤은 ADO를 사용하기 위해 비주얼베이직 6.0에서 추가된 컨트롤이다. 이 컨트롤은 ADO 데이터 컨트롤로 데이터베이스를 연결 할 수 있고 또한 ADO 와 함께 사용할 수도 있다.

1 데이터 그리드 컨트롤 도구상자에 등록하기

① 도구상자 창에서 마우스 오른쪽 버튼을 눌러 [구성요소]를 선택한다.

② [구성요소] 대화 상자에서 다음과 같이 선택한 후 [확인] 버튼을 누른다.

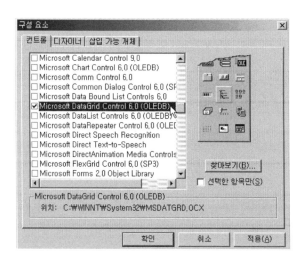

③ 도구상자에 데이터그리드가 추가되었고, 폼 창에 데이터 그리드 컨트롤을 나타낸 모습이다.

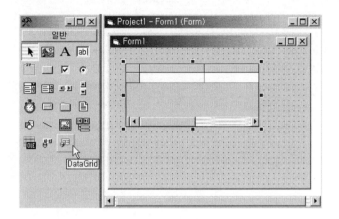

2 ADO 데이터 컨트롤과 함께 사용하기

ADO 데이터 컨트롤을 사용하려면 DataSource 속성에 ADO 데이터 컨트롤의 이름을 등록한다.
속성 창에서 데이터 그리드 컨트롤과 ADO 데이터 컨트롤의 연결은 다음과 같다. 또는 코드 창에서
다음과 같이 직접 입력할 수 도 있다.

문제 샘플로 제공되는 'BIBLIO.mdb'의 내용이 DBGrid 컨트롤을 이용하여 표시되도록 하시오.

① 폼 창 위에 DBGrid 컨트롤과 ADO 데이터 컨트롤을 배치한다.

② 속성 창을 통해 속성을 설정한다.

컨트롤	속성
ADO데이터	이름=Adodc1 ConnectionString=BIBLIO.mdb RecordSource = select * from Titles Caption=정보 리스트
데이터그리드	DataSource=Adodc1

ADO 데이터 컨트롤의 속성 창의 ConnectionString 의 오른쪽 <u>...</u> 버튼을 클릭하면 다음과 같은 [속성 페이지] 창이 나타난다. [작성] 버튼을 클릭한다.

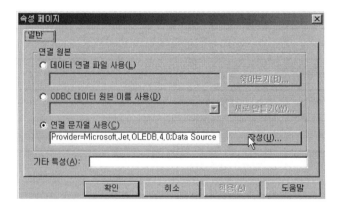

연결할 데이터베이스 이름을 선택 지정한다. 샘플로 제공되는 BIBLIO.mdb 파일을 선택한다.

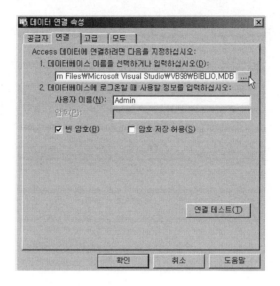

ADO 데이터 컨트롤의 속성 창에서 RecordSource의 오른쪽 ⠿ 버튼을 클릭한다.

다음의 [속성페이지] 대화상자의 명령 텍스트 리스트 안에 SQL 문(select * from Titles)을 입력한다.

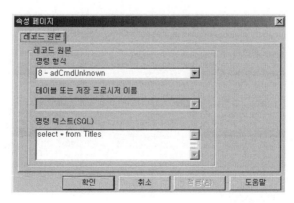

다음에는 데이터 그리드 컨트롤의 속성 창에서 DataSource 속성을 다음과 같이 배정한다.

③ 도구 막대의 실행 버튼을 누른다.

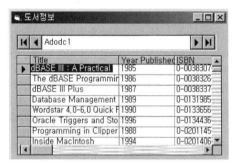

실행 결과를 통해 알 수 있듯이 간단히 컨트롤들을 폼 창에 배치하고 데이터베이스 관련 속성들을 설정 한 후 데이터베이스 내에 들어 있는 데이터들을 손쉽게 볼 수 있다.

문제 다음과 같은 결과를 도출하기 위한 작업을 해보시오.

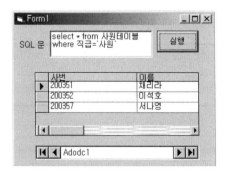

① 폼 창 위에 1개의 레이블, 1개의 텍스트박스, 1개의 명령버튼, 1개의 데이터 그리드 그리고 1개의 ADO 데이터 컨트롤을 다음과 같이 배치한다.

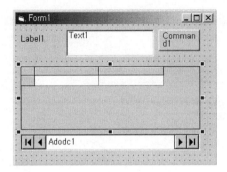

② 속성 창에서 각각의 객체에 대해 속성을 설정한다.

객체	속성 값
레이블	Caption=SQL 문
텍스트박스	이름=Text1, MultiLine=true, Text=
명령버튼	Caption=실행
DataGrid	DataSource=Adodc1
ADO 데이터 컨트롤	이름=Adodc1

③ 코드 창에서 다음과 같이 코딩한다. ADO 데이터 컨트롤 의 ConnectionString 속성은 디자인 모드의 속성 창에서 설정 가능 하지만 여기에서는 실행 모드인 코드 창에서 직접 입력한다.

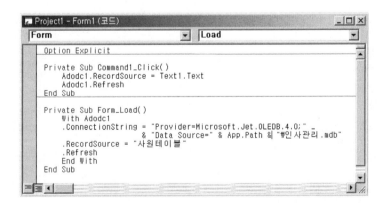

④ 도구막대의 실행 버튼을 눌러 실행시킨다. SQL 문을 입력하고 [실행] 버튼을 누르면 데이터 그리드
컨트롤에 의해 Excel처럼 그리드 상에 결과가 표시된다.

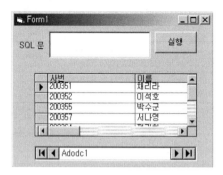 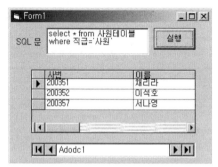

3 ADO와 함께 사용하기

ADO 객체를 사용하려면 Open 메소드로 열어준 새로 할당된 Recordset 객체 변수를
DataSource 속성에 설정한다.

```
Public Ado_Conn    As New ADODB.Connection
Public Ado_Rs      As New ADODB.Recordset

Ado_Rs.Open SQL, Ado_Conn, adOpenKeyset
  ' Ado_Rs를 DataSource속성에 등록한다.
Set DataGrid1.DataSource = Ado_Rs
```

10.8 SQL

초기 SQL(Structured Query Language)은 데이터베이스 검색만을 목적으로 만든 데이터베이스 조작 언어이다. 그러나 점차 기능이 강화되면서 검색뿐만 아니라 종합 데이터베이스 언어의 역할을 하고 있다. 즉, 데이터 정의와 데이터 조작 기능을 모두 제공하고 있다.

SQL은 FORTRAN, COBOL, C 언어 등과 같은 범용 고급언어 프로그램에 삽입된 형태로 사용되거나, 터미널에서 직접 대화식 질의어로 사용된다. 또한 SQL은 다음과 같은 특징을 가진다.

ㄱ 데이터베이스의 테이블을 정의하고 수정, 삭제 할 수 있다.
ㄴ 데이터베이스의 테이블에 있는 자료를 검색하게 해 준다.
ㄷ 자료를 신규 삽입, 수정, 삭제할 수 있다.
ㄹ 내장 함수를 제공한다.

10.8.1 테이블 정의문

SQL 정의문(Create)은 새로운 테이블을 생성할 경우 사용한다. 자료형은 서버의 DBMS에 따라 약간 차이가 있다. MDB의 테이블 정의문과 자료형은 다음과 같다.

```
Create Table 테이블명 (
   필드명1  자료형1,
   필드명2  자료형2,
      :
)
```

종류	자료형	의미
문자열	Text	문자열을 사용한다.
	Memo	여러 줄의 문자열을 사용한다.

숫자	Byte	0 ∼ 255
	Long	−2,147,483,648 ∼ 2,147,483,647
	Integer	−32,768 ∼ 32,767
논리	Boolean	참, 거짓을 사용한다.
날짜/시간	Date/Time	날짜와 시간을 사용한다.
이진	Binary	긴 이진형태로 넣는다. 그림 파일을 넣을 때 이 형식을 사용한다.

예 다음 테이블을 이용하여 테이블을 정의 해보시오.

학번(Hakbun) 필드는 정수형으로 널(Null)을 허용하지 않으며, 이름(Name), 전공(Subject) 필드는 문자열로 길이를 각각 20, 40 문자, 나이(Age)는 정수형이다.

테이블 이름 : Student			
Hakbun	Name	Subject	Age
20015	김재석	전자공학	20
20016	김아영	인문학	22
20017	이현희	기계공학	21
20018	박서인	약학	20

Coding

```
Create  Table Student (    ' 학생 테이블
Hakbun   int  not Null,    ' 학번
Name     Text(20),         ' 이름
Subject  Text(40),         ' 전공
Age      int               ' 나이
)
```

SQL 검색문(Select)의 기본적인 구조는 다음과 같다. 검색연산 결과는 테이블에서 칼럼 값을 추출하여 또 다른 테이블을 만든다.

```
Select 필드이름_리스트
From  테이블이름_리스트
Where 조건
```

- 조건은 논리 연산자(AND, OR, NOT), 관계연산자, Like, order by 등이 사용된다.

예 학생 테이블로부터 이름, 나이, 전공을 검색하시오.
  ㉠ SQL 질의문
```
Select Name, Age, Subject
From  Student
```

  ㉡ 실행 결과

Name	Age	Subject
김재석	20	전자공학
김아영	22	인문학
이현희	21	기계공학
박서인	20	약학

예 학생 테이블에서 전공이 전자공학이나 기계공학인 학생의 모든 정보를 검색하시오.
  ㉠ SQL 질의문
```
Select *
From  Student
Where subject='전자공학' OR subject='기계공학'
```

ⓛ 실행 결과

Hakbun	Name	Subject	Age
20015	김재석	전자공학	20
20017	이현희	기계공학	21

예 학생 테이블에서 이름이 '김'씨 성을 가지는 모든 학생을 검색하시오.

Where 조건에 Like와 와일드 카드 문자(Wild Card Character)가 사용된다.

와일드 카드	설명
%	모든 문자열
_	임의의 한 문자

㉠ SQL 질의문

```
Select *
From Student
Where Name Like '김%'
```

ⓛ 실행 결과

Hakbun	Name	Age	Subject
20015	김재석	20	전자공학
20016	김아영	22	인문학

SQL 삽입문(Insert)의 기본적인 구조는 다음과 같다. Insert 문은 새로운 레코드를 새로 입력 하고자 할 경우 사용한다.

```
Insert
Into  테이블이름(필드이름1, 필드이름2, ...  )
Values (필드값1, 필드값2,  .. )
```

예 새로운 레코드를 학생 테이블에 추가해 보시오.

㉠ SQL 질의문 1

```
Insert
Into  Student(Name, Hakbun, Subject, Age)
Values ('사미자', 20019, '전산학', 27)
```

㉡ SQL 질의문 2

```
Insert
Into  Student
Values (20019, '사미자', 27, '전산학')
```

질의문 1과 질의문 2는 동일한 표현이다. 방법 1과 방법 2가 있는데 질의문 1에서 필드 이름과 필드 값은 왼쪽부터 1대 1로 대응되어 입력되고, 질의문 2처럼 필드 이름을 생략하였을 경우에는 테이블의 정의된 필드이름 순으로 필드 값이 입력된다.

㉢ 연산 결과

Hakbun	Name	Subject	Age
20015	김재석	전자공학	20
20016	김아영	인문학	22
20017	이현희	기계공학	21
20018	박서인	약학	20
20019	사미자	전산학	27

10.8.4 자료 갱신문

SQL 갱신문(Update)의 기본적인 구조는 다음과 같다. Update 문은 기존 레코드의 필드 값을 수정하고자 할 때 사용한다. 만약 Where 절을 쓰지 않고 Update 문을 사용하면 레코드 전체가 수정된다.

```
Update 테이블 이름
Set 필드이름명1=필드값1, 필드이름2,=필드값2, ...
Where 조건
```

예 학번이 20015인 사람의 전공과 나이를 갱신하시오.

　ㄱ SQL 질의문

```
Update Student
Set Subject='영문학', Age=23
Where Hakbun=20015
```

　ㄴ 실행 결과

Hakbun	Name	Subject	Age
20015	김재석	영문학	23
20016	김아영	인문학	22
20017	이현희	기계공학	21
20018	박서인	약학	20
20019	사미자	전산학	27

10.8.5 자료 삭제문

SQL 삭제문(Delete)의 기본적인 구조는 다음과 같다. Delete 문은 레코드를 삭제 하고자 할 때 사용한다. Where 절 이하를 생략하면 전체 레코드가 삭제된다.

```
Delete
From 테이블 이름
Where 조건
```

예 학번이 20018인 학생의 레코드를 삭제하시오.
　ㄱ SQL 질의문
```
Delete From Student
Where Hakbun=20018
```

　ㄴ 실행 결과

Hakbun	Name	Subject	Age
20015	김재석	영문학	23
20016	김아영	인문학	22
20017	이현희	기계공학	21
20019	사미자	전산학	27

10.8.6 내장 함수

SQL의 내장 함수(Library Function)는 기본적인 통계 처리를 계산하고자 할 경우 유용하게 사용된다.

```
MAX : 특정 필드의 최댓값을 찾아 준다.
MIN  : 특정 필드의 최솟값을 찾아 준다.
AVG  : 특정 필드의 평균값을 구한다.
SUM  : 특정 필드의 합을 더한다.
COUNT : 레코드의 개수를 구한다.
```

예 Select Max(필드 이름)
　　From 테이블 이름

10.9 DataEnvironment 디자이너와 DataView 창

비주얼베이직 6.0에서 Data Environment 디자이너, DataView 창, 질의 디자이너와 같은 비주얼 데이터베이스 도구를 지원한다. 즉, 비주얼베이직을 가지고 마이크로소프트 액세스를 사용하는 것처럼 편리하게 자료를 가공 처리할 수 있다. Data Environment 디자이너는 코딩으로 자료 연결과 질의문을 작성해서 자료 관리를 했던 작업을 대신해서, 비주얼한 환경에서 SQL 질의문에 대한 문법을 모르더라도 화면의 버튼 클릭과 마우스 조작을 통해 손쉽게 편집할 수 있도록 도와주는 도구이다.

① [파일]-[새프로젝트] 메뉴를 선택한다.

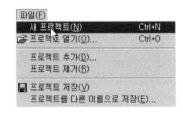

② [새 프로젝트] 대화상자에서 [데이터 프로젝트]를 선택한다.

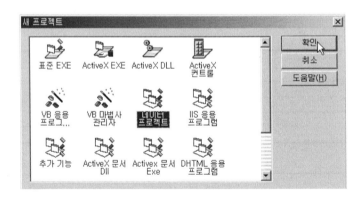

③ 프로젝트 탐색기 창에서 [DataEnvironment]를 더블 클릭한다.

④ [DataEnvironment] 창에서 [Connection1]을 선택하여 마우스 오른쪽 버튼을 눌러 [속성]을 선택한다.

⑤ [데이터연결 속성] 창에서 자료 제공자와의 연결 작업을 하는데, 비주얼베이직에 내장된 데이터베이스 엔진인 Jet 엔진을 선택 한 후 [다음] 버튼을 누른다.

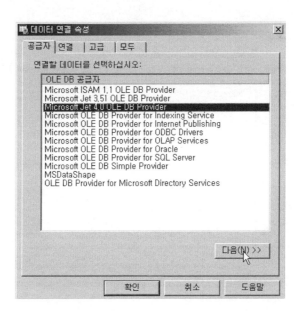

⑥ [연결] 탭에서 연결할 데이터베이스 이름을 선택한다. 그리고 [확인] 버튼을 누른다. 연결성을 테스트
하고자 하면 [연결 테스트] 버튼을 눌러 확인 가능하다.

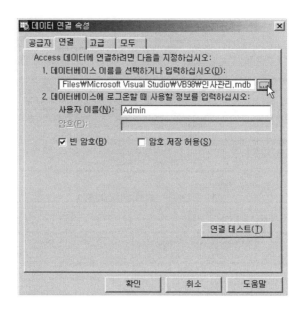

⑦ [명령 추가] 버튼을 누른다.

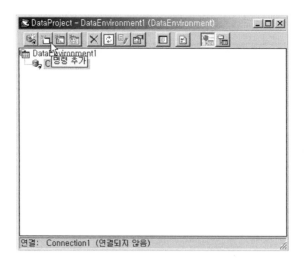

⑧ 생성된 Command1을 선택하고 마우스 오른쪽 버튼을 눌러 [속성]을 선택한다.

⑨ 다음 창에서 SQL 문을 선택하고 [SQL 작성기] 버튼을 누른다.

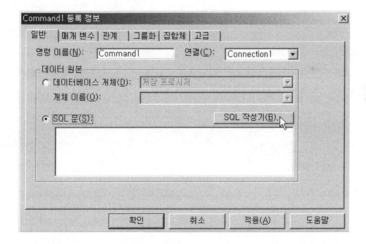

⑩ 두 개의 디자인 창과 DataView 창이 나타난다.

이때 DataView 창의 테이블인 '사원테이블'을 선택하여 마우스로 끌어서 다음과 같이 디자인 창의
테이블 영역에 놓으면 '사원테이블'이 표시된다.

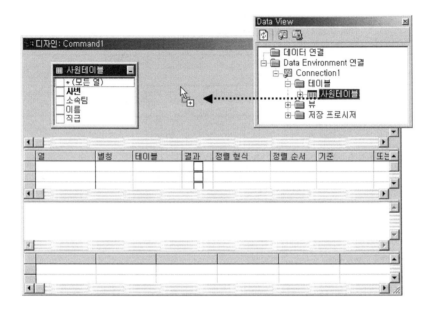

⑪ '사원테이블'의 사번, 이름, 직급을 선택하고, 정렬형식은 사번을 오름차순으로 선택한다. 그리고 테
이블 영역에서 마우스 오른쪽 버튼을 눌러 [실행]을 클릭한다.

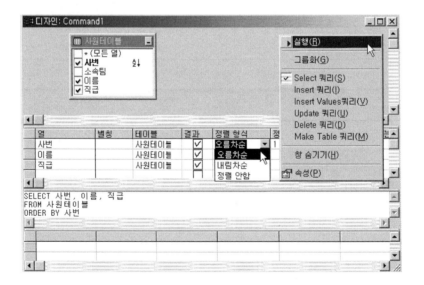

⑫ 조건에 대한 결과가 다음과 같이 나타난다. [확인] 후 창 닫기를 클릭한다.

⑬ 조건에 의해 변경된 결과를 저장할 것을 물어보는 대화상자에서 [예]를 선택한다.

⑭ DataEnvironment창이 다시 활성화 된 후 프로젝트 탐색기 창에서 폼의 frmDataEnv를 더블
클릭한다.

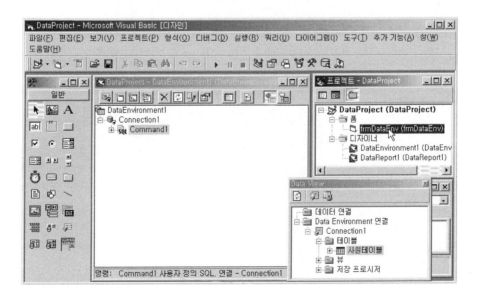

⑮ Command1을 선택한 후 마우스 오른쪽 버튼을 누른 상태로 폼 창으로 끌어다 놓으면 팝업 창이 표
시되는데 여기에서 [데이터 모눈]을 선택한다.

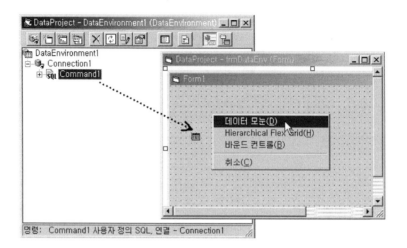

⑯ 폼 창 위에 데이터 그리드 컨트롤이 나타난다.

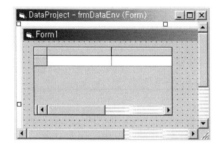

⑰ 도구 막대에서 실행 버튼을 클릭하면 조건에 맞는 결과 자료를 확인할 수 있다.

〈개정판〉비주얼베이직 프로그래밍6

초 판 1쇄 발행 2003년 8월 30일
개정판 1쇄 발행 2010년 3월 02일
개정판 6쇄 발행 2024년 09월 10일
저　　　자 정희택, 조혁현
발 행 인 이범만
발 행 처 **21세기사** (제406-00015호)
　　　　　 경기도 파주시 산남로 72-16 (10882)
　　　　　 Tel. 031-942-7861　　Fax. 031-942-7864
　　　　　 E-mail : 21cbook@hanafos.com

　　　　　 Home-page: 21cbook.co.kr

　　　　　 ISBN 978-89-8468-349-5

정가 23,000원